数字经济概论

赵立斌　张莉莉　编著

1. 河北省高等学校创新创业教育教学改革研究与实践项目：与专业教育融合下基于学生需求的创新创业教育课程体系构建研究——以河北大学经济类专业为例（2017CXCY004）
2. 河北大学就业指导与创新创业教育教学改革研究课题：京津冀协同下助推河北创新发展的创新创业教育课程体系构建研究（校级重点）
3. 河北省人力资源和社会保障厅课题：数字经济对大学生就业生态的影响研究——基于京津冀地区的调研分析（JRS-2017-1007）

2018年河北大学一流大学建设应用经济学项目资助出版

科学出版社
北京

内 容 简 介

本书分为导论篇、概念篇、理论篇、技术篇、产品篇、产业篇、政策篇和建议篇。首先，在对数字经济相关理论、技术与产品分析的基础上，探究了数字技术对传统各大产业的改造情况；然后，分析了世界各地数字经济政策；最后，分析数字经济发展进程中存在的问题并提出应对数字经济冲击的相关对策建议。本书在如下方面有所突破：深入比较了数字经济与传统经济的基本原理、理论、特征与规律的异同，力求在理论性与系统性上有所突破；梳理了世界典型国家与国际组织的数字经济战略，有助于提高对我国为推动数字全球化而制定的相关政策的认识与理解；紧跟社会热点与专业前沿，每章后面配有反映国内外最新研究成果的数字经济案例，有助于学生更好地了解、解读甚至解决数字经济发展进程中出现的种种问题。

本书适合经济管理类专业本科生与研究生使用，也适合相关研究人员参考使用。

图书在版编目（CIP）数据

数字经济概论 / 赵立斌，张莉莉编著. —北京：科学出版社，2020.8
ISBN 978-7-03-057670-5

Ⅰ. ①数… Ⅱ. ①赵… ②张… Ⅲ. ①信息经济 Ⅳ. ①F49

中国版本图书馆 CIP 数据核字（2018）第 117851 号

责任编辑：方小丽 / 责任校对：杨 赛
责任印制：张 伟 / 封面设计：蓝正设计

科学出版社出版
北京东黄城根北街 16 号
邮政编码：100717
http://www.sciencep.com
北京凌奇印刷有限责任公司 印刷
科学出版社发行 各地新华书店经销
*
2020 年 8 月第 一 版 开本：787×1092 1/16
2023 年12月第七次印刷 印张：14 1/4
字数：338 000

定价：68.00 元

（如有印装质量问题，我社负责调换）

前　　言

党的二十大报告指出："我们要坚持教育优先发展、科技自立自强、人才引领驱动，加快建设教育强国、科技强国、人才强国，坚持为党育人、为国育才，全面提高人才自主培养质量，着力造就拔尖创新人才，聚天下英才而用之。"教材是教学内容的主要载体，是教学的重要依据、培养人才的重要保障。在优秀教材的编写道路上，我们一直在努力。

数字经济属于信息经济发展的高级阶段，是在信息与数字技术日新月异发展进程中产生的一种新的经济形态。20 世纪 90 年代，随着 IT（information technology，信息技术）革命在欧美国家兴起并全面向各领域扩散、渗透，数字经济的叫法也开始流行起来。1998 年，美国商业部发布的《浮现中的数字经济》研究报告，极富预见性地对全球从传统工业经济走向数字经济的发展趋势做出轮廓性描述，标志着人类已经进入数字经济 1.0 时代。近年来，数字经济增长非常迅速，特别是随着大数据、云计算、物联网、人工智能等数字技术的兴起并逐渐向传统领域渗透，数字经济已经超越单纯的 ICT（information and communication technology，信息通信技术）等数字技术产业范畴，进一步升级到以数据为生产要素、以现代互联网与数字平台为重要载体，不断驱动传统产业数字化、平台化、普惠化发展的数字经济 2.0 时代。在我国，虽然叫法上更多采用了信息化、两化融合与网络经济、信息经济等概念，但经过将近 30 年的数字技术发展及其向传统各领域的融合、渗透及大规模扩散应用，我国的数字经济也由萌芽、快速发展逐渐走向成熟阶段。

目前，数字经济逐渐成为全球经济增长的重要动力与主要内容，未来以大数据、云计算、人工智能、物联网、区块链等为代表的新一代数字技术革命将席卷全球，并在经济社会各领域得到更加迅速、更加广泛的渗透应用，从而催生出以数字经济为代表的新一轮产业变革，这也必将推动产业界甚至全社会向数字化转型，数字经济也终将成为全球经济发展的主线与新动能，全球将进入数字经济主导的新时代。

为提高对数字经济的认识与把握，增强对数字经济的理解与应用，本书分为导论篇、概念篇、理论篇、技术篇、产品篇、产业篇、政策篇、建议篇，在对数字经济相关概念、理论、技术与产品分析的基础上，探究了数字技术对传统各产业领域的改造与创新，并梳理了世界主要经济体的数字经济发展战略，对其数字经济发展程度做出评价，最后就数字经济发展中需要关注的问题及各经济主体如何应对数字经济冲击，促进更好地向数字化转型提出相关的对策建议，具体在以下几方面有所突破。

（1）从微观、中观与宏观三个层次深入比较了数字经济和传统经济的基本原理、理论、特征与规律的异同，希望在理论性与系统性上有所突破。

（2）介绍了国际组织和世界典型经济体的数字经济战略与政策及相关研究，并对全球及典型经济体的数字社会发展程度及电子政务发展水平做出评价，有助于增强对各经济体相关政策的协调与认识，也有助于更好地了解我国在全球数字经济格局中的位置与战略定位，从而更好地推动我国对数字经济发展及数字全球化政策的制定与发展意识的增强。

（3）每章后面都配有理论与实践紧密结合的、反映国内外最新研究成果的数学经济案例，紧跟时代发展、社会热点与专业前沿，既有助于促进学生对数字经济相关理论知识的认识、理解与把握，也有助于提高学生运用理论知识解读甚至解决数字经济发展进程中相关问题的能力。

目　　录

第一章　导论篇：绪论

近年来，随着数字经济突飞猛进的发展，建立数字经济学科与出版数字经济学相关教材的呼声不断高涨。下面在梳理数字经济学产生及研究对象的基础上，对数字经济学相关概念、基本框架及本书的内容体系做详细分析。

第一节　数字经济学的产生及其研究对象

目前经典的传统经济理论已经在一定程度上不能合理地阐释数字经济发展过程中出现的新现象与回答数字经济发展进程中遇到的新问题，要揭示数字经济发展过程中不同现象的内在联系及背后隐藏的相关规律，就必须透过大量数字经济的相关现象与问题概括出数字经济的发展规律，揭示数字经济的范畴与本质，并最终构建起数字经济理论体系框架。

一、数字经济学产生的土壤

近年来，在网络经济学研究的基础上，许多学者及研究机构提出要尽快出版“数字经济学”或“数字经济概论”教材，数字经济学的产生，既有其可能性，也有其必然性。

（一）社会环境为数字经济学提供了生长的土壤

1. 全球网民数

网络市场前景广阔，数字经济已成为全球经济发展的潮流。据《2018 全球数字经济发展指数报告》和《2017 年世界电子商务报告》统计，1999 年全球上网人数达 17 600 万，而2017年全球76亿人中，约有2/3拥有手机，且超过半数为“智能型”设备，人们可以随时随地、更加轻松地获取丰富的互联网体验。全球2000年开展电子商务的国家和地区已超过185个，2018年，大约有16亿人至少在网上购物一次，占所有互联网用户的50%以上。

2. 移动支付

据凯捷和法国巴黎银行联合发布的《2017年全球支付报告》、中国国际电子商务中心发布的《2017年世界电子商务报告》以及德勤发布的《移动大未来：2017德勤中国移动消费者调研》的相关数据，从1994年网上交易还只限于特定企业间的私人网络到1995年解决了网上清算的安全问题以后逐步实现了电子商务（纪玉山，1998），再到2017年全球已经有约16.6亿消费者使用移动端进行网购，使用移动支付的消费者占比已达12%。预计从2017年到2020年，全球数字支付交易量平均每年增长10.9%，2020年将达到近7260亿笔。

从数字化和移动普及率来看，中国消费者移动电子商务用户数量从2014年到2016年间增长了一倍，并成为全球最大电子商务市场，支付宝、财付通和微信支付等中国的移动支付已经引领全球电子钱包支付市场，并为了满足数量庞大的境外游中国游客需求，开始向发达国家和地区输出，2017年支付宝在美国覆盖400万家商户，在德国覆盖超过2000万家商户。

3. 普惠金融

1995年10月，世界上第一家虚拟银行——安全第一网络银行在美国诞生，之后，借助数字技术，网络金融、数字金融得以蓬勃发展。随着进入壁垒的降低，小银行的生存空间也在不断加大，客户与银行间的距离进一步拉近，原来只有一小部分人受惠的金融体系惠及人群不断增加，逐渐呈现出普惠化特征。据世界银行发布的《全球金融包容性指数》报告，全球普惠金融可及性进一步提高，而且在提高普惠金融指数使用率以及在妇女、农民和贫困人口中扩大普惠金融覆盖率等方面存在着巨大机遇。2017年，全球占比为69%的大约38亿成年人在银行或移动支付上拥有账户，2014年全球通过数字化支付方式汇款和收款的账户拥有人占67%，到2017年这一比例上升至76%，使用手机和互联网的金融交易量也相应大幅增加（世界银行，2018）。

4. 工业互联网平台

工业互联网平台是面向制造业数字化、自动化、网络化、柔性化、智能化需求，构建基于海量数据采集、汇聚、整理、分析的服务体系，从而支撑制造资源泛在连接、弹性供给、高效配置的工业云平台（王建伟，2017）。据工业互联网产业联盟发布的《工业互联网平台白皮书（2017）》，全球各地有实力的大企业都在开发内部网络系统，如美国的GE-Predix、Microsoft Azure驱动的PTC Thing Worx平台，瑞士ABB-ABB Ability平台，德国西门子-MindSphere平台，法国施耐德-EcoStruxure平台，中国海尔-COSMOPLat平台、华为-Ocean Connect IoT平台、树根互联-根云平台都是较为典型的工业互联网平台，甚至有些公司还拥有自己的卫星通信系统（工业互联网产业联盟，2017）。

（二）前期的相关研究为数字经济学的建立提供了理论基础

随着数字技术日新月异的进步，数字经济也在突飞猛进地发展，学界、业界纷纷把研究的视野从信息经济学、互联网经济学、网络经济学拓展到数字经济领域，把数字经济发展中出现的一系列新现象、新问题、新理论作为主要研究内容。自从美国学者 Lee W. Mcknight 与 Joseph P. Bailey 合编的 *Internet Economics* 首次明确地阐述了网络经济学的定义及研究对象后，在国内有关网络经济、数字经济的科研论文及相关研究报告如雨后春笋般地涌出，其中最有影响的当属我国著名经济学家乌家培对网络经济的相关论述与中国信息通信研究院、阿里研究院、腾讯研究院等机构对数字经济领域的相关研究。目前国内外学者对数字经济的相关研究已经逐渐从数字经济活动、数字经济现象、数字经济发展过程中出现的问题逐渐深入到研究数字技术、数字经济运行的规律、数字经济的本质以及数字经济发展的理论机理，这对于构建数字经济学的主要内容及框架体系都是不无裨益的（乌家培，2000；王健伟和张乃侠，2004；刘培刚，2011）。

二、数字经济学的研究对象

作为传统经济学的一门新兴分支学科，数字经济学与其他学科区分开来的标志，应该就在于其也像其他的独立学科一样，拥有自身独特的研究领域与研究对象。如果说数字经济学也要具体细分为微观数字经济学与宏观数字经济学，那其具体要研究的对象与领域主要就是数字经济条件下资源的优化配置和充分利用问题。

数字经济从狭义上来说可能指的就是 ICT 相关产业，但本书的研究范畴主要是广义上的数字经济。因为，从根本上讲，数字经济不仅仅是 ICT 产业，ICT 产业只是数字经济的基础部分，更多的是数字经济下传统产业可以被数字化改造，从而不单使其实现低成本、高效率的增值，而且促进经济结构整体优化升级与社会运行效率的稳步提升，也即传统产业与数字化融合的部分，才是数字经济的主要内容。从长远来看，在数字经济时代，所有的市场主体都应具备较高的数字素养与意识，都会积极地使用数字化技术，否则将不能适应数字经济发展而终被淘汰。

本书主要分析数字经济基本知识与相关理论，并为数字经济领域的相关问题提供分析方法。本书培养学生从经济学的角度，并运用经济学的理论和工具，较为系统地解释数字经济问题的能力，其内容包括数字经济的基本理论、数字技术、数字产品、数字技术对传统产业的改造、国外数字经济发展战略及我国如何应对数字经济冲击等。

第二节　数字经济学的相关概念

从 20 世纪 70 年代初开始，对未来经济就有多种不同的提法，包括托夫勒《第三次浪潮》提出的后工业经济，1982 年奈斯比特《大趋势》提出的信息经济，1986 年福莱斯特《高技术社会》提出的高技术经济，1990 年联合国提出的知识经济，1996 年美国《商业周刊》提出的新经济。从 20 世纪 90 年代开始，随着互联网浪潮的兴起，信息经济、知识经济、网络经济、新经济、数字经济等关于全球经济的不同概念描述开始混用。

一、数字经济相关概念辨析

（一）网络经济

数字经济学是在网络经济学的基础上发展起来的，首先对网络经济的概念做一解析。不同学者对网络经济的概念认识也没有完全统一，都是从不同的角度对之加以解释（王健伟和张乃侠，2004；刘培刚，2011），具体有如下几种。

（1）服务网络经济。20 世纪 80 年代，日本学者认为服务业中的商业、运输业、金融业等均因有相应的网络而发展起来，所以就把服务经济称为网络经济。

（2）基础设施网络经济。由于电信、电力、铁路、公路、航空等基础设施行业有着相应的运营网络，共同具有“网络式”的结构特征与外部性的经济特征，所以基础设施行业也具有网络经济的特征。

（3）计算机网络经济。计算机网络经济包括与计算机网络相关的成本核算、收费标准等问题的研究；后来又扩展到以计算机网络为核心的信息产业群，包括相关的软硬件开发、网络体系建设以及广播电视及相关制造业。

（4）互联网经济。网络经济是指与信息经济密切相关的互联网经济，是指经济社会环节需借助互联网技术及与之相关的软硬件才能完成社会再生产循环的经济。

（5）从企业运行层面看，网络经济是建立在信息化基础上，企业利用与依托信息网络整合资源，进行动态商务与管理活动产生的经济（陈佳贵和罗仲伟，2001）；有的学者认为网络经济主要研究的是网络形式的社会生产与交换方式组织起来后，人与人经济关系的变化（平新乔，2000）。

（6）从宏观经济形态看，网络经济属于信息经济、知识经济、新经济与数字经济；从产业发展看，网络经济是与电子商务活动息息相关的网络产业经济；从消费与投资的微观层面看，网络经济就是网络虚拟市场（乌家培，2000）。

（7）信息经济、数字化经济。随着互联网的广泛运用，信息逐渐替代资本在经济发展过程中的主导地位，并发展成为核心经济资源的全球化经济形态。

总之，网络经济具体内容包括网络基础设施、基础运用、中介服务及网上商务等经济活动，其本质属性是电子网络的联结性。网络经济的概念有狭义和广义之分。从狭义上来讲，网络经济就是与计算机网络或互联网有关的经济，是以信息技术产业和信息服务业为主导产业的经济。从广义上来讲，网络经济是区别于传统农业经济与工业经济的一种新的经济形态。从宏观层面经济形态看，网络经济就是依托互联网的互联网经济、信息经济、知识经济与数字经济；从中观层面产业内涵看，网络经济就是从服务业扩展到制造业，从物流、金融、电力、公路等基础设施行业，过渡到计算机行业再到以计算机网络为核心的信息产业群，包括相关产品的制造及与之有关的服务；从微观经济活动看，网络经济就是在网络虚拟市场上，依托与利用网络资源进行的动态商务和管理活动及人与人的经济关系。

（二）新经济

新经济主要是指 20 世纪 90 年代美国出现的长达 118 个月经济高增长，通货膨胀率和失业率双低的一高两低新特点的经济。1999 年《商业周刊》第一次提出“新经济”这一概念，并认为新经济是以信息技术革命为基础，实现产业结构优化的全球经济。而美国商务部 1999 年的报告认为，新经济侧重于宏观经济发展新阶段、新形态，包括信息经济、知识经济与网络经济等（鲁志国和金雪军，2001；靳涛，2004）。

（三）信息经济与知识经济

1996 年，OECD（Organization for Economic Cooperation and Development，经济合作与发展组织）提出，知识经济是依赖于知识的传播、应用与创新，以知识为主要生产要素和驱动增长的基础，涉及知识和信息的生产、分配、交换和消费的经济。而信息经济是指以现代信息技术为物质基础，以信息产业为主导产业，同时促进传统农业、工业信息化改造的，基于信息与知识的一种新型经济。知识经济和信息经济都强调信息与知识作为主要生产要素在经济发展中的重要地位（童锦治，2003）。

但也有观点认为信息经济是指信息收集、传输、存储、加工的信息产业的综合，而知识经济是现代教育、研发等知识产业的综合，二者有重合的部分，但又不完全相同，如计算机制造业同属于信息经济与知识经济的范畴，但现代教育属于知识经济而不属于信息经济范畴。1997 年欧盟高级专家组在《建设我们大家的欧洲信息社会》报告中指出：经过加工整理的有序数据才会成为信息，经过浓缩与提炼的系统化信息才会称作知识。知识经济以信息经济为基础，属于信息经济发展的高级阶段，所以知识经济属于信息经济范畴，信息经济不一定属于知识经济（段鸣玉，2003）。

（四）网络经济与数字经济

1. 网络经济与数字经济的联系

网络经济是以现代信息网络为载体，以信息技术为根本动力，以知识和信息为核心生产要素的经济形态。数字经济也是以现代信息网络为载体，以工业互联网平台为依托，以数字技术为根本动力，以富含知识和信息的数据为核心生产要素，促进经济效率提升与经济结构优化升级的一系列经济活动。

在网络上交易的产品要么是信息产品，要么是经过数字编码后才能网上交易的实物产品，所以网络经济的核心是通过网络生产、交易和传输的数字化编码产品，故也把网络经济称作数字经济。美国政府发布的数字经济报告认为，数字经济是信息、知识和技术驱动引发的经济转型及社会影响，主要包括电子商务及信息产业两方面，大致和网络经济内容相当，但与网络经济相比，数字经济强调信息技术的数字化所带来的效率提升和经济转型（王健伟和张乃侠，2004；张铭洪，2007；张丽芳，2013）。

2. 网络经济与数字经济的区别

网络经济更强调信息技术与经济的网络化特征及效应，但从国民经济构成与主导产业来看，网络经济以信息产业为主导，就是信息经济，侧重信息技术和信息资源在经济中的重要性；从经济活动的知识与技术含量来看，网络经济以信息和知识为主要生产要素，又属于知识经济，侧重于知识与高技术在经济发展中的作用；从区别于传统经济的特征与规律的角度看，网络经济又属于新经济（刘培刚，2011）；从驱动经济活动的根本动力来看，网络经济依托具有数字化特征的现代信息技术，属于数字经济，突出的是新经济的数字化特征。

网络经济、信息经济是以互联网络和信息技术的使用为中心，减少不可再生资源的利用，增加利用可再生的信息资源，小批量、定制化地生产多样性的信息商品；借助信息技术，信息收集、传递、存储、加工的速度越来越快，不仅可以更准确地反映市场需求的动态变化与发展方向，甚至人们的生活方式、社会连接方式也发生了根本变化。数字经济是以大数据、云计算等数字技术的使用为中心，主要依靠可再生资源，以富含知识和信息的数据为主要生产要素，大批量、定制化、柔性化地生产多样化的数字商品。移动互联、大数据、云计算、人工智能等数字技术为生产者、消费者提供了一个便捷、低成本的生产与交易场所，经济主体可以借助数字技术平台充分把握市场信息，精准生产多样化的产品与服务、购买更加适合自己需求的个性化产品以及物美价廉的新服务。另外，数字技术使社会变得更加透明，信息传播更加快捷、畅通，使传统经济下的信息不对称现象大为改观，从而使消费者主权得以充分体现，可以认为数字经济是信息经济、网络经济的高级阶段。

另外，使用知识经济和信息经济的叫法无法体现新经济的特征，因为传统经济中知识和信息也在发挥作用；而使用网络经济这一叫法也无法准确体现新经济的特征，因为传统经济也存在网络的成分，但如果使用数字经济，通过数字化方式订购、生产、传递、交易的经济更容易与传统经济区分开来（童锦治，2003；韩耀等，2016）。

二、数字经济与传统经济的联系和区别

传统工业经济是一个以资本和劳动力为主要生产要素，以不可再生资源为能源基础，进行大规模生产和销售的物质能量型经济。而数字经济是建立在传统的工业文明基础上的市场经济发展的自然结果，是信息、知识型、网络化经济的高级阶段，不仅劳动生产率高，而且创造财富快。

（一）数字经济与传统经济的联系

一方面，传统经济的高度发展为数字经济的产生提供了物质基础。数字经济之所以最先在美国提出与诞生，而欧美日数字经济发展程度全球领先，也是其传统经济发展的结果。数字经济同时也是传统农业经济与工业经济下大批量、标准化的供给不能满足消费者多样化、个性化需求的必然结果。但是，数字经济不可能完全替代传统经济，数字经济的发展需要传统经济的物质、人才和市场支持，没有传统经济，数字经济就会成为空中楼阁。

另一方面，传统经济的革新需要以信息与数字技术为核心的数字经济和电子商务的促进与带动。随着数字技术的不断进步与大规模应用，数字经济也不断向传统工业经济渗透，从而大大降低了传统经济的成本，提升了传统经济的效率与活力。例如，大数据、云计算、移动互联、人工智能、3D（three dimensional，三维）打印技术的大规模运用，平台经济体的出现，使信息传播更加及时、企业组织边界逐渐消失、管理结构更加扁平、交易更加便捷、生产和交易效率更高、市场经济环境更加良好。可见，数字经济不断向传统经济领域渗透，有助于提升传统经济的效率，促进传统经济不断创新。而传统经济的创新也需要数字经济的促进和带动，传统经济也离不开数字经济（王健伟和张乃侠，2004；刘培刚，2011）。

由此可见，传统农业和工业经济所积累的巨大物质基础与生产力，正被人类用于建设一个崭新的数字经济社会，而未来经济社会的主流将是：数字技术、数字产品、数字市场、数字生活和数字世界。

（二）数字经济与传统经济的区别

1. 生产方式与生产资料的差异

不同的经济时代的区别不在于生产什么产品，而主要在于怎样生产以及用什么劳动资料生产，也即生产方式与生产资料的不同是不同经济形态的主要区别。

数字经济与农业经济、工业经济、信息经济相比，主要区别在于生产过程中信息传播与处理方式、生产方式和生产资料不同。农业经济时代，农业劳动者主要依靠农业生产工具，以土地为主要生产要素生产农产品；工业经济时代是以大量工业机器为中心，利用各种不可再生资源进行大批量、标准化的工业生产产品；数字经济时代是以数字技术的使用为中心，借助数字化、智能化数字平台，主要依靠可再生资源，以富含知识和信息的数据为主要生产要素，大批量、定制化、柔性化地生产多样化的数字商品，不仅能更准确地反映当下的市场需求，而且能精准地预测未来需求，还能依据需求，柔性地调节供给，使供求关系更加均衡。

农业经济时代，农产品直接进入市场交易，没有中间环节；工业经济时代，分工的不断细化促进了大规模专业化的生产，生产者生产的产品经历重重交易才能到达消费者手中，传统商业把时空阻隔的生产者和消费者连接起来，但交易成本比较大；而信息技术与互联网络的兴起为中间层层经销商、代理商的沟通提供了便利，也降低了从生产到消费的交易成本；数字经济时代，消费者与生产者不存在任何阻隔，甚至消费者可参与生产的全过程，生产出来的产品可直达消费者，甚至生产者可以通过精准营销刺激需求直接获得消费者（王健伟和张乃侠，2004；刘培刚，2011）。不同经济形态下生产与交易方式比较如表 1-1 所示。

表 1-1 不同经济形态下生产与交易方式比较

经济形态	生产要素	生产工具	核心技术	生产方式	交易方式
农业经济	土地	手工	手工技术	大量同质化	直接交易
工业经济	资本	动力机械	机械化技术	大量标准化	层层交易
信息经济	信息	互联网络	信息技术	少量模块化	层层交易
数字经济	数据	数字平台	数字技术	大量定制化	直接交易

资料来源：根据网络公开资料整理

2. 生产过程的差异

在传统农业经济与工业经济中，人们只是为了提高其物质生产水平，才需要获取与生产相关的信息，而数字经济则完全不同，数字经济不仅以数字产业化为主要内容，还要逐渐实现传统产业的数字化，增加更多重要的内容，因而出现了专门为了数据与信息获取而进行相关经营活动的企业，如大数据企业、云计算平台等，这些企业的经济活动模式、类型和行业规则与传统农业经济和工业经济完全不同，整个企业都是围绕信息与数据运转，相关活动与规则也是围绕数据采集、过滤、加工、分析制定，离传统农业经济和工业经济下物质生产活动与规则越来越远。

3. 产出总量的差异

据上海社会科学院 2017 年 12 月 20 日首次发布的《全球数字经济竞争力指数（2017）》的测算，在当今数字经济正席卷全球的时代，传统产业占比正在不断收缩，数字经济占比快速上升并正占据主导，已经成为全球主要国家的核心竞争力。从国家层面看，2016

年美国数字经济规模为 11 万亿美元，中国数字经济规模为 3.8 万亿美元，位居第二，但增速位居全球第一，排名其后的新加坡、英国、日本、韩国等，则与中国存在一定的差距。2016 年数字经济占 GDP（gross domestic product，国内生产总值）比重，德国、英国、美国较为接近，分别为 59.3%、58.6%和 58.3%，数字经济在其 GDP 中占据主导地位。日本、韩国、法国、墨西哥、中国数字经济 GDP 占比也超过 30%，位列第 4～8 位。加拿大、巴西、意大利、印度、俄罗斯、澳大利亚、南非、印度尼西亚数字经济 GDP 占比介于 10% 至 30% 之间。而在企业层面，截至 2017 年 8 月底的数据，全球前十五大互联网公司的市值 20 年平均增长了 180 倍有余，阿里巴巴、腾讯、Facebook 年均收入增幅高达 60%。一个国家的经济和社会越发达，随着人们生活水平的不断提高，数字经济在整个经济中的作用就越大（王振，2017）。

4. 收入分配机制的差异

数字经济的发展使人们逐步认识到富含知识与信息的数据在社会经济生活中的地位，人们的注意力被逐步引导到信息、技术、创新、科技等这些直接关系到社会进步的数据与知识上来。传统经济下的劳动与资本生产要素之间的关系也将发生改变，整个社会的分配体制将受到冲击。数字经济下的劳动不同于传统农业经济与工业经济下的劳动，知识也将成为一种重要的资本要素，劳动与资本等相关要素都需要重新定义，到底是按知分配还是按劳分配更合理，对传统的按劳分配理论也从根本上提出了挑战（王健伟和张乃侠，2004；刘培刚，2011）。

第三节　数字经济学的基本框架

一、数字经济学相关概念的界定

从 20 世纪 80 年代开始，就有大量学者把精力集中于物流运输业、信息通信与金融保险等具有网络特征的生产服务业研究上来，并把网络特征相关的研究归为网络经济学的范畴，而到了 90 年代，随着互联网的广泛应用以及数字经济活动的深入发展，越来越多的学者开始对互联网经济与数字经济的不同领域进行深入研究，他们的研究涉足范围虽然各有侧重，但也有所重复，再加上数字经济本身在发展过程中其内涵与外延得以不断扩张、补充和完善，所以至今学界和业界对数字经济学还没有权威的统一界定与规范，这无疑会进一步影响到与数字经济相关的理论研究和实践应用，因此，为推动数字经济学相关理论的完善，促进数字经济的快速发展，有必要对与数字经济学相关的概念予以界定。

（一）网络经济学

20 世纪 80 年代出现的所谓网络经济学，属于通信经济学范畴，主要研究的是网络经济条件下稀缺资源的优化配置及接入或互联政策的制定问题。其中对接入的定价问题研究，即对接入的某种资产的使用确定成本的合理分配和费用的准确计算，从而在建立起有效定价机制的同时最大限度地减少交易成本，以实现资源的优化配置，成为最核心的问题之一。例如，电厂生产的电必须要通过电网进行传输才能作为商品卖给消费者，在电信业中互联问题表现得更普遍。此外，另一个重要的问题就是由于网络行业本身的技术特征和网络外部性的经济特征的存在，网络行业存在规模经济和自然垄断的倾向，因此如何引入激励机制和竞争机制反垄断也成为经济学家研究的重要问题（陈蓉和郭晓武，2001；王健伟和张乃侠，2004；刘培刚，2011）。

近年来，随着现代经济理论的不断发展和经济现实得到不断演进，网络经济学的研究领域也在不断扩展，学者们纷纷从各自不同的侧面进行研究。如 1996 年 10 月，美国麻省理工学院 Nicholas Economids 教授分别从宏观分析和微观分析两个层面对网络外部性与网络链接价值进行深入研究：分析网络外部性的来源及外部性对网络服务定价和市场结构的影响；探讨兼容、技术标准合作、互联和互操作性对网络服务质量与网络链接价值的影响（张铭洪，2007）。

由此可见，对网络经济学的相关研究是以网络经济学为出发点，但是，很显然研究内容超越了网络产业本身而将研究的重点集中在从网络本身所具有的物理性质出发，讨论具有网络物理形态和外部性经济特征的一切经济问题。因此后来关于网络经济学的研究在很大程度上转化为数字经济学的范畴，国外也将网络经济学称为数字经济学。

（二）互联网经济学

20 世纪 90 年代以来，随着计算机网络逐渐向因特网发展，许多经济学家逐渐认为在互联网以惊人的速度不断扩展到全球各个角落的时候，将关于互联网资源的优化配置、提高互联网投资获利能力、促进互联网发展的相关政策等方面的讨论继续放在铁路、公路、航空、电力等传统网络产业生产部门的框架内进行研究已经不合时宜了，为了适应互联网和网络经济迅速发展的步伐，互联网经济学作为一门新的学科便发展起来了，其中美国学者 Lee W. Mcknight 与 Joseph P. Bailey 合编的 *Internet Economics* 首次比较明确地阐述了互联网经济学是研究互联网服务市场的经济学，其研究的目的主要是实现对互联网中“云”的解释。

然而，互联网经济学与网络经济学的研究内容是存在差异的。经济学界认为，虽然从互联网经济学的主要研究内容看，互联网与其他的铁路、公路、电力等基础设施网络与电信通信等通信网络类似，作为现代社会物质与信息传输的媒介都具有网络属性及外部性等经济特征，甚至认为互联网经济学实际上属于网络经济学或通信经济学的一个分支，但是互联网的迅猛发展对整个经济社会体系、经济社会的运行结构及运行方式的影响要远大于其他公路、铁路、电力、通信等基础设施网络。例如，在互联网经济下现代信息网络对资源的优化配置作用将逐渐加强，制造业和信息服务业在经济社会中的作用将发生位移，政府的宏观调控政策手段将变得更加透明、科学与有效等（王健伟和张乃侠，2004；刘培刚，2011）。

（三）电子商务经济学

从20世纪90年代开始，伴随着电子商务在美国的兴起与飞速发展，越来越多的经济学者开始将关注的焦点集中在电子商务上，甚至形成了电子商务经济学，特别是美国得克萨斯州大学的经济学家Soon-yong Choi、Dale O. Stahl和Andrew B. Whinsto在其所著的*The Economics of Electronic Commerce*著作中把电子商务定义为买卖双方通过数字化过程交易数字产品的一个市场，并认为不只是营销与售后服务等环节，而是包括采购、研发、设计、生产、加工、组装、派送和服务等几乎所有传统的商业活动与流程环节都可借助互联网平台，通过电子商务市场实现从生产到顾客服务的整个商业流程的电子化与数字化改造，而企业活动与相关流程的电子化与数字化又会明显地影响企业战略管理、内部组织结构、运作流程、管理方式及整个企业文化的建设，相应地，企业与上游供应商、下游消费者的关系最终也会发生彻底变革（王健伟和张乃侠，2004；刘培刚，2011）。

二、数字经济学的产生

在不远的将来，随着移动互联、大数据、云计算、人工智能、3D打印等数字技术的大规模扩散应用，数字技术对资源优化配置作用将进一步加强，数字经济也将飞速发展，政府的宏观经济调控政策与手段将会变得更加透明、科学和有效，服务业也将突破时空限制，其效率将进一步提高，在经济社会生活中的作用将更加突出，整个经济社会的运行结构与发展方式也将发生更加深刻的变化。数字经济的崛起会给经济学理论体系带来什么样的影响？是否需要重建经济学理论体系？目前理论界存在两种截然不同的观点：一种观点认为数字经济的迅猛发展，将对传统经济学进行彻底改造，需要重建一套全新的经济学理论体系；另一种观点认为数字经济学不可能彻底改造传统经济学，因为数字经济只是用数字技术武装起来的传统经济，因此传统经济学的一般原理和分析方法仍然适用于分析数字经济中的问题。

本书赞同后一种观点。因为经济学是研究理性人的理性选择行为的科学，与传统农业经济与工业经济相比，数字经济环境下的理性人面对的选择对象更多是数字产品，包括借助数字技术订购、生产、传输、交易的所有有形商品与无形服务，但是仍然是人在选择，因此传统的经济学理论也应该是适用于数字经济的，就像适应于之前的网络经济学一样，反过来说，如果仅仅大数据、物联网、云计算、人工智能等数字技术的发展就能够对经典的经济学理论体系提出如此严重的挑战，甚至于推翻、重构整个经济学体系框架，那么经典的经济学理论还能被称为科学吗？其实美国可以实现长达 10 多年“一高两低”蓬勃发展的新经济就足以说明，传统经典理论指导下的现实市场经济体制完全可以相当好地应对数字经济发展过程中出现的种种问题。

另外，从数字经济与传统经济的关系看，也没有建立全新的经济学的必要。

一方面，互联网、大数据、云计算等数字技术确实是自车轮以来的最伟大的发明，它正在迅猛地改变着世界，但是从数字经济与传统经济的互动关系看，如果没有传统产业的依托与传统经济的物质基础，数字经济就无法健康发展，数字经济最先在美国发起并实现蓬勃发展就是最好的例证（宇鹏，2001）。数字经济更不可能完全替代传统经济，因为目前看来决定一个地区或国家的经济能否健康持续发展的因素，更多还是取决于传统实物经济层面，而且数字经济发展中的许多方面都可以在传统经济中找到，如数字经济下同样是买卖双方交易的市场，只不过交易的方式更多借助数字平台，但与传统经济一样，交易过程受价格机制下的供求规律支配；数字经济下的企业同样也是以追求利润最大化为根本目的，只是更多会借助数字技术与数字平台改变原来追求利润最大化的手段和策略；数字经济下，对消费者与厂商的行为分析，借助传统经济下的经济均衡分析、边际成本与边际收益分析、产业组织相关理论和博弈论等分析工具得到的分析结果可能与传统经济会有所差异，但相关的分析方法照样适用。所以有学者认为，尽管实物经济和传统经济可能被数字技术改造甚至被彻底突破与创新，但永远不会被颠覆与取代，因为实物经济是根，数字经济是枝和叶，只有根深，才能叶茂。

另一方面，数字经济又有自身的特点和规律，如数据爆炸式增长与摩尔定律；随着接入的节点不断增加，整个网络的价值会呈指数型增长的梅特卡夫法则；企业不主动淘汰旧产品、不持续创新就会自取灭亡的达维多定律；网络正外部性与正反馈下强者愈强、弱者愈弱的马太效应等。共享经济、范围经济、注意力经济越来越重要，传统农业与工业经济时代下的一些财政税收、金融保险与反垄断政策可能已无法适应现在的数字经济时代等。因此，目前需要解决的问题是，怎样使传统的经济学更具有解释力，以解释数字经济发展过程中出现的新现象和新问题，即迫切需要发展传统的经济学。由此可见，随着数字经济突飞猛进的发展，应该超出网络经济学、互联网经济学、电子商务经济学甚至信息经济学的范畴，建立一门能够适合数字经济发展的新的经济学，即数字经济学。因此，数字经济学作为传统经济学的一个分支就应运而生（王则柯等，2001；王健伟和张乃侠，2004；刘培刚，2011）。

1995 年，主要研究突破性技术在生产率、商业效能、竞争力等方面商业应用的加拿大全球新经济学家和商业策略大师唐·泰普斯科特（Don Tapscott）在其成名作《数字经济：网络智能时代的希望和危险》（*The Digital Economy：Promise and Peril in the Age of Network Intelligence*）一书中首次提出数字经济概念，并在全球互联网经济与商业模式雏形未现的时候，就开创性地预言了互联网等数字技术及其驱动的商业模式给人们经济社会生活各领域带来的影响，由此奠定了其数字经济之父的地位。2015 年，他又出版了 20 周年纪念版《数据时代的经济学：对网络智能时代机遇和风险的再思考》，并在第一版的基础上增加了对自己20年前诸多预测的复盘内容及对未来移动网络与数字经济发展做了许多新预测，谷歌前CEO（chief executive officer，首席执行官）埃里克·施密特称此书为开启数字经济时代的经典著作，是回眸大数据时代的历史里程碑。

进入21世纪，大量关于网络经济、互联网经济、电子商务、数字经济理论研究的文献资料纷纷涌现，其中对数字经济体系构建较为有影响力的如中山大学谢康教授编著的《信息经济学》、厦门大学张铭洪教授编著的《网络经济学教程》、西南财经大学黄宗捷教授编著的《网络经济学》等，他们对于信息经济与网络经济的大量研究，可以为数字经济学的研究提供基本的理论框架。此外，OECD、世界经济论坛等国际组织与机构发布了许多关于数字经济理论研究的学术论文、研究报告和相关著作，麦肯锡、埃森哲等全球研究机构与阿里研究院、腾讯研究院等国内研究机构都从不同的层面对数字经济进行了大量潜心的研究，这些研究大多具有较大的开创性，其研究成果对于建立科学的数字经济学理论体系、指导未来数字经济发展实践前沿探索做出了巨大的贡献，对于促进我国乃至全球数字经济理论和实践的发展也具有非常深远的意义。

第四节 本书的内容体系

从总体上看，数字经济的发展已经历了从萌芽到成长逐步向成熟发展的过程，但将数字经济作为一门新学科的研究才刚刚开始。所以作为新学科，数字经济学的基本概念与内容、相关理论体系也需要较长时期的整合和实践检验才能不断完善与规范。

本书认为数字经济学属于传统经济学的分支，数字经济学的研究内容应该是在传统经济学的分析框架下，分析数字经济发展中遇到的种种现实经济问题，探索数字经济发展的基本规律，探究数字经济的基本理论，进而实现数字经济下资源的有效配置和充分利用。

在西方发达国家，虽然近年来已有与数字经济学相关的不少论著问世，但仍缺乏系统的理论探讨。在我国，有关数字经济的理论研究才刚刚起步。本书尝试涉足数字经济的理论、实践与政策研究，以传统的经济学理论为基础，在充分借鉴与吸收现有的数字经济研究成果基础上，试图构建一个全新的数字经济学分析体系框架。

全书共分为八章，第一章，导论篇：绪论，介绍数字经济学的产生及其研究对象、数字经济学的相关概念以及数字经济学的基本框架、本书的内容体系；第二章，概念篇：数字经济的内涵与特征，介绍数字经济的定义与内涵，梳理数字经济的历史演进进程，分析数字经济的特征，解释数字经济的体系架构；第三章，理论篇：数字经济下的理论创新，分析数字经济对传统理论的冲击与影响，运用传统理论解释数字经济的适用性，分析数字经济下的新问题及其对传统理论的创新，以及数字经济相关理论及其运行机理；第四章，技术篇：数字经济的技术基础，分析大数据、云计算、物联网、人工智能、区块链等数字技术的作用及不同数字技术之间的联系与区别；第五章，产品篇：数字产品的特性及供求分析，在介绍数字经济下产品含义及其分类的基础上，分析数字经济下的产品特性，运用价格机制模型对数字产品的供求关系进行分析；第六章，产业篇：数字经济促进传统行业转型升级，分析数字技术下传统行业转型升级的过程，比较数字技术对农业、制造业、服务业改造升级的普遍适用性及数字化升级的异同；第七章，政策篇：国际组织与主要国家发展数字经济的政策，阐述 OECD、联合国贸易和发展会议、世界银行、国际电信联盟（International Telecommunication Union，ITU）等国际组织以及美国、欧盟、英国、日本、韩国、新加坡、中国等经济体发展数字经济的战略与政策，并对各经济体的数字经济社会与电子政务发展程度做出评价，让读者充分了解国内外数字经济的发展潮流及我国在全球数字经济发展格局中的位置；第八章，建议篇：发展数字经济存在的问题及应对措施，分析我国该如何应对数字经济的冲击与数字经济发展过程中存在的问题，并对如何更好地向数字化转型提出建议。

案例　数字全球化新纪元的开启

一、商品、资本流动推动的全球化已经停止

一名来自肯尼亚的女孩可以在线登录加利福尼亚的可汗学院上数学课；成千上万的叙利亚难民依靠 Facebook 获取最新信息指导他们前往欧洲的路途；一家跨国能源巨头计划用传感器来远程监控全球 4000 座油井的生产；澳大利亚的制造商从阿里巴巴上的中国供应商那里购买零件；印度则将患者的临床数据发送给美国的药物研究人员。世界变得比以往任何时候都更加错综复杂地彼此连接。

实物产品和资金的流动是 20 世纪全球经济的标志，但现在这些要素的流动已经减缓衰落了。1990 年，全球商品、服务和资金的流动总价值不过 5 万亿美元，占全球 GDP 的 24%。其中国际旅客约 4.35 亿，公共互联网才刚刚起步。但历经 20 多年的发展，各国之间交流更加密切，国际旅客人数超过 11 亿，互联网早已成为连接全球数十亿人和无数公司的全球性网络。在过去 20 年中，随着主要跨国公司扩大供应链，在低劳动力成本国家建立新的生产基地，全球商品、服务和资金的流动的增速大约是全球经济的两倍，2007 年达到了 30 万亿美元的规模，占据全球 GDP 的 53%，特别是全球商品贸易从 1986 年占全球 GDP 的 13.8%上升到 2008 年大衰退前夕的 26.6%。

然而，经过大幅下滑和短暂反弹后，近年来商品贸易的增速一直慢于全球 GDP 的增速，之前持续的扩张已经停止，全球商品贸易的增长已趋于平缓。资金的流动也已显著下降，2007 年被证明是全球信贷泡沫的高峰期。此后，资金的流量下降到不及之前价值的一半（2014 年为 5.2 万亿美元）；它们相对于全球 GDP，只高出 1/3。资金流量的下降主要源于跨境贷款的减少，这可能反映出长期回归的趋势。但其他类型的证券投资和外

国直接投资也出现下降，这引发了对新兴市场融资能力的担忧。到了 2014 年，全球商品、服务和资金的流动价值虽超过 30 万亿美元，但只占全球 GDP 的 39%，只有服务贸易还有小幅增长，在未来 10 年，全球商品贸易占全球 GDP 的比重可能继续下降，资金的流动也会继续下降，至少不太可能再现快速增长的状态。

许多观察家指出这可以作为全球化已经停止的证据。对此，也有不同意见：全球化进入被诸如信息、创意和创新等数据流动所定义的新时代。数字平台创造了更加高效和透明的全球市场，这让买卖双方只需单击链接即可建立联系。数字通信和交易近乎免费的边际成本为大规模跨国业务的开辟提供了新的可能性。计量经济学研究表明，与世界上没有任何流动时相比，全球的商品流动、对外直接投资和数据的价值已经增长到约占全球 GDP 的 10%。仅在 2014 年，其价值就达到 7.8 万亿美元。其中数据流动的价值达 2.8 万亿美元，这比传统商品流动对经济增长的影响更大。这算是极为显著的进步，因为世界贸易网络已经发展了好几个世纪，但跨境数据流动在 15 年前才出现。

二、数据流动驱动的全球化新纪元已经开启

数字全球化的新纪元已经开始，世界从未像今天这般深深地因商业、传播和旅行而联系在一起。但全球化的模式正在发生转变。贸易曾经以实体商品为主，并局限于发达经济体和大型跨国公司。今天，全球数据的流动正在迅速加速，数字平台让更多的国家和更小的企业参与其中。这种转变将产生深远影响。飙升的跨境数据流动已经比传统的商品贸易创造更多的经济价值。

21 世纪的全球化越来越被数据和信息的流动所定义。现在这种现象以虚拟方式加强了传统要素流动中的所有跨境交易，同时向世界各地同步传播有价值的创新思潮。万维网日益成为连接全球经济的纽带，全球约 50%的交易服务已经数字化，全球商品贸易中约 12%是通过国际电商完成的，跨国的 Skype 电话占传统国际电话业务量的 46%。e-Bay 分析了 18 个国家，发现 88%～100%的中小型出口商都在用它们的平台。更具数字形态的全球化改变了参与者的身份、企业跨境贸易的方式以及经济利益的流向。

三、数字全球化改变着全球经济

数字化以多种方式改变了全球化的经济。全球通用的数字平台降低了跨境通信和跨境交易的成本，这也让企业能够与任何国家的客户和供应商取得联系。全球化曾经是大型跨国公司的“专利”，但数字化平台降低了参与全球化的规模门槛，这使得世界各地的小企业和私营业主也能参与其中。因此，新的竞争者从世界的各个角落里涌现，这让现有产业经营者压力倍增。公司和国家比以往任何时候都不能忽视海外的机会。

数字化使得全球化的流动更具包容性。全球化曾经几乎由政府、大型跨国公司和大型金融机构所驱动。但在今天，工匠、企业家、应用开发人员、自由职业者、小商贩甚至普通个人都能直接参与到具有全球影响力的数字平台。中小企业可以是微型跨国公司，数字化的创业公司生而就是全球化的。全球的中小企业（small and medium enterprises，

SMEs）都在利用“即插即用”的基础设施，让自己成为面向庞大全球客户的出口商。

数字全球化的新时代也面临挑战。公司可以进入新市场，但它们得面对价格压力、激进的全球竞争对手和具有破坏性的数字商业模式。数据必须得到保护，防止被用于网络犯罪。学生能够在全球各地通过网络进行自学，但他们看到全球就业形势的严峻会加剧他们对就业前景暗淡的焦躁心态。社交媒体创造了全球性的社区，但极端分子得以彼此联系。解决这些问题需要更多的国际协作。当今的全球化复杂多变且节奏迅速，但连通性是促进增长的路径之一。

资料来源：本部分内容节选自《汕头大学学报（人文社会科学版）》2017 年第 5 期发表的《数字全球化：全球流动的新纪元》对麦肯锡全球研究院报告的编译，内容有所改动

本章思考题

1. 数字经济和传统经济的区别与联系有哪些？
2. 数字经济学的主要研究对象是什么？

第二章　概念篇：数字经济的内涵与特征

数字经济学是研究数字经济发展规律的学科，故有必要对数字经济的有关概念做详细的鉴定分析。本章在鉴定数字经济定义与内涵的基础上，对数字经济的历史演进、数字经济的特征及数字经济体系架构做深入分析。

第一节　数字经济的定义与内涵

从20世纪90年代开始，互联网在美国最先兴起，并不断向全球各个角落扩散，拉开了数字经济发展的大幕。近年来，随着移动互联网、大数据、云计算、物联网、人工智能、无人驾驶、3D打印等数字技术的创新驱动，并逐渐向经济社会的各个领域的融合、渗透发展，人们对数字经济的认识也在持续深化，这不仅使其生产活动、生活方式甚至整个思维方式都发生了巨大的改变，也使数字经济的内涵和外延得以不断拓展。

一、数字经济的定义

数字经济，也称新经济、互联网经济、网络经济、信息经济，但数字经济的内涵要远远大于仅仅指由互联网驱动的经济活动的互联网经济。网络经济、信息经济也仅仅指数字经济发展的早期或前一阶段，即依赖信息处理技术和网络建设来驱动的信息经济发展的初级阶段，而数字经济则指的是信息经济的高级阶段。时至今日，驱动数字经济发展的已经不是固有技术本身，而是数字技术的大规模运用与不断创新。

1995年，数字经济的概念由加拿大新经济学家唐·泰普斯科特首次提出，并且其预测分析了数字化对政府、商业、教育等12个领域可能产生的正负面影响。同年，美国计算机科学家尼古拉斯·尼葛洛庞帝（Nicholas Negroponte）在《数字化生存》（*Being Digital*）一书中首次从人类发展的角度界定了数字经济与传统经济的差异：由原来原子加工过程逐步转变为信息加工处理的过程。但作为数字经济研究的先锋，他们仍然未能在其著作中对数字经济的概念做出准确的界定与精准的描述。

数字经济是继农业经济与工业经济之后一种全新的经济形态，随着人们对数字经济认识的不断深化，不同时期、不同学者与机构对数字经济的定义也会存在差异。但目前各界使用最多的是 2016 年 G20（Group 20，二十国集团）杭州峰会上达成的《二十国集团数字经济发展与合作倡议》对数字经济的定义：数字经济是指以使用数字化的知识和信息作为关键生产要素、以现代信息网络作为重要载体、以 ICT 的有效使用作为效率提升和经济结构优化的重要推动力的一系列经济活动（二十国集团，2017）。

首先，从数字经济关键生产要素的角度来看，其不同于以往的把土地、能源、劳动力、资本等作为农业经济与工业经济下的关键生产要素，而是把富含知识和信息的数据或数字化的知识与信息作为数字经济下的关键生产要素，从而作为一种新的技术经济范式，数字经济在基础设施、产业结构、就业结构、治理体系上与农业经济和工业经济表现出显著不同的新特点；然后，从数字经济发展的基础与载体来看，数字经济把现代信息网络与数字平台作为载体，而不简单只是信息初级阶段依托宽带与互联网等载体；最后，从数字经济发展的根本动力来看，云计算、大数据、物联网、人工智能、增材制造、区块链等信息通信与数字技术成为数字经济发展的根本动力。总之，数字经济以数字化的知识和信息作为关键生产要素、以现代信息网络与数字平台为重要载体，通过相关数字技术的有效应用，推动传统领域的数字化转型与升级，进而实现价值增值和效率提升（腾讯研究院和工业和信息化部电子科学技术情报研究所，2017）。

二、数字经济的内涵与外延

从 20 世纪 90 年代数字经济的兴起到现在，历经将近 30 年的发展，随着数字技术不断向农业、制造业、服务业等传统领域渗透，数字经济所包含的内容也远远超过信息通信、电子技术、软件业等 ICT 产业发展的范畴，而是融入经济社会的各个领域与层面，数字经济的内涵与外延得以持续扩展。下面对数字经济的内涵与外延做详细梳理。

（一）数字经济的层次

2001 年，美国经济学家托马斯·梅森伯格（Thomas Mesenbourg）把数字经济解构为三个层次（Mesenbourg，2001）：软件、硬件的电子交易基础设施层，建立在网络基础设施层上的数字化商务网络与组织交易层，涵盖了从原材料、半成品运输、加工组装到制成品出厂、销售整个过程的数字化交易产品层。

在此基础上，比尔·伊姆拉（Bill Imlah）于 2013 年又把数字经济的外延扩大到第四个层次：纯数字化物品交易的网络社交和互联网搜索层，并认为，第四层次对前三个层次的发展有一定的促进作用，如网络社交助推数字基础设施水平的提升，互联网搜索也对数字化网络与数字化交易产品层的发展具有较大的推动作用。

其实，近年来新涌现出来的、接近零边际成本但已形成较大经济体量的共享单车、共享汽车、众筹、众包、短视频直播服务平台等不同形式的虚拟商品和服务（里夫金，2014），到底该归属于第三层，还是该独立成第五层，没有统一的定论（罗兰贝格，2016）。但不可否认的是，就目前数字经济的发展趋势来看，未来的数字经济一定会涌现出更多的新模式与新业态，并不断助推数字经济向更高的层次发展（李建平等，2017）。

（二）数字经济的具体内容

数字经济是以数字技术创新为核心驱动力，并通过与传统产业融合、渗透，促进传统产业数字化、自动化与智能化水平不断提高，从而加速经济升级与社会转型的经济形态。由于数字经济更多的是融合型经济，所以根据现行的国民经济行业分类和统计标准，要较为准确地界定与衡量数字经济的规模存在较大的困难，但对数字经济具体内容的界定日渐清晰（中国信息通信研究院，2017a）。

1. 数字经济超越了信息产业，概念蕴意丰富

20世纪六七十年代以来，随着数字技术的飞速发展，ICT产业逐渐崛起为经济社会中创新最为活跃、成长最为迅速的战略性新兴产业部门。但随着数字技术广泛应用到经济社会各行各业，不但全要素生产率得以提升，整个经济形态也得以重塑，经济社会面貌也得到全面改造，因此不应将数字经济简单地看作信息与数字产业。综合多方观点，本书认为数字经济包含以下两部分。

第一部分是指数字产业化的数字经济基础部分，主要包括电子信息制造业、通信业、软件和信息技术服务业等ICT产业。其具体又分为两个类型：一是资源型数字经济，大致对应大数据、云计算等数字技术的核心业态与应用领域，主要包括数据采集、存储、分析挖掘、可视化、交换交易等；二是技术型数字经济，大致对应数字技术本身及其关联业态部分，主要包括智能终端产品硬件、软件研发等数字技术软硬件产品开发、系统集成、数字安全以及虚拟现实、可穿戴设备、3D打印、人工智能等产业领域。

第二部分是指传统产业数字化的数字经济融合部分，即数字技术对传统产业改造所带来的效率提升和产出增加的产业数字化部分，此部分在数字经济中所占比重越来越大，成为数字经济的主体部分，但这部分却更难以准确衡量。其具体也分为两类：一是融合型数字经济，这部分在生产过程中的融合特征较明显，主要指通过数字技术与一产、二产等实体经济的融合创新应用，直接推动传统产业数字化转型升级，如智慧农业、智能制造等新型业态。二是服务型数字经济，主要是指服务业与数字技术的融合、应用与创新，涌现出的新模式与新业态：一部分是指通过数字技术提升服务质量、培育服务新业态，如旅游餐饮、游戏娱乐、健康医疗等领域的线上线下整合协同；另一部分则是指通过数字技术的使用导致服务模式与服务形态的创新，甚至直接提供一种新服务，如智慧

物流、互联网金融、数字化会展服务等（王振，2017）。

2. 数字经济是一种经济社会形态，也是一种技术经济范式

数字经济是继传统的农业经济与工业经济之后的一种经济社会形态，在基本特征、运行规律、相关理论等维度与传统的农业经济和工业经济相比出现了根本性变革。所以对数字经济的认识，也需要站在人类经济社会形态发展的历史长河中，不断拓宽视野、范围和边界，才能认清其对经济社会的系统性、革命性和全局性影响。

此外，作为一种技术经济范式，数字技术具有基础性、网络性和外溢性等特征，不但会推动经济效率的大幅提升，促进社会阶跃式变迁，社会成本大幅度降低，给人们的生活带来极大的便利，甚至会彻底对整个经济与社会进行重塑，使人们的行为方式也发生彻底的变革。

3. 数字经济是信息经济发展的高级阶段

数字经济的内涵较为丰富，既包括以非数字化的知识和信息驱动的信息经济低级阶段，也包括数字化的知识和信息驱动的信息经济高级阶段，二者共同构成信息经济。而数字经济属于信息经济发展的高级阶段，特别是随着未来非实物生产要素的数字化成为不可逆转的历史趋势，数字经济也必将成为未来信息经济的发展方向。而信息化、数字化仅仅是经济发展的一种重要手段，所以数字经济除了包括数字化等手段外，还包括建立在数字化基础上所产生的经济转型升级和社会形态的彻底变革等数字化发展的结果（中国信息通信研究院，2017b）。

第二节　数字经济的历史演进

数字经济的发展伴随互联网、大数据、云计算、人工智能等数字技术的创新、扩散与成熟到大规模运用，迄今为止大致经历了五个典型阶段，分别是数字经济的发端、数字经济的浮现、数字经济的兴起、数字经济 1.0 和数字经济 2.0 阶段，这五个发展阶段有时并没有明显的界限，更多是自然递进、相互融合、相互促进的发展关系。

一、数字经济的兴起与发展

（一）数字经济的发端：1946～1960 年，信息网络为主的数字化阶段

世界上第一台通用电子计算机于 1946 年在美国宾夕法尼亚大学诞生，从此，人类

开始步入信息时代，标志着数字化的起步。这一时期主要的商业模式是芯片等硬件的生产和制造、操作系统及其他软件的开发，代表公司为微软、英特尔、IBM 等。在数字经济起步阶段，语言、文字、音视频等诸多信息内容都被转化为电子计算机能够识别、存储、加工及传输的二进制代码。

随后，从少量科研人员专用的电子技术逐步衍生出全球 32 亿人使用的计算技术、通信技术、网络技术，从个人计算机发展到超级计算机、网络计算机、量子计算机，从科学计算应用逐步延伸至企业管理、生活娱乐、消费购物等方方面面。此时，人类生产、生活等经济行为的相关信息内容绝大部分都可被数字化记录，但仍然有部分信息内容不能以数字化的方式被收集、存储、加工与分析，游离在数字经济体系之外。

（二）数字经济的浮现：1960～1990 年，IT 与 ICT 为主的网络化阶段

20 世纪 60 年代末，IT（information technology，信息技术）的兴起与应用、阿帕网的诞生标志着数字经济进入网络化的萌芽阶段，即通过网络通信技术实现了人与人、人与物、物与物之间的实时连接。20 世纪 70 年代到 90 年代，随着 IT 在传统的行业和领域的大量应用，以 IT 相关的软件开发和硬件制造为主体的 ICT 产业也在迅猛发展，互联网开始兴起并逐渐在各行业得到初步应用，这大大降低了经济系统的运行成本，提升了原有经济系统的运行效率。

（三）数字经济的兴起：1990～2000 年，数字经济概念被提出

数字经济的概念发端于 20 世纪 90 年代。根据牛津英语词典的记录，数字经济（digital economy）一词最早产生于 1994 年 3 月 1 日美国《圣迭戈联合论坛报》的一篇报道（李长江，2017）。此后，随着互联网等数字技术日趋成熟，并大规模运用于经济社会实践，数字经济的概念被提出并引起广泛关注，数字化应用越来越广泛，企业的数字化程度逐渐提高，数字经济进入从无到有并开始迅猛发展阶段。

1995 年，数字经济的概念在加拿大学者唐·泰普斯科特出版的《数字经济：网络智能时代的希望和危险》一书中正式提出，书中详细论述了数字经济的发展情况以及互联网等数字技术对经济社会的影响。此后，数字经济才成为专有概念，唐·泰普斯科特也被认为是最早提出“数字经济”概念的人之一。

20 世纪 90 年代，美国在全球经济表现平平的状态下，实现了连续 118 个月的持续快速增长，并创下了连续增长时间最长的历史纪录。在这一阶段的持续高速增长过程中，美国经济也呈现资本主义发展史上难得一见的发展模式新特征：高经济增长率、低失业率、低通货膨胀率并存的“一高两低”高质量增长特征。这一轮经济增长应归功于计算机和互联网技术的大规模商业化运用展现出的强大生命力，以互联网技术二进制形式构成的数字流不但改变了信息传输与人机交互方式，也改变了商品流通、交易与支付方式。

20世纪90年代以后互联网的全球普及为数字经济发展构筑了至关重要的基础设施。在ICT革命如火如荼、互联网正式开启商业化进程的美国，ICT成为驱动其经济增长的关键要素。1997年，随着曼纽尔·卡斯特（Manuel Castells）的《信息时代三部曲：经济、社会与文化》（*The Information Age Trilogy：economy，society and culture*）与尼古拉斯·尼葛洛庞帝的《数字化生存》等重要著作的出版，让数字经济的现象和趋势成为学术界和产业界进一步关注的焦点。著作中认为数字经济时代的信息储存于虚拟化的比特而非实体化的原子之中，并将数字化比喻为原子向比特的转变，会导致原有工业经济时代的运输、出版等发展方式发生颠覆性的变化。

后来，1997年日本通产省开始使用"数字经济"的提法，1998年美国商务部发布了《浮现中的数字经济》报告，对电子商务这一当时最为凸显的数字经济形式进行了具体描述，指出数字技术发展已成为各国制定经济战略时考虑的核心问题，并且勾勒出未来25年的数字经济结构蓝图。此后，美国开始持续关注数字经济，与数字经济相关的研究成果不断涌现，数字经济也日益成为美国经济发展的新动力（闫德利，2017a）。

（四）数字经济1.0：2000～2015年，数据驱动的数据化阶段

进入21世纪，随着大数据、云计算、物联网、人工智能、3D打印等数字技术的不断迭代创新，那些富含有知识与信息的数据资源成为经济社会发展的关键核心资源，标志着整个经济社会进入数据驱动的1.0时代。随着数字化概念与数字技术的广泛传播，主要国际组织与各国政府希望以数字经济为抓手促进产业创新、拉动经济增长，也开始将政策重心转向数字经济，纷纷加大对数字经济的研究。

2000年，美国商务部发布的《新兴的数字经济》等报告，提出数字经济是20世纪90年代中后期美国经济繁荣增长的重要因素，并第一次从政府官方角度提出数字经济时代已经来临，开始通过设计数字经济的相关测量指标，大量收集相关数据，将数字经济纳入官方统计范畴。从此，数字经济概念与数字技术开始被广泛使用，发展数字经济的理念日趋流行与成熟，世界各主要国家政府也纷纷把发展数字经济提上议事日程，以求通过发展数字经济来促进经济的增长与社会的转型（马化腾等，2017a）。

其实在美国数字经济发展的带动与影响下，国际组织、国际研究机构与世界各国也纷纷出台和数字经济相关的更详细的战略与政策框架，就如同美国1994年推出的"信息高速公路计划"影响世界各国的信息化战略制定与信息化进程一样，其发布的数字经济报告，对发展数字经济的相关论述和政策实践也在深刻地影响着各国数字经济战略的制定与数字经济的发展进程。例如，世界经济论坛近年来连续发布多份《全球信息技术报告》，并在2002年首次发布的《全球信息技术报告》中就提到数字经济，后面多年的研究报告基本都是对数字经济发展的阐述。OECD连续多年发布和数字经济相关的研究报告与工作论文，并在多项研究的标题中直接使用数字经济一词。特别是在2008年国际金融危机后，为推动全球经济缓慢复苏，世界贸易组织（World Trade Organization，WTO）、联合国贸易和发展会议、亚太经合组织（Asia-Pacific Economic Cooperation，APEC）、国际货币基金组织等国际组织与世界各国便开始纷纷制定数字经济发展战略，期望通过

发展数字经济为全球经济增长寻求动力支撑。其中，欧盟最先于2010年公布了数字经济议程，美国到2015年公布数字经济议程，英国、德国、法国、俄罗斯、日本、韩国、新加坡等国均发布了数字化战略，其余一些国家也在纷纷考虑出台和数字经济相关的战略与政策框架，以通过发展数字经济，推动传统经济的数字化转型，为经济增长提供新的动力。

我国也十分重视信息技术、数字技术对传统经济的促进作用，只不过是我国在名称上较多采用信息化和两化融合等提法。近年来，在国外数字经济以及工业4.0等战略的影响下，我国出台了《中国制造2025》与“互联网+”两大战略，以通过发展互联网等数字技术和高技术战略新兴产业等推动我国经济结构的转型升级与高质量发展(闫德利，2017a)。

（五）数字经济2.0：2015年至今，人工智能为核心的智能化阶段

2016年，全球市值最高的五家公司首次全部花落数字平台公司：苹果、谷歌、Facebook、微软和亚马逊，远超传统工业巨头，在数字技术、数字标准与数据商业化快速发展背景下，数字技术对农业、制造业、服务业等传统行业的数字化改造进程也在不断加速，随着智慧农业、智能制造、智慧物流、互联网金融等领域的快速发展，全球数字经济发展进入2.0阶段。

2015年，“互联网+”首次进入《政府工作报告》，提出通过促进互联网融合创新作用的发挥，培育经济增长新动能，开启了我国数字经济发展新篇章，之后“数字经济”这一提法进入政府工作报告，并被各类官方文件与重大会议所采用，数字经济发展的战略及相关政策的制定也提上了我国各部委及各级政府的议事日程。2016年的世界互联网大会与G20杭州峰会等重大国际会议、中央政治局网络强国战略集体学习、党的十九大报告、“一带一路”国际合作高峰论坛主旨演讲、《金砖国家领导人厦门宣言》等也出现了数字经济的字眼（马化腾等，2017a）。从2015年到2017年“互联网+”、分享经济、数字经济分别首次进入《政府工作报告》，2018年政府工作报告又多次提到数字经济，指出我国要通过发展“互联网+”、智能制造等加快经济转型升级步伐，可见，我国已开始更多地从经济层面关注与研究数字经济问题，也希望通过培育数字技术新动能来大力发展数字经济（马化腾等，2017c）。

2015年以来，随着谷歌、百度、科大讯飞、阿里巴巴、苹果、NVIDIA等代表性公司在语音与图像识别、自动驾驶、数字医疗等人工智能诸多领域已有重大突破，我国的人工智能研究也在多个领域实现率先突破，我国数字经济也进入以智能化为核心的数字经济2.0阶段。但目前我国数字经济商业模式还主要集中在单一的弱人工智能应用上，未来智能化技术还有较大的发展空间，这也必将对我国数字经济发展、生产生活方式变革产生巨大的推动效应（王振，2017）。根据国际电信联盟与2018年全球数字报告的数据，全球76亿人中，互联网用户数已突破40亿，超过总人口的一半，2017年新增网民人数为2.5亿人，特别是受智能手机和移动数据推动，新增移动互联网用户的占比更大。智能手机已成为全球互联网用户的首选设备，全球约2/3的人已拥有手机，

且超过半数为智能型设备，因此人们可以随时随地轻松地获取丰富的互联网体验。除了互联网的迅速发展，物联网及其相关设备也在快速增长，但与此同时，数字经济发展过程当中的问题也日渐突出，如数据纷争的解决、数据安全的治理、数字鸿沟的跨越、数字素养的提升等问题也日渐进入公众的视野。

二、数字技术经济范式的演进

从农业经济、工业经济到信息经济、网络经济再到数字经济的发展过程，就是从传统的农业与工业经济的技术经济范式向数字技术创新推动的数字技术经济范式转变的过程。伴随着技术经济范式的演变，科技产业革命特别是关键技术创新将对宏观经济结构与运行模式、微观企业组织形态与治理方式产生深远影响，进而也将会对旧的经济社会格局产生新的冲击。

（一）信息经济概念的提出与扩展：1940～1990 年，数字技术经济范式肇始

随着 20 世纪 40 年代第二代晶体管电子计算机和集成电路的发明，微电子领域取得了重大技术突破，随着相关技术的推广、普及与大量运用，人类对知识和信息的加工、运用与处理能力也得到大幅提升，数字技术对人们经济行为与社会生活方式的影响也逐步显现出来。

在 20 世纪五六十年代的数字技术创新的大背景下，向市场提供信息产品或服务的企业成为重要的经济部门，1962 年马克卢普提出“信息经济”的概念。到了 20 世纪七八十年代，随着大规模集成电路和微型处理器的发明及相关技术向其他部门的加速扩散与广泛渗透，信息经济的内涵与外延也得以不断丰富和扩展。1977 年，马克·波拉特认为信息经济除了包括马克卢普所说的信息产业“第一信息部门”外，还应包括融合信息产品、服务与技术的其他产业“第二信息部门”，数字技术向其他各领域的渗透、融合、改造与创新，对整个经济社会产生的影响日益深化（孙蕙，2017）。

（二）数字经济概念的提出到运用：1990～2010 年，数字技术经济范式跃迁

随着互联网等数字技术在 20 世纪 90 年代的日趋成熟与广泛接入，传统部门信息化、数字化步伐加快的同时，新业态、新模式不断涌现，如电子商务成为最典型的应用，富含信息与知识的数据成为新的生产要素。在数字经济快速发展与广泛应用的背景下，90 年代尼葛洛庞帝在《数字化生存》一书中提出数字化概念，1995 年数字经济概念在美国学者泰普斯科特《数字经济：网络智能时代的希望和危险》一书中被正式提出，1998 年、

1999 年、2000 年名为《浮现中的数字经济》（Ⅰ，Ⅱ）和《数字经济》的研究报告在美国商务部先后出版，随着数字经济概念从提出、传播到被广泛接受，数字技术经济范式也向更广泛、更深入、更高级方向发展，无疑这也将会对整个经济社会面貌产生更为深刻的影响（中国信息通信研究院，2017a）。从相关理论分析和统计实践看，20 世纪 90 年代美国经济出现的 118 个月连续增长且呈高经济增长率、低失业率与低通货膨胀率的“一高两低”的良好发展势头，大部分是在美国信息战略——信息高速公路计划指引下，以 IT 为核心的数字经济驱动的新经济发展带来的红利。进入 21 世纪，随着移动互联、物联网等数字技术的快速发展，全球范围的万物互联生成的海量数据，已是之前分散的终端处理能力所不能及，数字经济特征也发生了新的变化，貌似波拉特提出的“第一与第二信息部门”的概念已难以描绘数字经济发展模式的新变化。

（三）数字经济 1.0～2.0：2010 年至今，全球经济增长的新动能

2010 年以来，基于移动互联、大数据、云计算、人工智能、区块链、3D 打印等数字技术，以数字平台为重要载体，以高度数据化为重要特征，架构在“云网端”新基础设施之上的数字经济逐渐由数字经济 1.0 进入 2.0 发展阶段，原来的商业运营模式、组织管理模式与就业模式也正发生着巨大的变革。

不同于以 ICT 为核心实现数字化的数字经济 1.0 时代，数据应用场景、数据在线范围以及数据的流动仍主要局限在规模很小的数字生态圈之中，数字经济 2.0 时代却实现了万物在线互联，数据应用场景更加丰富多样，数据的流动与共享高速增长，高度数据化、自动化与智能化成为推动着商业流程跨越企业边界，编织全新的生态网络与价值网络，驱动商业模式创新和发展的核心力量。根据 IDC（Internet Data Center，互联网数据中心）发布的《数字宇宙研究报告》，到 2020 年人类拥有的数据量将远超大数据的临界点，未来随着物联网的应用普及和在线化，人类将迎来“数据核爆”，到时数据将如同劳动力、土地、资本、技术为传统经济的生产要素一样，成为数字经济时代的关键生产要素。

不同于传统工业经济时代下的标准化流水线、从厂家到各级批发商再到分销商与零售商的销售体系、物质资源过度消耗与环境污染日益加剧等在内的发展范式，数字经济下数字技术正在驱动原来的发展范式持续创新：产业模式的变革也更多围绕消费者个性化、多样化需求展开，消费者成为推动创新的核心力量并参与生产全程创新。据阿里研究院数字经济 2.0 报告，2016 年的主要互联网科技公司与 1995 年相比，不论是在技术水平、商业模式还是在业务范围、组织架构上都有着巨大的差异，近 20 年来，随着大数据、云计算、人工智能、物联网、区块链、3D 打印等数字技术在经济社会领域日益深入的渗透，商业活动与产业组织、企业管理的边界不断拓展，未来经济发展的技术延展性也会进一步增强，并不断驱动全球经济社会发生翻天覆地的变化。

21 世纪初期，从中国经济进入经济增速放缓、增长动力接续转换、经济结构不断转型升级的新常态，到 2014 年中国推进供给侧结构性改革，加大“三去一降一补”的力度，虽然经济增速与以前相比有一定程度的放缓，但是中国经济整体上出现了明显的

高就业率、中速增长、低通胀的“高中低”特征，在整个过程中数字技术的新成果、数字技术的发展为之提供的强劲支撑以及数字技术与传统产业的融合、渗透、改造与创新等外溢效应功不可没。根据阿里研究院相关资料，2015 年阿里巴巴平台提供将近 4000 万个就业机会，2015 年的网络零售已占中国社会零售总额的 12.9%，网络零售增长 25% 以上，2016 年天猫“双 11”销售额实现 1207 亿元、交易峰值达 17.5 万笔/秒、支付峰值达到 12 万笔/秒；2017 年，参与天猫“双 11”活动的有全球超 14 万品牌投入的 1500 万种商品、线上线下打通的海内外超 100 万商家、智慧门店将近 10 万、赋能新零售的零售小店超 50 万家，最终把交易额定格在 1682 亿元，无线成交占比高达 90%，这离不开物联网、大数据、云计算、人工智能等数字技术提供的动力支撑（阿里研究院，2017）。

第三节 数字经济的特征

作为一种新的经济形态，不论是从基本特征还是规律性特征方面，数字经济都呈现出有别于传统农业经济与工业经济的独特性，下面在综合多方主流研究的基础上，分别从这两方面予以阐述（中国信息通信研究院，2017a；王振，2017；孙蕙，2017）。

一、数字经济的基本特征

（一）数据资源成为数字经济时代的核心生产要素

与传统的农业经济、工业经济一样，数字经济也需要生产要素和相应的基础设施与之配套，但每一次经济形态的重塑与社会形态的变革，都会产生与之相适应又赖以发展的生产要素。数字经济下由于很多要素都需要数字化，所以又不同于前两种经济形态，数据成为与数字经济相适应的新的生产要素。如同土地和劳动力为农业时代的关键生产要素，资本、技术、矿产、物资为工业时代的关键生产要素一样，数字经济的关键生产要素为富含知识与信息的数据资源。随着向科技研发、经济社会的各个领域扩展与渗透的速度不断加快，数据驱动创新渐渐成为国家创新发展的关键形式和重要方向。

随着数字经济的不断向前推进，与人类的消费、投资等经济行为相关的信息都将以数字化的格式存储、传递、加工和使用，大量数据的增长及对其的处理和应用需求催生出了大数据概念，数据已日渐成为社会基础性战略资源。同时随着数据存储和计算处理能力飞速提升，数据的价值创造潜能大幅提升。庞大的数据资源也将成为企业的核心竞争力，因为企业的核心是产品和服务的创新引领能力，企业创新的核心是将用户、环境等产生的各类数据资源分析转化为对企业决策有用的知识与信息的能力，基于数据的按需生产、基于数据的生产流程改造与服务水平提升日益成为可能，谁掌握了各类数据，谁就更有优势。

随着数字技术向人类社会生产、生活的方方面面不断渗透，人们的经济交易方式与日常行为手段变得更加便捷，甚至数字技术下社会的全面治理方式也变得更加有效。数据已成为数字经济时代的生产要素，而且是最核心、最关键的生产要素，数据驱动型创新也正在向经济、社会、文化、政治、生态等各个领域扩展渗透，甚至成为推动国家创新的重要动力。大量数据资源不仅为人类社会带来了更多新的价值增值，也为人类价值创造能力发生质的飞跃提供了不竭动力。但数据要素也有一些不同于其他要素的特征：第一，数据要素具有规模报酬递增的特性，数据越多包含的信息量越大，越能挖掘出更多的内涵与价值，与传统经济下要素的规模报酬递减刚好相反；第二，数据要素可重复使用，多人使用，但传统要素只能一次性使用，用完就不复存在；第三，数据虽然可无限增长，又可重复利用，又具有多人共享，不排他性，甚至突破了传统经济下制约经济发展的资源稀缺性，但数据依赖于经济主体的消费与投资行为，缺乏独立性，能不能作为独立的生产要素推动经济的持续增长与永续发展仍存有疑问。

（二）数字基础设施成为数字经济发展的关键基础设施

与传统的工业经济下的经济活动更多架构在以铁路、公路和机场为代表的物理基础设施之上一样，数字经济活动的推进与实施也需要相应的基础设施与之配套。不同的是数字经济下基础设施既包括宽带、大数据、云计算中心等专用型数字基础设施，也包括增加了数字化组件的传统基础设施或数字技术对传统物理基础设施的数字化改造，即混合型数字基础设施。例如，数字化停车系统、数字化交通系统、数字化监测系统等对传统物理基础设施的数字化改造就属于混合型数字基础设施，这两类基础设施共同构成数字经济的核心基础设施，推动着数字经济迅猛发展。

据《全球数字经济竞争力发展报告（2017）》，数字经济蓬勃发展的前提是数字化基础设施的广泛安装、数字人才和资本等资源的获得与重新组合，在恰当的政策支持下，通过对原有各个领域的改造，创造出全新的流程、商业模式和产品，提升生产率，促进经济增长和可持续发展。马化腾等在其 2017 年出版的《数字经济：中国创新增长新动能》一书中，认为数字经济是一个阶段性的概念，“云+管+端”成为像水和电一样的生态要素渗透到经济社会活动的各个环节，成为数字经济的核心基础设施。其中云计算具有资源共享、可扩展性、快速部署、集约高效等优势，是各类用户可以便捷、高效、低成本地使用的各类网络计算资源；“管”也叫网，不仅包括原有的互联网，还拓展到物联网领域，不仅包括人与人互联，还包括人与物、物与物的万物互联，使得网络上承载的数据与价值得以空前增长；“端”则是指用户终端，如可穿戴设备、传感器及其他智能终端等，是收集数据的来源与服务提供的媒介（马化腾等，2017a）。

综合来看，传统工业时代的经济基础设施以铁路、公路、机场、电网等为代表，数字经济时代的基础设施基于“云+管+端”的架构运行。“云+管+端”的数字基础设施通过对传统物理基础设施进行数字化改造，使得土地、水利等传统农业基础设施和交通、能源等工业基础设施趋向智能（阿里研究院，2015）。

（三）数字技术进步成为数字经济发展的不竭动力

人类经济社会发展从来不是循序渐进的平稳进程，技术的进步和变革是推动人类经济社会跃迁式发展的核心动力，如蒸汽机引领工业革命，ICT 引发了信息革命，数字技术的普及应用与日新月异的创新进步，必将引发数字革命，为数字经济不断发展壮大提供核心动力。

近年来，移动互联网、云计算、物联网、区块链等前沿技术正加速进步和不断突破创新，在推动已有产业生态不断完善的基础上，孕育出更多新模式与新业态；人工智能、无人驾驶、3D 打印等数字技术加速与智能制造、量子计算、新材料、再生能源等新技术以指数级速度融合创新、整体演进与群体突破，不断强化未来数字经济发展的动力，推动着数字经济持续创新发展，全面拓展人类认知和增长空间（马化腾等，2017a）。

（四）数字素养成为数字经济时代对劳动者和消费者的新要求

就像农业经济和工业经济时代下某些职业与岗位对劳动者的文化素养有一定要求一样，数字经济下的职业和岗位也要求劳动者具有一定的数字素养。随着数字技术突飞猛进的发展及向各行各业的不断渗透，不同于传统经济下的文化素养要求只限于某些职业或岗位，对多数消费者的文化素养则基本没有要求，数字经济下的数字素养甚至有可能会成为所有劳动者和消费者都应具备的重要能力。特别是在未来的劳动力市场上，谁具有较高的数字素养，谁就拥有突出的数字技能和专业技能，从而脱颖而出（欧阳日辉和孙宝文，2017；中国互联网协会数字经济研究中心，2017）。但是据欧盟委员会《2015 欧盟数字技能宣言》的相关内容，目前各国都不同程度地存在数字人才不足的问题，众多公司都纷纷表示很难找到同时拥有专业技能和数据分析才能的人才。此外，数字素养被联合国认为是与听、说、读、写同等重要的基本能力，数字素养被确定为数字时代的基本人权。劳动者不具备数字素养将很难胜任未来的工作，更不可能在工作岗位上脱颖而出；消费者如果不具备基本的数字素养，将很难在市场上识别、购买到满意的产品，更别谈正确、方便地享用数字化产品与服务，成为数字经济时代的文盲，可见数字素养将与文化素质、专业技能一样，成为未来的劳动者生产与消费者消费行为必备的基本素养，成为数字经济发展的关键和重要基础之一（腾讯研究院和工业和信息化部电子科学技术情报研究所，2017）。

（五）数字经济平台生态成为数字经济下的主流商业模式

据阿里研究院联合德勤发布的《平台经济协同治理三大议题》报告，截至 2017 年 7

月，全球十大平台经济体（苹果、谷歌、微软、亚马逊、Facebook、阿里巴巴、腾讯、Priceline.com、百度、Netflix）市值已经超过十大传统跨国公司（伯克希尔·哈撒韦、埃克森美孚、强生、摩根大通、通用电气、富国银行、美国电话电报公司、宝洁、雀巢、沃尔玛），不仅如此，全球大部分大型互联网公司也都采取平台的模式，特别是近年来，在数字技术突飞猛进发展的动力支撑下，共享经济、众包、众筹、众创等一大批新模式、新业态纷纷涌现，与之相关的大多企业也都采取平台的模式，平台经济已经成为推动我国经济发展的重要组成部分，并不断为依托其生存的大量中小微企业提供更多的创新创业环境与土壤，推动着数字经济的快速向前发展（阿里研究院，2017）。

1. 平台生态化成为数字经济下产业组织的显著特征

作为数字经济 2.0 的基础，数字平台依托“云网端”等数字经济基础设施，汇聚了数字经济下的数据等关键生产要素，创造出了全新的商业环境，不仅改变了单个企业的运行模式与达到规模经济的条件，也消除了传统商业模式下产品从生产者到消费者过程中存在的层层分销体系，使交易成本大幅度降低，而且依托数字技术，各种类型、各种行业的中小企业借助市场范围极为广泛的数字经济 2.0 平台，不仅可以摆脱规模小的不利影响，也不再受时间与空间地域限制，使全球各地的消费者和商家能够实现超大规模的协作，商家获得了更多直接服务消费者的机会，获得了较大的利润，全世界消费者的福利水平也因借助数字平台服务获得了大幅提升（江小涓，2017）。

2. 数字平台组织有助于资源的优化配置，促进价值创造与汇聚

一方面，传统的企业组织加快向数字平台转型的步伐，包括 ICT 企业与传统制造业。例如，三一重工开发的树根互联工业互联网平台通过实时采集接入平台的遍布全球各地设备的不同运行参数，就能为其客户提供精准的大数据分析与预测、运营支持及售后服务，甚至帮助客户实现商业模式的创新。另一方面，从 20 世纪 90 年代到现在将近 30 年间，制造业、商贸、物流、交通、旅游等各垂直细分领域数字平台如亚马逊、阿里巴巴、Facebook 等新主体快速涌现，加深了资源优化配置的程度，其市值增速也远高于传统企业（孙蕙，2017）。

3. 数字平台推动价值创造主体实现多方互利共赢

不同于工业经济时代传统企业作为价值创造主体采取的上游原材料采购、中游加工生产、下游销售及售后服务的最终品线性价值创造模式，竞争对手越少，利润越丰厚；也不同于传统经济下买卖双方集中在规模有限的大型超市等实体平台实现点对点交易，数字经济时代，不论是新兴平台企业还是传统转型企业，依托互联网的平台，通过整合相互依赖的产品和服务供给者，以去中心化为原则的自动匹配算法作为技术支撑，不但可达到较大规模，也容易形成低成本、高效率的点对点联结，并促成它们之间的适度竞争、交易协作与共同创造价值，从而形成强大的竞争力。本质上是数字经济下的价值创造主体通过广泛采取开放平台策略，有效整合上游供应商、中游竞争者与下游客户群体，由传统的你死我活的竞争转向共建互利共赢的生态系统，增强平台整体及各价值创造主

体的吸引力和竞争力，从而可共同抵御外部环境的冲击（孙蕙，2017）。例如，百度、阿里巴巴、腾讯等国内数字企业也都采取开放平台战略，随着大量企业与消费者的入驻，平台的价值不断增加，整个平台的竞争力也得以不断提升（齐韶，2011）。

（六）数字产业的基础性、先导性作用突出

历史上，每一次科技变革和产业革命进程中，总有一些率先兴起、发展迅速、创新活跃、外溢作用显著的基础性、先导性产业引领带动其他产业的创新发展。与交通运输产业、电力电气产业、信息产业分别成为蒸汽技术、电气技术与信息技术三次科技革命推动产业变革的基础先导产业部门类似，集中大数据、云计算、物联网、人工智能、3D打印等数字技术研发的数字产业成为驱动数字经济革命的基础性、先导性产业（孙蕙，2017）。作为技术密集型产业，数字产业的基本特点就是持续动态创新，不仅引领带动作用强，其强大与活跃的创新能力更是其竞争力的根本保证。受此驱动，数字产业也成为研发投入的重要领域，目前全球数字产业在经历早期快速扩张后已经步入稳定发展的轨道，并成为支撑全球各国经济发展的战略性部门。

（七）多方融合成为推动数字经济发展的主引擎

1. 数字产业与传统产业融合

随着数字技术突飞猛进的发展，人类经济社会逐渐从传统农业经济、工业经济阶段过渡到数字经济阶段，人类经济活动空间不断从物理空间转移到虚拟网络上，而随着传统行业数字化进程的加快，人类经济活动又从线上、网络上不断向线下、实体空间扩展。这主要表现在两个方面：一方面，亚马逊、谷歌、阿里巴巴、百度等数字平台不断向线下拓展，甚至收购传统的制造、批发、零售等行业企业，创造出新娱乐、新零售、新制造、新金融等一系列新产业与新模式，如腾讯泛娱乐、阿里新零售战略的发展不仅大大扩展了人类经济社会活动的空间，也使人类的物质与精神社会生活更加丰富多彩；另一方面，传统实体领域的行业企业如制造、金融、物流、娱乐等企业，不断加大数字化融合、改造与创新的力度，把数字化融入企业战略管理、研发设计、生产制造、物流运输、售后服务等多个流程环节，出现了智能制造、智慧物流、数字金融、泛娱乐等新型业态，如青岛红领、三一重工等国内传统企业数字化、网络化、自动化、智能化转型步伐的加快，不仅使传统行业的生产效率得以不断提升，也深深改变着消费者的行为活动方式。

另外，随着数字产业与传统产业的日渐融合，整个经济发展空间也得以不断提升。一方面，数字经济加速从消费向生产、服务，从线上向线下传统产业渗透、拓展，O2O（online to offline，在线离线/线上到线下）、分享经济、众包、众筹等新模式、新业态持续涌现，不断提升着资源利用效率和人类生活体验；另一方面，数字技术对传统产业的改造和融合带来的效率提升与产出增长，已日渐构成数字经济的主要部分，成为不断驱

动数字经济发展的主引擎（孙蕙，2017）。例如，传统服装制造企业红领向酷特智能的转变、三一重工借助根云平台实现数字化的转型升级，不但使全行业甚至使整个经济社会的全要素生产率得以提升，进而也推动着新旧动能的接续转换。

纵观历史，伴随历次科技革命，先导性产业部门最先兴起，但其占经济总量的比重日趋减少，而新技术与传统产业的融合越来越成为经济发展的主引擎，成为历次技术变革的铁律。蒸汽技术革命时期，英国的纺织等先导性基础产业占 GDP 的比重一度超过 40%；电气技术革命时期，美国的化工等先导性基础产业部门占 GDP 的比重已下降到 20%左右；信息技术革命时期，主要国家 ICT 产业等先导性基础部门的比重稳定在 6%左右[①]。如今在数字技术革命与数字经济发展阶段，虽然美国与欧盟等主要经济体数字产业产出占其经济总量的比重还没有精确的数值与准确的计量，但毋庸置疑的是，数字技术对传统产业的渗透、融合、改造、创新，带来的效率提升和产出增长已经成为推动国民经济增长的重要组成部分与全球经济发展的主引擎。

2. 人类社会、网络世界和物理世界日益融合

随着数字技术日新月异的发展，之前的网络世界不再只是人类生存物理世界的虚拟映象，而是成为人类实实在在的新的生存空间与主战场。同时，数字技术与实体物理世界的融合，也使得现实物理世界的发展速度逐渐向网络世界靠近，甚至逐渐呈现出指数级增长趋势，这主要是因为在物联网技术与数字平台发展的基础上，随着多功能传感器、可穿戴智能装备、人工智能等的日益普及，人类经济社会进入人与人、人与物、物与物的万物互联时代，在此基础上，随着无人驾驶、虚拟现实、增强现实等数字技术的发展，又出现了更强调人机互动，强调机器和人类，甚至不同机器之间实现有机协作与良好沟通的“人机物”融合的信息物理生物系统，这一系统不仅彻底改变了人类经济活动空间，更实现了网络世界和人类物理世界的无缝衔接与交互方式，使人类不断走进一个网络世界、物理世界与人类社会三者互联互通的新世界（曹寅，2015；孙蕙，2017）。

（八）多元协同数据治理成为数字经济的核心治理方式

数字经济 2.0 是一个去中心化、平台、企业、消费者等参与主体更加多元的复杂生态系统，线上线下、物理世界与虚拟世界、跨行业跨地域出现的新老问题不断汇聚，这就要求过去仅依靠传统的集中单向、侧重控制的政府封闭式监管的社会治理模式逐渐向平台、企业、用户和消费者等数字经济生态的重要参与者多元参与、侧重协调的、开放协同的数据治理方式转变。首先，犹如大型跨国公司为传统工业经济下配置和协调资源的基本单元，数字平台是数字经济下的重要组织形式，平台有治理优势也有治理责任和义务，所以数字经济的治理也要发挥平台的枢纽作用，将平台纳入治理体系，借助平台规则，在合理界定政府、平台、第三方的责任的基础上赋予其一定的治理职责边界，有助于平台上的各类经济问题的治理（孙蕙，2017）；其次，数字经济时代，参与数字经济

① 资料来源：英国国家统计局数据库。

活动的各类主体均应积极参与对与平台相关的问题的治理，特别是要激发大量依托平台的企业和与平台相关的消费者参与治理的积极性和能动性，只有让他们积极加入数字治理的行列中来，才便于形成遍布全数字平台与全网的全民治理体系，进而便于对数字经济发展进程中出现的较为复杂的海量分散的治理问题进行有效治理，如淘宝大众评审机制，就是典型的平台治理案例（中国信息通信研究院，2017b；王振，2017；孙蕙，2017）；最后，在数字经济背景下，面对各经济主体纷繁复杂的消费与投资等经济行为数据，传统的商业监管方式也显得力不从心，而利用大数据、云计算、人工智能等先进数字技术，实现治理手段的精准化、适时化、智能化，才能更好地解决数字经济下出现的问题。

二、数字经济的规律性特征

虽然目前全球数字经济发展正从成长期逐渐过渡到成熟期，许多规律性的特征还没有充分体现出来，需要在未来数字经济发展过程中去不断探索与挖掘，但许多学者已总结出关于网络经济和传统经济的种种不同的特点与特征（乌家培，2000；王健伟和张乃侠，2004；刘培刚，2011），可以在其基础上对数字经济的规律性特征加以简单描述。

（一）数字经济是昼夜不停运作的全球性经济

由于信息与数字网络每天 24 小时都在运转中，基于互联网、大数据、云计算等数字技术的经济活动很少受时间因素的制约，可以全天候地连续进行。而且由于信息与数字网络、数据的全球流动把整个世界变成了“地球村”，全球各地的地理距离变得不再关键，基于数字技术的经济活动把空间因素的制约降到最小限度，使整个经济的全球化进程大大加快，世界各国经济的相互依存性空前加强。随着商品、服务与资本全球流动的放缓，数据全球流动速度不断加快，数字经济逐渐成为主导经济全球化的主要动力。

（二）数字经济是去中介化的虚拟经济

由于移动互联网等数字技术的发展，经济组织结构日渐扁平，消费者和生产者之间直接联系与沟通更加便捷，除了因某些交易的复杂性而需要专业经纪人与信息服务中介之外，根本不需要过去更多的分销、批发与零售等中间环节。另外，说数字经济是虚拟经济，是与网下的物理空间中的现实经济相对应、相并存、相促进，是指在数字技术下，数字网络构筑的虚拟空间中进行的经济活动，经济的虚拟性更多源于转移到线上网络空间经济活动的虚拟性，而并不是指期货、期权等虚拟资本形成的真实的虚拟经济。

（三）数字经济是合作大于竞争的开放经济

工业经济时代，传统价值创造主体通过上游采购原材料，中游加工生产后再向下游出售最终品和提供售后服务，形成的是线性价值增值链，每个价值链环节上的竞争对手越少，利润就越丰厚，它们的目标是消灭竞争对手。数字经济时代，不论是新兴平台企业还是传统转型企业以及依托其生存的各类中小微企业，都是相互依赖的产品和服务供给者，平台更多的是采取开放策略，构建互利共赢的生态系统，以增强平台的吸引力和竞争力；依托平台的企业之间虽存在适度竞争，但也更多是交易协作与共同创造价值的关系，合作远大于竞争。企业可持续的竞争优势，主要不再依靠自然资源的占有或可供利用的资金多少，而是更多地依赖于通过相互合作共享到更多富含信息和知识的数据，只有在相互协作中，企业的活力与应变能力才能不断提高。

（四）数字经济是速度型经济

数字经济成为速度型经济，更多是由数字经济的规模报酬递增或外部性导致的，哪家企业能够以最快的速度获得规模经济，就会越来越强。随着数字经济节奏的加快，一步落后就会步步落后。再加上数字技术日新月异，在数字技术支撑下信息传输速度、产品升级换代的速度在加快，创新周期在缩短，竞争越来越成为一种时间的竞争。不论是生产制造型企业还是生产服务业企业，谁可以按最快的速度收集、处理和应用大量的数据，第一时间把纷繁复杂的数据变为可供企业决策、生产的知识与信息，就能不断满足消费者多样化的定制需求。例如，服装制造业和物流企业。所以数字经济将是在注重质量的基础上也注重速度的经济。

（五）数字经济是持续创新型经济

数字经济源于移动互联、大数据、云计算等数字技术，以此为基础的数字经济属于技术与研发密集型经济，需强调教育培训、研究开发，否则就不能称为新经济，但数字经济又超越数字技术，技术的创新更多来自有利于创造性发挥的组织环境、制度环境、管理观念与激励机制，所以在技术创新的同时还需要有组织创新、制度创新、管理创新与观念创新等的配合（乌家培，2000）。

另外，数字经济是持续创新的经济，否则其新经济的“新”也就难以为继了。例如，移动端微信或支付宝支付在中国发展得如火如荼，印度可能移动支付发展得并不好，但如果印度能发明出集众多信息，如医疗、养老保险信息于一张卡（如身份证）上，只要一扫所有的信息都可显示，不但为身份识别提供方便，为移动支付也带来了极大便利，等等。也有可能通过更先进的人脸识别技术，就能识别消费者每月收入、名下贷款等个人信息，然后直接就可以从账户上扣除，完成支付。所以，数字经济不但是创新型经济，更需要持续创新，一次风口如果没抓住，以后仍可能有更多的创新机会，一次抓住创新机会走在前面，也可能会迅速被后来创新淹没，只有持续创新，才能永葆活力。

（六）数字经济是注意力经济

数字经济下每个人都置身于巨量信息的包围之中，只有独树一帜才能获得注意力，博得更多的关注，迅速聚集到大批用户或粉丝，并在激烈的竞争中胜出。故而涌现出许多免费的新商业模式，如先通过免费使用短期聚集大量用户，然后再开通移动支付、电商理财以及生活服务等众多商业功能的微信；如通过贴上形形色色的成功标签，分享自己或多彩多姿或平凡简单的生活方式，或通过特色展示、个性表演，或展示法律、交通、医学、体育、娱乐、游戏等专业知识等，聚集大量粉丝获得打赏，使个人也成为品牌，再通过接广告展示和营销商品，或者直接将社交流量出售给广告商来变现的短视频直播平台模式；如按付费多少决定搜索到的商品、服务、企业及其他内容的排名，排名越靠前，受到消费者的关注度就越高，潜在的商业价值就越大的竞价排名模式（江小涓，2017），都是通过博得眼球，争夺注意力，最后再变现。

此外，在数字经济下各智能互联及数字平台，如今日头条、58同城、大众点评等都通过数据挖掘技术，可抓取、记录用户在互联网上的行为数据，进而分析出用户的行为特点与需求，只要用户曾经在网上搜索或关注过某方面的内容，相关平台就会记录并据此向消费者智能“推送”类似的本地化的可方便获得的个性化的服务，更精确地实现内容传输与受众注意力的匹配，以在碎片化信息过载的数字经济环境中，对大量信息进行过滤和选择，满足追求个性化的信息消费者的普遍需求，进而赢得市场和创造更多的价值。

（七）数字经济是传统边界日益模糊的经济

在传统农业经济与工业经济时代，生产者和消费者是泾渭分明的，企业组织通过层层组织沟通结构构建起明显的企业边界与社会区隔才能比竞争者获取到更完全的消费者需求信息进而有效降低企业的交易成本，不同行业之间也由于明显行业边界与技术和市场壁垒的存在而难以跨越。而与传统农业经济和工业经济下的供给与需求经济活动有明显的区分、生产者和消费者也有非常明显的界限不同，数字经济下，随着数字技术日新月异的发展，个人、企业、社会，甚至是国家层面的传统边界都日渐模糊，出现了更多的产销一体化与无边界组织。

在供给方面，借助数字技术，伴随着生产者与消费者距离的拉近，一方面，企业内部组织结构中纵向的供应链环节不断减少，以往科层式的组织结构不断向消费者倾斜，并越来越呈现出扁平化的特征；另一方面，同一行业甚至不同行业之间的边际也日渐模糊，不同领域的企业之间在数字技术的作用下，依托数字平台可以打破企业与行业边界，通过更多的跨部门和跨行业协作，实现不同商业模式的交融整合，从而实现更大的创新。

目前许多行业企业通过数字化改造，已实现了通过大数据技术挖掘用户的多样化、个性化需求与建议，进而有针对性地设计、开发新产品，在航空航天与汽车制造领域甚至可借助 3D 打印技术完全按消费者的个性化需求设计、打印新产品，这样厂商在提供产品和服务的过程中充分考虑与结合了用户的需求。

在需求方面，消费者需求的大数据分析成为新产品开发的源头，消费者的创意可以融入企业产品的设计过程中。其实在数字技术下，随着消费者行为数据透明度的增加，不但研发设计环节可融入更多消费者的创意，而且消费者在厂商产品与服务精准广告投放与大数据营销的指引下，完全可以参与到产品生产的全过程中，如果消费者在生产、消费过程中发现问题，可将意见或建议通过网络或数字平台及时反馈到生产方产业链各个环节。这种消费者参与生产和消费新模式的出现，使原来的供给方生产大批量、大规模、模块化、标准化同质性产品向小批量、分散化、多品种、个性化、多样化、异质性产品转变，甚至单品单件，按订单精准生产，用户可全程参与其中，这样消费者的需求、企业的生产和企业上下游供应链等多种相关数据可以在数字网络中自由流动、高效传输与应用，不仅改变了传统的价值创造体系与创造过程，使需求导向生产、产销一体的生产模式成为现实，进而创造出非凡的价值，而且消费者可通过 3D 打印设备自行生产一些商品，完成产销一体的全过程。

可见，数字经济下在网络化、数字化、自动化生产组织过程中，数字产业链的不断扩张，不仅将商品研发设计与加工生产过程、服务提供过程与消费者联结起来，甚至将广告精准投放、顾客建议、原料采购、智能制造、大数据营销、智慧物流配送、售后问题预测与服务、消费体验反馈全部容纳进来，形成全纳产业链，使商品和服务的全过程得以重塑，资源配置的效率也得到极大的提高（江小涓，2017）。

此外，在社会治理与公共服务供给层面，各地各级政府也可借助数字技术通过电子政务、数字政府、一站式政府建设等多种渠道广泛听取民意，及时了解与分析相关经济社会数据，进而实现科学决策、精准施策，从而有助于提高问题的解决效率与提供更好的公共服务。而公众则能够更容易地利用社交网络和政府公共数字平台参与社会治理事务，在不同的政府决策与大量的民意数据通过数字平台汇聚、交融、碰撞下，政府管理与提供公共服务的理念和方式也会随之发生改变，只有通过数字平台更加开放地调查了解与征求意见、更加透明地进行决策和更加全面地为所有民众提供高质量的服务才能不断引导网络民众、凝聚民心，提高政府公信力。在全球层面，在数字技术作用下，世界不同地区间的经济往来、民间交流将更加活跃，不同文化之间的交融、汇聚将更加频繁，数字技术、数字产品将会在经济、政治、教育、文化、生态等越来越多的领域产生跨地域、跨国界的深远影响。

（八）数字经济是普惠化的经济

在数字经济 2.0 环境中，人人都是平等的，不论是在科技、金融还是贸易领域，每个人不论地位高低、贫富、贵贱及身体状况，都可以平等地传播信息、交流沟通、发表评论、经商创业，每个人都可以平等地共享数字经济带来的好处，这就是数字经济“人人参与、共建共享”的普惠化特点。

在普惠科技方面，以宽带、大数据、云计算为代表的按需服务业务使得个人及各类企业都可以通过付出极低的成本就轻松获得所需要的搜索、计算、存储功能；在普惠金融方面，以互联网信用为基础的新型信用评分机制，通过大数据统计可以使不同规模的个体得到精准的风险评估，从而让更多的个体更快享受到适合其风险的金融信贷服务；在普惠贸易方面，数字经济下国际贸易信息更加充分，贸易流程更加方便透明，不论规模大小，各类企业甚至个体都能参与到跨境电商中，全球消费者都能方便、快捷地购买来自全球任意地点的商品，真正享受到卖全球与全球买的红利，而贸易秩序也将更加公平公正（阿里研究院，2015，2017）；在共享经济领域，数字经济时代下数据自由流动与信息传送速度不断提升，使经济社会各个层面实现自由高度联通，进而引起大量资源的重组、聚合与合理流动，使交易成本和资源配置优化的成本降到最低，广大社会民众只需要通过付出接近零成本的代价就可聚合社会上大量的闲散碎片资源，并创造出更大的价值，使资源利用效率达到最大化，甚至在数字技术作用下，借助数字平台还可实现资源在全球范围内的组合与重新优化配置，这既为全球节约了闲散资源，提升了全球资源配置的效率，全球消费者也可享受到更低价的服务，而服务提供者却可以收获更大的额外收益，供给端、需求端以及整个社会都可获益，全球福利水平都会提高（江小涓，2017）。

第四节　数字经济的体系架构

一、数字经济因素构成

根据中国信息通信研究院《中国数字经济发展白皮书（2017）》的相关内容，要发展数字经济，首先要在发挥好数据等要素的作用的基础上，促进数字技术与数字产业的快速发展，进一步促进数字技术与传统产业的融合、渗透、改造与创新，并建立起有效保障数字经济新模式、新业态、新产品发展的更有效市场和更有为政府保障框架，进而不仅促进生产率的进一步提升，也使整个经济社会进一步转型升级。所以，数字经济的主要因素应该包括数据要素组合、数字技术与数字经济发展的相关制度环境（中国信息通信研究院，2017a）。

一是生产要素组合的关键作用。不论是农业经济、工业经济还是数字经济，都有推动其发展的某种或某几种重要的生产要素组合。例如，土地与劳动力为农业经济下的主要生产要素组合，资本、劳动力为工业经济下的主要要素组合，数字经济下的主要要素组合为富含知识和信息的数据、数字技术与数字基础设施等。随着数据的重要性不断提升、数字技术的不断迭代创新、数字基础设施的升级换代，数字经济也不断向更高的发展水平迈进。

二是数字产业及数字技术对传统产业的带动。科学技术是第一生产力，正如前几次产业革命中机械化、自动化、电气化、信息化等技术变革推动社会的不断进步与繁荣，大数据、云计算、物联网、人工智能等数字技术及相关产业的发展正推动着数字经济的不断升级。在数字经济下，由于存在更多的外部性、正反馈作用，只有那些能够解决消费者痛点、满足市场需求的更新的数字技术与数字技术产业，才能成为受众多企业和广大消费者青睐的对象。而且，随着民众收入水平的不断提高与消费需求的不断变化，数字技术及其相关产业也需要不断演进、升级与创新，以更好适应与满足市场需求，否则就会被淘汰（邓龙安和徐玖平，2007）。数字技术与数字产业的发展构成数字经济的基本内容，但更重要的是数字技术对传统的工业、农业、服务业的改造与提升，以及数字产业对传统产业的带动作用，随着数字技术对传统产业的融合、渗透、改造与创新作用的进一步提升，数字经济也在不断向更高级形态演进。

三是制度环境的保障作用。数字经济属于知识与技术密集型经济，更有效的市场和更有为的政府能为数字经济的发展提供良好的制度保障。因为更加公平、有序、高效的市场机制在数字技术升级、换代与创新中的作用巨大，不仅可激励充分竞争、打破垄断，也可降低交易成本、促进共同协作，使数字经济的普惠与包容特征得以充分展现。此外，数字经济发展过程中也离不开更有为的政府调节，政府既不能越位也不能缺位，综观全球数字经济发展进程，那些在数字经济发展进程中制定前瞻性的政策与战略指导框架、为数字经济发展提供更多的财税优惠、资金扶持、产业发展指导等政策支持的国家就可以充分激发投资数字技术研发的热情，数字产业以及数字技术对传统产业的带动都能取得较快的发展（范世权，2006）。

在数字经济发展进程中，只有充分发挥富含知识与信息的数据、数字技术与数字基础设施要素组合的关键作用，并通过更高效的市场制度环境激励和更有为的政府调节与引导，营造促进数字技术快速迭代与创新的良好环境，才能不断推动数字经济向更高层次迈进。

二、数字经济层级体系

综合前面的分析，结合当前我国数字经济发展的具体实践，数字经济体系的具体层级大致可以分为：数字技术与数字基础设施的支撑层，促进数字经济发展发挥重要作用的数据层，建立在支撑层和数据层基础之上的商业层，为整个体系制定治理规则和制度安排的治理层（阿里研究院，2017；中国信息通信研究院，2017a；王振，2017）。

（一）支撑层：数字基础设施与数字技术

数字经济的支撑层是以数据中心、云计算中心、移动智能终端等为代表的数字基础设施与以大数据、云计算、物联网、人工智能、区块链、3D 打印等为代表的数字技术通过融合应用，为上层数据获取、商业活动开展与数字经济治理提供支撑的基础层级。

（二）数据层：作为关键生产要素的数据

作为数字经济核心生产资料和生产要素的数据，其需要在支撑层数字基础设施的基础上，借助数字技术，从各种各样的智能终端收集，并经过网络传输到云端的大数据平台，再进行存储、整理、筛选、加工、分析和共享，通过人工智能、数据挖掘、深度学习等相关算法才能上升为知识与智慧，指导行业生产实践，进而实现其在不同业务场景的应用价值。如同石油和煤等自然物质资源为工业经济时代的能源一样，物理世界在虚拟空间的客观映射的数据则是数字经济时代人类自己创造的可再生、可反复多次被多人同时使用的新能源，未来随着物联网等数字技术的不断发展，人与人、人与物、物与物之间万物互联的海量数据都会被记录、存储、整理、加工、分析并产生更大的价值。

（三）商业层：商业活动

商业层是建立在支撑层和数据层基础上的不同产业的商业活动，既包括数字产业的发展，也包括数字技术对传统产业的渗透、融合、改造与创新，以及数字经济下催生出的新模式、新业态、新产品以及这些活动对相关的产业、组织结构与就业方式的影响等。

（四）治理层：数字经济治理

在数字经济发展进程中，与之相关的新问题也不断出现，传统的工业经济下的治理体系在数字经济下的新问题面前显得力不从心。数字经济下以巨型平台为依托，依靠其生存的海量中小微企业之间更多是协同合作、互利共赢的关系，就算是巨型平台之间也需要一定的合作，这与传统工业经济下企业之间你输我赢、你死我活的零和博弈存在着本质的不同。所以，原来传统经济治理结构中的利益格局也将面临深刻调整，原来传统经济下的集中统一监管方式也将被更新的协同监管代替，原来传统工业经济下的治理领域也将向更新更重要的治理领域转变，所以数字经济的治理，不论是在治理原则、治理领域还是在治理方式上与传统工业经济都会有所不同，由此必然产生适应数字经济普惠、共享、协同等特征的普惠治理规则和促进共享的治理原则以及基于数据的协同与大众治理方式。

总之，数字经济的体系架构中的不同层级与数字经济的因素构成存在对应关系，支撑层与数据层，与数字经济因素构成中的要素组合对应；商业层与数字产业及数字技术对传统产业的带动对应；治理层与制度环境的保障作用对应。

案例　共享单车的商业模式之困

根据数字经济的相关研究内容以及网络上与共享单车相关的研究资料，高铁、移动支付、电子商务、共享单车，这四项被外国人评出来的中国新四大发明确实给许多人带来了生活上的便利。从含金量角度来看，高铁无疑彰显了中国高端装备制造的技术硬实力；移动支付也通过对支付手段与数字技术的结合成为金融科技的重要内容；电子商务也依赖中国巨大的市场与人口规模优势走在了全球的前列；而旨在解决“最后一公里”出行问题的共享单车，却始终存在着争议，甚至有人质疑其到底是出租还是真正的共享。然而，不论如何，共享单车的出现，使以往打车不划算、走路又费时的最后一两公里的路轻松、安全、便捷、便宜地搞定，因此，共享单车迅速获得了人们的欢迎，也受到了所有投资机构的青睐，并以井喷式的速度占领了各大城市的大街小巷。然而共享单车的理念与商业模式自从诞生之日起就存在着较大的问题，也终难逃脱资金链断裂的危机。

一、产品模式：核心技术缺乏，行业壁垒难以形成

共享单车由上游的自行车工厂流水线、标准化、批量化生产，而其在全国各大省市迅速铺开及市场规模的迅速扩大，则基本是依靠巨额资本推动，共享单车领域展开烧钱大战，截止到 2017 年底，基本形成了摩拜与 ofo 主导的两极格局。2018 年初，摩拜与 ofo 就都分别陷入现金流危机，而哈罗单车则在此时迅速兴起，尝试着挑战原来的两极格局，使得摩拜与 ofo 两个曾经繁荣一时的品牌都陷入困境。这就暴露出了共享单车行业因缺乏核心技术，难以形成较高行业壁垒，只要烧钱就可进入，而后期则需要更大规模的烧钱才能得以持续的产品模式。共享单车确实给用户出行带来了极大便利，唯一被共享单车企业掌握的也只有用户的个人信息与相关出行、消费行为数据资源，但这些用户资源能否变现变成实实在在的企业价值则还需要进一步验证，现在来看，共享单车行业整体缺乏长期盈利的自我造血能力，仅依靠风口期的不断融资与巨额资本推动可能只能扛住暂时的竞争压力，长期终不可持续。

二、推广模式：烧钱模式并未换来用户忠诚度

最初，处于风口的共享单车依靠简单接地气的优势得到了资本的青睐，也实现了规模的快速扩张，换来了不少的用户；而在面对后续更强资本支持下的挑战与危机时，就会显得捉襟见肘，难以应对。特别是仅仅靠前期烧钱换来用户暂时的忠诚度，一旦相关资源的后撤，或者稍微暴露出一点对未来发展不利的苗头，用户就会迅速撤离，纷纷要求退还押金，这就不是好的推广模式。共享单车用户的忠诚度在资本市场面前是不堪一击的，在这场烧钱大战中获益最大的用户，在共享单车面临现金危机时都不约而同地选择了袖手旁观，甚至纷纷加

入挤兑行列，要求快速退还押金，可见依靠烧钱的推广模式根本换不来用户的忠诚度。

三、用户模式：忽略用户体验提升，好多品牌纷纷倒下

据腾讯科技发布的“共享单车死亡名单”，在短短两年时间里，中国市场已夭折了数百家共享单车品牌，随之对于共享单车的诟病也开始甚嚣尘上，其中最大的问题就是用户反映共享单车越来越不好骑了，不是智能锁不好开启就是链条断裂或是其他零部件的损坏，给用户带来十分糟糕的出行体验。当“一窝蜂”的争相骑车跟风潮退去时，共享单车企业应该通过更好的骑乘感、更好的用户体验来征服用户，通过比拼体验来一决输赢，可惜的是，行业门槛没有形成，潜在新兴品牌的强势涌入，使旧品牌，甚至传统巨头们都面临着资金链断裂的风险，这时控制成本，通过打价格战，保住市场份额，成为各大共享单车品牌活下去的唯一法宝，哪还能考虑到用户体验。当对用户体验的一再忽略，不能给他们带来更舒适的骑行体验，价格又没有足够的优惠折扣时，用户就自然顺理成章地转投他家了。

四、盈利模式：靠租金盈利的目标渐行渐远

其实共享单车行业发展遭遇困局的根本原因还在于其盈利模式的不现实。共享单车价格那么便宜能实现盈利吗？这个看似简单而又极其复杂的问题，貌似用户、企业与投资方可能都没想好。所以在风口之下，各式各样的共享单车公司如雨后春笋一般涌现，融资无果后又以迅雷不及掩耳之势倒下。根据网络资料，ofo 创始人戴威一度自信地认为自己可以通过单打独斗撑下去，他还特意自信满满地算了一笔账：ofo 自行车的成本价不到 300 元，若按照 12 个月报废来算折旧，每天的折旧不到 1 元。一个运维人员可负责 300 辆单车，一天薪水 100 元，平摊到每辆车上，一天的成本也不到 1 元。总体算下来，依靠每辆单车 5～10 元的租金收入，就能够维持 70%～80%的毛利，并不需要让资本主导，因此，他和大股东滴滴产生了股权控制与管理上的分歧。虽然坊间传闻摩拜与 ofo 可能曾商谈合并，但后来也无疾而终。但不可否认的是，在接受了各方资本的助推后，摩拜与 ofo 为获得更大的市场份额，都不得不继续在免押金，甚至免骑行费的道路上狂奔，距离租金盈利的最初目标早已渐行渐远。

五、管理混乱

共享单车这一行业，自从诞生之日起，就面临着诸多管理上的难题。例如，线下市场的粗放式管理：本就不宽敞的人行道，常常被各种颜色的东倒西歪摆放的共享单车占满，使得正常走路的人们举步维艰，心生厌烦。上下班高峰期一辆辆争相穿梭的共享单车，以惊心动魄的方式闯红灯抢速度，甚至穿梭于机动车道上，让小汽车司机都无可奈何。与此同时，随着车辆的损毁问题日益严重，共享单车的安全问题也屡遭诟病，而各个城市里的共享单车坟场，更是让人触目惊心。为了改善车辆损坏严重的负面形象，企

业则选择了更加疯狂的举措——加大线下新车的投放量。过量的投放，又加剧了市容环境的恶化程度，许多地方政府甚至不得不开始介入管控和限制投放数量。北京市交通部门就曾表示要解决共享单车粗放式管理问题，限制共享单车增量，并进行减量调控。

六、海外布局的水土不服

选择向海外扩展，是各大共享单车品牌的一个战略方向。诚然，在国内竞争压力大的情况下，App（application，手机软件）选择出海不失为一招妙棋。可是，没有明确的商业模式，单靠资本烧钱来运营维护，可能海外市场份额也终难以提升。据网络资料，西雅图交通部门共享单车项目负责人 Kyle Rowe 曾经说过：在经历了至少半年的海外拓展后，没有任何一家中国共享单车公司，在美国实现真正意义上的合规登陆。甚至在尚未向政府提交申请的情况下，就开始了占道投放，这严重违反了美国的相关规定。不仅在美国，日本对单车停放限制也很严格，只要发现违规停放的单车就会被立即拖走，还会被处高达 5000 日元的罚金，基本否定了国内共享单车模式的可行性。而被寄予厚望的新加坡和印度，国内共享单车品牌也都遭遇了当地本土化品牌 oBike、Ola Pedal、Yulu 的坚决对抗。

想要开拓海外市场，就要根据当地国情和文化差异来迅速调整商业模式与管理思维，才能实现快速渗透，获得更大的市场份额。然而，我国大多数共享单车企业没有足够聚焦于当地用户的本土化需求，在海外的市场份额与新闻成绩，更多充满着象征性意义，而单纯把中国的共享单车搬去海外，却忽视了身材、体能、出行习惯、管理文化等因素，又花费不菲的运营成本，却换不回市场份额的大幅增长是否明智呢？这样的海外布局，恐怕实验性质要更强烈一些。

总之，从迅速过热到趋于变冷，遭遇现金危机的共享单车行业，是否还能被称为“新四大发明”之一，其实并不重要了。本质上它是一个很好的解决出行终端“最后一公里”的创新行为，按理解决了现行市场上的诸多痛点，用户对其有很大的需求，为什么最后会出现一再倒闭的危机，恐怕更值得我们深思。无论是深耕国内市场还是布局海外，我们的数字 App 厂商或许更应该把目光放在用户身上，更多聚焦用户需求，提升用户体验，再不断完善自己的商业模式与管理把控，而不是只陷入被资本裹挟的烧钱推广大战之中。

资料来源：本部分内容由网络上公开的与共享单车有关的资料整理得到

本章思考题

1. 简述数字经济的定义。
2. 简述数字经济的特征。
3. 简述数字经济的发展进程。

第三章　理论篇：数字经济下的理论创新

数字经济学是研究数字经济相关理论的学科，属于理论经济学的范畴，故有必要着重从理论的角度，深入解读数字经济。本章分别从数字经济对传统理论的冲击、传统理论解释数字经济的适用性、数字经济下的新问题与理论创新、数字经济理论及运行机理四个方面展开分析。

第一节　数字经济对传统理论的冲击

前面章节关于数字经济内涵与特征的描述，充分说明传统的经济理论赖以存在的经济基础受到了数字经济的巨大冲击，数字经济下的许多问题可能无法运用传统的经济理论予以解释，传统的经济理论可能需要重新审视与不断创新。总体来看，数字经济的发展给传统经济理论带来的冲击主要体现在对资源稀缺性、信息对称、理性人、完全竞争等基本假设与相关原理的冲击以及对从微观、中观到宏观的基本理论，如消费者理论、生产者理论、产业经济学理论、经济增长与经济周期理论等一些具体领域的冲击上。

一、对于经济学基本假设与相关原理的冲击

（一）对经济学基本假设的冲击

1. 资源稀缺性：从相对稀缺到相对不稀缺

在传统农业经济、工业经济时代，虽然经济发展与人类物质生活水平的提高依赖于劳动者技能的提高和科学技术的发展，但也更突出地表现为对自然界资源的掠夺性

索取与破坏，这种发展方式不仅不可持续，造成环境的污染和资源的大量耗费，还将给下代人的生活带来负担与压力。因此，在传统经济中，各类资源的获取需要付出大量成本，再加上资源相对于人类的无穷的欲望而言总是稀缺的，这就是传统经济学资源稀缺性的基本假设。然而，在数字经济时代，数据将成为最重要的关键性资源，不仅具有非排他性，可以多人同时重复利用，而且可以再生与急剧增加，因此资源的稀缺性有可能不再成为制约经济发展的瓶颈。但要指出的是只有经过收集、加工、整理后的数据才会变为富含价值的信息，而这中间需要耗费人力、财力与物力，所以也是有成本的，这样知识和信息特别是高价值的知识和信息仍然稀缺，可能还得为之支付高昂费用，但随着数字技术不断向前发展，获取有价值的数据可能也会更加容易，与农业经济和工业经济时代相比，数字经济时代，数据资源稀缺性可能会相对没那么严重，或相对不稀缺，但数据更多依赖于经济主体的消费、投资等经济行为，附带知识和信息的数据到底能不能成为一种独立的要素，还是存在疑问的（王健伟和张乃侠，2004；刘培刚，2011）。

2. 信息完全：从信息不完全到信息相对完全

在古典经济学中假设信息完全，其实传统经济学认为信息是不可能完全的，因为信息的获取会受到信息的分散性、获取信息的成本、人们的认识水平以及个人机会主义的限制。但在交互性和实时性更强的数字经济下，借助大数据、云计算等数字技术，人们可克服信息的分散性，降低获取信息的成本，相对传统经济时代可以更迅速、更低成本地获取各种市场信息，使得信息不对称程度比传统经济时代有所降低与弱化，但由于人们自身知识结构与认识水平的缺陷以及机会主义的存在，再加上每个追求自身利益最大化的经济人，都会在获取信息的成本与收益之间权衡，他们也做不到信息完全与信息对称，只能是比传统经济时代更完全或相对完全。

3. 理性经济人：从有限理性到高度理性

在传统经济理论中，假设经济人可以不用花费任何成本就可及时获得充分的信息，也即在信息完全的情况下，人们都是追求自身利益最大化的理性人，也即经济人的完全理性假设。而后来的研究发现，获取不同的信息需要花费成本甚至付出高昂的代价，经济人就会在信息完全与否之间做出选择，大多情况是做不到信息完全，所以经济人的理性也做不到完全理性，而是有限理性。

然而，在数字经济时代，人、财、物等信息高度互联互通，市场信息也极为丰富，经济人能够比原来更低成本、更及时地获取较为充分的市场信息，并据此做出更为科学和理性的决策，所以，经济人的理性将大大超出“有限理性”，变为高度理性。此外，人们通过获取到的相关信息就能够广泛得知他人的行为，从而“随大流”形成互联网的聚合行为就会成为经济人的主流选择，即所谓的“流行性”越来越控制着人们的选择行为，此时的市场具有了自我放大的机制，原来市场机制发挥作用的机理已经发生了变化。例如，人们相信口碑和好评率是经过他人智慧筛选过的集成信息，但是有时获得的信息不一定是准确的，如靠对网上产品的口碑或好评率决定要不要购买，有时会不太理性，就算好评率是发自消费者内心的，不是被迫好评，那不同消费者对不同产品的质量、颜色、款式的偏好都是不一样的，而仅依据口碑或好评率就决定要不要购买甚至也只能通过查看好评率来决定要不要购买，一定程度上并不能算作理性。但如果产品没有消费者的口碑或好评那么高的质量，或者是别人认为好的不一定适合自己，甚至最后有消费者发现口碑和产品不符，有不实评论，相信口碑和好评很快就会消失，前提是要通过有效监管让好评和差评都能让消费者看到，确保评论的真实、客观、有效，才能表现出极强的市场信号意义。此外，分析数字经济时代人们的行为方式，除了置于经济学的市场机制框架下之外，还有赖于综合心理学、社会学等许多学科理论的融合创新，但总体来说，数字经济时代还是比传统经济下信息更充分，人们的行为方式也更加理性（王健伟和张乃侠，2004；刘培刚，2011）。

4. 完全竞争：从完全竞争到协作创新

在传统经济理论中，假定有无数个买方和卖方，把竞争作为经济人之间发生联系的重要方式，并认为竞争是完全的，即完全竞争。即使后来经多次修正，承认现实其实是竞争与垄断并存的，但总体来看，传统经济理论更多还是强调竞争。而在数字经济时代，将更多强调合作和创新，强调企业主通过与上游供应商、中游竞争对手、下游顾客的协作创新，实现“双赢”与“多赢”局面，来获取更大的市场份额，进而提升自身竞争力，以应对外部环境和激烈的市场竞争。但需要指出的是，名义上是平台、供应商和消费者借助平台合作，供应商和消费者通过平台桥梁发生了更紧密的联系，如消费者通过平台参与厂商的研发、设计、生产全过程，而供应商依托平台促进营销与售后服务，都离不了平台，产品从厂商到消费者手中虽然少了一级代理、二级代理、批发商等中间渠道，但多了一个平台，就像传统经济下离不开代理商、批发商，数字经济下厂商和消费者更离不开平台，所以不同平台之间的竞争将更为激烈，而且大的平台更容易吞并小平台，形成垄断之势。协作创新则是指平台上不同企业通过协作加速产品、流程、工艺、功能等尤其是技术的创新活动，使竞争方式发生改变，从而进一步提高产品的多样性和差异性，更好地满足消费者的个性化需求（傅明华，2002）。

所以，其实一个平台生态里面的主体更多的是通过协作创新共同把“蛋糕”做大，但不同平台之间则更多的是充满大鱼吃小鱼的激烈竞争，而且大平台更有可能形成增加垄断之势，与传统经济下的竞争原理有很大不同。

（二）对于经济学的基本原理的挑战

1. 传统经济学中的边际效用递减与数字经济学中的边际效用递增

不论是传统经济还是数字经济下的边际效用递减或递增，都是从需求侧的角度，对消费者追求效用最大化行为的分析。

传统经济下的边际效用递减，是指随着消费者消费的商品数量的不断增加，最后增加的一单位同种同质传统产品的消费给其带来的冲击及满足感，也即效用是不断降低的。这样富人边际消费倾向低于穷人，如果整个社会能把富人的财富适当转移给穷人，就能实现社会整体效用的增加。但传统经济下的边际效用递减，强调消费者获得的是用于满足人们有限的物质需求或基本生理需要，在质量和性能上属于同质的产品，如对某一食品简单重复消费给其带来的边际效用是递减的，但如果消费者获得的是在质量和性能上更优的产品，随着消费数量的增加，带给其的效用应该也会递增。

而数字经济下的边际效用递增，是指某一数字平台或数字产品，用户使用量或用户规模越大，由于外部性的存在，带给每个消费者的效用就越大。例如，微信使用者的增加，就会给使用微信的人与更多的人沟通交流带来极大的便利，获得更好的协同价值，消费者的边际效用就会增加。数字经济时代，数据与财富存在的是边际效用递增的规律，即经济主体拥有富含信息的数据越多，数据的增加可能会使经济主体对相关标的了解越全面，减少信息不对称，每增加一条富含信息的数据，该主体的边际效用也就增加得越多。但是这里面没考虑到数据的质量问题，数据富含的信息越多信息越充分，信息不对称越小，可是经济主体不但要考虑数据的数量，更要考虑数据的质量与准确性，这就有赖于对数据的筛选，进而萃取出有价值的信息。总之，不是数据量越大越好，而是高质量、更准确的数据越多越好。

可见，数字经济下的边际效用递增则是指随着消费者对满足其社会或精神的无限需求、质量、性能不断改进的数字产品的消费不断增加，给其带来的满足程度或效用是不断递增的，如消费者获得的异质或不同的知识不断增加，就会实现融会贯通，产生更大的效用，给其带来更大的满足感，进而希冀获得更多的知识，因为新知识的接受需要一定的知识基础，一个缺乏知识的人，获得新知识后可能发掘不出多少价值，但知识渊博的人新增一条知识就会发掘更多的内涵，获得的知识越多累积效应就越强。但如果让消费者花同样的钱去消费同质的数字产品，给其带来的效用也会边际递减，如增加同样的同一位明星歌手的数字音乐消费，消费者一定不会为第二件同样的产品付半分钱的费用，但如果是在音质上有更大的改善，消费者就愿意为之支付更高昂的费用，因为给其带来的效用更大。

所以，边际效用递增还是递减其实与数字经济没多大关系，与传统产品和数字产品也没多大关系，关键是看消费者消费的产品是在质量性能上同质还是更优，是为满足有限的物质与生理需求还是满足无限的精神或社会需求，是知识与技术含量较低的简单产品还是知识与技术含量更高的复杂产品。

2. 传统经济学的边际成本递增与数字经济学的边际成本递减

不论是传统经济学的边际成本递增还是数字经济学的边际成本递减规律，都是从供给侧的角度分析厂商如何供应产品，进而达到利润最大化的行为，但二者仍有区别。

传统经济学中的边际成本递增，是指假定生产产品只有两种要素，当其中一种要素固定，增加另一种要素，在两种要素达到最佳配比之前，每多增加一单位要素的边际产出是递增的，但增加到两种要素达到最佳配比之后，再增加该种要素的边际产出就是递减的，由于厂商实现利润最大化都处在边际收益递减阶段，所以就把此规律叫作边际收益递减或边际成本递增规律。

数字经济下的边际成本递减。在数字经济下，与厂商供给相关的成本，一是数字基础设施的建设成本，二是富含信息和知识的数据传输成本，这二者与使用者人数没有关系，并不存在边际成本的问题。只有数据收集、处理、加工、提取成本随使用人数的增加、数据量增大，总成本才会不断递增，但边际成本是递减的，所以随着产品产量的不断增加，从综合设施建设、数据传输与数据加工成本来看，数字经济下，平均成本与边际成本会随着用户与产量的不断增加呈现边际递减的趋势。特别是对于软件、芯片等数字产品，第一份生产成本可能较高，之后就可以以近乎零边际成本无限制地复制。

3. 传统经济下的按劳分配与数字经济下按知识和信息分配

不同于农业经济与工业经济时代的繁荣直接取决于土地、资本、劳动力和企业家才能这四大生产要素的数量与质量，在数字经济时代，富含更多信息和知识的数据成为关键的生产要素，这些数据成为数字经济直接的内驱动力。更轻资产，更重信息和知识的一些高科技公司之所以能在短短几年内创造财富神话，可能更多的功劳应归于软盘和软盘中储存的知识与信息，随着知识和信息的价值在社会生产过程中越来越得到充分的发挥，附加值将越来越多地向知识、智力密集型产业转移，国民收入及社会财富的分配也将更多地以知识和信息的含量为标准，传统经济下的按劳分配，取得的职务工资等要素报酬将更多转变为数字经济下按数据分配的知识拥有者的报酬与数字技能工资，知识就是财富，数据为王在数字经济时代将得到最完整的证明。

4. 传统经济中的正反馈与数字经济中的正反馈

传统经济中的正反馈来自供应方或生产商的规模经济，既指大公司与小企业相比规模更大，进而成本更低，更易达到规模经济，也指原有企业因新加入企业的增加形成企业集聚而导致的效益提高，使整体的供应效率提升。传统经济不同产业在早期都会经过正反馈，但在达到规模经济以后，负反馈就会起主导作用。

在数字经济下的正反馈更多来自需求方的规模经济，而不仅仅是供应方。其具体是指消费者的效用会随着消费该产品的消费者数量增加而增大。例如，微信、今日头条等使用者认为其有价值是因为其被广泛使用，随着使用的人越来越多，既增加了不同的人群交流范围，也方便了来自四面八方的形形色色资讯的获得。

传统经济理论认为，各式各类企业只有达到一定的规模上限，才能实现规模经济，加深资源配置的优化程度，从而降低生产成本，提高生产效率。然而，数字经济条件下开始涌现出一些新型企业甚至是个人，这些企业和个人核心竞争力是利用拥有的技术与数据，实现持续不断的快速创新，虽然规模较小，但其创新能力和竞争能力却优于同行业中的大企业，且常出现“以小搏大”的局面。因此，在数字经济时代，由于要素的变化，之前所说的劳动力、资本规模扩大表现出的规模经济越来越被拥有更多知识和信息表现出的规模经济取代。而且在数字经济下的正反馈，供求双方有相互促进的作用，不管是供给还是需求增加，都会使另一方增加，形成供求双方相互促进的态势。

5. 传统经济下的市场均衡与数字经济下的反均衡

1）数字经济的外部性

数字经济中的网络效应是指商品的价值取决于用户的规模，消费者从使用某一商品中得到的效用依赖于其他用户的数量，当某一消费者因其他使用者的增加导致其消费某一商品的效用增加而又不需要支付额外的报酬或补偿时，就存在正的外部性。

在网络外部性作用下，市场的效率可能遭到破坏，主要分为以下两种情况。

第一，与传统经济一样，实际产出小于有效产出。当存在正外部性时，因其他使用者增多，消费者就消费某一商品得到的效用增加，因此他们愿意为之支付更高的价格，但生产者没能要求消费者因他们所得到的外部性收益而支付报酬，此时商品的价格低于消费者愿意支付的价格，出现生产者的供给小于消费者的需求，进而导致实际产出低于有效产出，没能达到市场均衡，破坏了市场效率。

第二，与传统经济区分，次优技术占据市场。在数字经济下，一旦由于某个因素使行业内某个厂商出现了外部性，使用其产品的消费者就会不断增加，这时哪怕有更优的同类产品出现，由于消费者使用的路径依赖、锁定效应及转换成本，其也不可能在现在使用的次优产品与新出现的最优产品之间进行转换，从而导致次优产品与技术主导整个市场，这就扭曲了传统经济下的市场竞争机制，使市场失灵，降低市场效率，对传统经济学的一般均衡理论提出挑战。

数字经济在网络外部性与正反馈的作用下，市场变得不稳定，这种次优产品或技术占据整个市场的局面不一定能一直保持，虽然数字技术下实物流、资金流、数据流的方便快捷传递进一步促进了外部性和正反馈的形成，但同时新的标准、新的产品、新的技术也可能会更容易被传播与接受，这样就会减少消费者的路径依赖、锁定效应与转换成本，进而使原来产品的外部性大为降低，打破原来的均衡状态，正是因为数字经济下均衡状态失去唯一性，才加剧了市场的不稳定性。

2）传统经济下的负反馈与数字经济下的正反馈

传统经济的负反馈是指随着厂商产品供应的增加，特别是当市场上该产品供过于求时，产品的价格就会下降，消费者的需求增加，而厂商产量降低，直至市场上出现供不应求，厂商价格就会提高，进而再增加产量，消费者需求减少，直至最后实现供求相等，这就是传统经济下的价格调节机制。

而价格调节市场供求均衡机制在数字经济下失去效力。数字经济下的正反馈是基于需求方的正反馈，而非供应方。由于数字经济外部性的存在，如阿里巴巴电商平台，随着市场占有率与市场份额的增加，用户对其竞争力更有信心，进而引起市场占有率进一步增加，相反，如果某一数字平台用户较少，使用其的消费者就会进一步减少，进而导致强者更强、弱者更弱的马太效应，进而出现垄断，这样数字经济下市场的供求关系就不会在价格机制的调节下实现均衡，甚至完全就是反均衡的。

只要市场上产量在临界点以上，供方规模越大，用户越多，供应产品越多，边际成本也越低；越有竞争力，规模越大，消费者对其产品的需求就越大，愿意为其支付的价格就越高，厂商就会越增加产量，进而获得巨大的超额利润，实现爆炸式增长。这样厂商的边际成本和消费者愿意支付的价格就会出现背离，供给曲线和需求曲线就不会有交点，整个市场找不到合适的均衡点。

相反，在市场上产量处于临界点以下，当企业规模小，产品边际成本高，而消费者因对缺乏竞争力的商品不愿意支付高价格，导致需求减少，厂商产量减少，规模越来越小，边际成本越来越高，消费者愿意为其支付的价格却越来越低，也出现一个消费者愿意为其支付的价格与边际成本背离，厂商就得亏损直至消失。这样只要偏离均衡点，就永远不会出现供求曲线的相交，不会实现供求均衡（王健伟和张乃侠，2004；刘培刚，2011）。

二、对微观经济理论的影响

（一）数字经济下消费者行为理论的变化

传统经济下是生产决定消费或以产定销，数字经济下，随着移动互联、大数据、人工智能等数字技术的不断进步，消费者借助数字平台即可实现快速消费，甚至为了实现效用最大化，得到更加适合自己需求的个性化产品，可以参与厂商从产品的研发设计到生产加工的全过程，为厂商的产品生产实践提出自己个性化的修改建议。所以传统经济下消费者只是产品的消费者而已，数字经济下消费者是发挥一部分生产者作用的产消者，传统经济下的消费者行为理论会发生变化。

（二）数字产品不能再按边际成本定价

由于受要素资源稀缺性的影响，传统经济下厂商的规模经济难以持续，其在生产过程中呈现边际成本递增规律，故厂商为了利润最大化可以依据边际成本定价。而数字经济下生产数字产品呈现出高固定成本、低边际成本的特性，厂商为了收回固定成本，不可能再按边际成本定价（King et al.，1983；Rubin et al.，1986；Lamberton，1996；Shy，2001）。

虽然目前数字产品定价还没有形成如同传统价格理论那样简洁、普适的分析模型，但有以下几点仍值得关注：首先，数字产品和传统产品一样，其价格也会或多或少受到自身价值、生产成本甚至市场供求等因素的影响，如数字产品生产厂商，虽不能按边际成本定价，但可按边际收益和平均成本相等定价，收回固定成本，因此数字产品价格与传统产品的价格有相同的影响因素。其次，数字产品为知识、技术密集型产品，如研发产品，不单具有高固定成本的特性，能不能研发成功具有更大的偶然性，研发出来能不能获得青睐，受消费者主观心理评价影响较大。所以，数字产品定价时也要更多考虑研发风险、产品生命周期、长尾产品特性、营销方式、消费者偏好及大众精神与心理评价的差异性等。最后，由于数字产品与传统产品相比，消费者的主观偏好存在更大的差异，再加上数字产品具有较大的网络外部性特征，不同消费者愿意为其支付的最高价格存在较大差异，所以具有不同特性的数字产品应该采取差别化的定价策略，每种不同的产品也应依据企业市场占有策略、长期发展目标及其风险承受能力等确定自身产品的"定价规则"（王健伟和张乃侠，2004；刘培刚，2011；江小涓，2017）。

（三）数字经济下边际分析与均衡理论不再完全适用

按照马歇尔新古典经济学价格理论，消费者的主观效用和生产者客观成本相等的时候，也即边际效用和边际成本都等于产品价格的时候，厂商边际收益和边际成本相等便可实现利润最大化，消费者边际效用和边际成本相等可实现效用最大化，从而供求达到了均衡，同时均衡价格也得以确立。在数字经济下，由于受需求方规模经济与供给方规模经济的共同影响，随着数字产品用户规模的不断扩大，数字产品的协同价值越来越大，最后一个加入的消费者愿意为数字产品支付的价格越来越高，而厂商的边际成本越来越低甚至为零，平均成本也在不断降低，所以数字经济下的均衡点不止一个，更不能通过边际收益与边际成本相等，找唯一的均衡点，有学者提出要借助新兴古典经济学的超边际分析法，求得多态均衡（韩耀等，2016）。所以，边际分析与均衡理论在数字经济下变得不再完全适用。

（四）数字经济下交易成本大幅降低

数字技术的发展，突破了现实世界的时空限制，可以降低市场主体之间信息不对称程度，降低社会资源配置的成本，提高社会资源配置的效率。借助数字技术，信息流可以被低成本地无限制复制和传递；实物流在大数据与云计算等数字技术支持下，可以大为简化交易流程，突破时空限制，实现 24 小时从厂商直接把物品交予消费者，实现买全球、卖全球完全无障碍；资金流借助数字技术，如移动支付更是会突破繁杂手续的制约，突破传统经济下汇率波动等风险，使交易成本大为降低。

（五）数字经济下企业管理理论大幅变化

数字经济时代，企业管理的计划、组织、领导与控制等环节都会受到影响，所以数字经济下企业管理理论与传统经济下有很大的不同。首先，数字经济的发展，更多强调企业与企业之间的合作，企业的经营思想与管理理念开始从单纯强调竞争向合作竞争转变；其次，由于数字技术下信息获取的极大便利，不再需要更多的中间层级，企业组织结构从等级严明的科层级管理向松散的网络化管理组织转变，沟通渠道也更加顺畅，企业高管可以随时直接与普通员工对话；最后，营销方式也由传统的批发再经层层代理的分销体系向厂家依靠大数据精准营销转变，产品可直接送达消费者手中。

三、对中观产业组织理论的挑战

（一）制造业效率高于服务业不再成立

传统服务业，如教育医疗、餐饮娱乐等服务过程要求服务创造和消费同时同地，服务既不可跨时间储存，也不可远距离跨区域交易，不仅受时空限制较大，也不能借助更高效率的先进设备，还不容易达到规模经济，所以服务业的劳动生产率远低于制造业生产效率，并长期保持在一个较低的水平。但数字经济下数字技术不仅改变了服务的提供方式，甚至服务的性质也随之发生改变。传统经济下将看电影、听音乐会这些“乐”文化消费视为中高收入者的奢侈行为，但数字经济下，特别是随着短视频的兴起，中低收入消费者也可以用极低成本获得大量的娱乐消费，如就有网友评论自从有了短视频平台，每天有人献歌献舞，还可以一一评论，表达自己的看法。娱乐提供方也形成了以大规模“点击率”为基础，赚取更多打赏甚至广告费的商业模式，为服务供给者提供了充足的激励。数字经济下，文字、语音信息、视频节目等丰富多样的娱乐方式促使了大量的需求迸发，关键这些各式各样的娱乐产品创新可以以极低的成本被复制无数次，效益递增几乎没有边界，规模经济效应极为显著，生产率也显著提高。通过采用数字技术手段，其他的传统服务，如医疗与教育等以往必须在现场以面对面方式、低生产率提供的服务变为在线视频会议、远程教育与医疗等可以大规模、跨时间、远距离甚至跨国提供的高效率服务，甚至任何制造业产品都无法与之相比（江小涓，2017）。

（二）传统的垄断原则不再适用于数字经济

虽然传统经济下先进入市场者达到规模经济，可抑制其他潜在成本低的成员进入，造成一定的垄断，如泰国的钟表行业虽然潜在成本更低，但由于瑞士的钟表业率先达到规模经济，泰国的钟表行业发展会受到抑制。但传统经济下的垄断没有数字经济下的垄断涉及范围广。

从 20 世纪 90 年代开始，随着互联网、大数据中心等这些具有自然垄断特征的数字基础设施类产业的迅速发展，其他依存于这些基础设施提供增值服务的竞争行为、盈利模式等成为研究的核心问题。不同于之前传统物理基础设施网络如电信、铁路等封闭性的网络，由于互联网等数字基础设施是开放性的，依托数字基础设施的数字经济体或网络平台会随着规模的扩大、用户的增多不断增值。某一平台的用户越多，商业机会越多，使用的人就会不断增多，随着使用的人越来越多，成本就会越来越低，平台收益自然会不断增加。当平台形成一定规模，就会焕发出巨大的规模经济优势，后来者就算比其做得更好，但巨大的一次性固定成本以及数字产品的路径依赖与锁定效应存在，导致的较大获客成本，与先加入者几乎为零的边际成本相比也会相形见绌，很难进入同样的市场，这样就会导致最先进入市场的先驱者，抓住市场机遇，利用先发优势，不断拓展用户规模，其市场占有率也越来越大，而潜在加入者与在位的成功企业相比进入市场的难度却越来越大，这样整个市场竞争结果更倾向于一家或少数几家企业主宰市场，形成寡头垄断，甚至形成先入为主、一家独大、赢者通吃的垄断局面。例如，在个人电脑系统市场中，虽然技术功能相近的类似企业很多，但微软最先争取到更多的用户，并通过正反馈过程最后主宰整个市场。这是一种先入为主的现象，甚至次优产品先进入者就可拥有锁定市场的能力，进而拥有主导市场的可能性，可见，数字经济时代市场垄断力量更为强大，而且大者愈大、强者愈强、富者愈富，这就是数字经济时代产业组织问题的特殊性。

可见，由于数字平台在需求方规模经济、路径依赖、锁定与正反馈的作用机制下，聚集的用户规模越来越大，最终必然产生巨型平台，进而必定会形成垄断。但由于数字经济下垄断表现为竞争与垄断同时存在的特性，平台之间一定存在更大的竞争。例如，消费者可以在多个不同的数字平台跨境消费，也可以通过不同的搜索引擎搜寻信息。虽然短期内，在激烈的竞争中胜者垄断全局，输者满盘退出市场，但在长期高利润引诱下，存在着更大的竞争,包括在位垄断厂商的技术升级换代与潜在进入者的技术创新的竞争。而且数字经济下垄断越突出，竞争就越激烈，在竞争与垄断此消彼长的作用下，实现技术的不断进步与创新。所以与传统经济下垄断消除竞争与阻碍技术进步不同，数字经济下的垄断会激化竞争，并在更激烈竞争作用下促进技术的不断进步与创新，所以，传统工业经济下的反垄断原则就不完全适用于数字经济下的垄断治理了（张铭洪和杜云，2010；张丽芳，2013；韩耀等，2016；江小涓，2017）。

四、对宏观经济理论的影响

（一）菲利普斯曲线受到挑战

菲利普斯曲线是 1958 年由新西兰籍的英国经济学家菲利普斯提出的用来表示失业与通货膨胀之间交替关系的曲线。后人引入了长期和短期以及预期等因素，对菲利普斯曲线进行了修正，从而使菲利普斯曲线对 20 世纪七八十年代西方国家出现的高通货膨胀率与高失业率并存的“滞胀”局面也有了一定的解释力。长期以来，西方经济学家将菲利普斯曲线作为解释通货膨胀与失业率交替关系的理论基础，也为各级政府制定宏观经济政策提供依据。从 20 世纪 90 年代开始，美国经济在互联网等数字技术的推动下，进入了一个高增长、高就业、低通胀的数字经济发展阶段，经济运行出现了通货膨胀和失业率双低的局面，失业率和通货膨胀率不再呈现任何替代关系，这说明可以解释西方国家经济运行状态长达一个半世纪的菲利普斯曲线，已不再适合解释数字经济运行状态。

（二）对传统经济周期理论的挑战

传统的经济周期理论认为，在市场经济条件下经济周期一般都要经历繁荣、衰退、萧条、复苏四个阶段，而且这种现象会循环往复出现。第二次世界大战以后，随着西方国家在政治、经济、技术等领域出现了一系列新变化，各国宏观经济政策和反危机措施也出现了大的调整，又出现了衰退与高涨交替的简化经济周期。到了 20 世纪 90 年代，随着数字经济的兴起，各种数字技术创新突飞猛进，产品升级换代日新月异，使得经济发展过程当中一旦衰退苗头出现，就会被新的产品创新与技术升级活动拉起，整个经济周期不会出现大起大落，而只是微小波动，甚至可呈现出持续的繁荣景象（傅明华，2002）。

（三）对传统经济增长理论的挑战

在传统经济增长理论中，一般把经济增长因素分为土地、资本等生产要素的投入和技术进步或全要素生产率两类，侧重于研究生产要素投入对经济增长的影响，而其中不能被解释的部分，则归为全要素生产率的贡献。在数字经济条件下，反映信息网络扩张效应的“梅特卡夫法则”显示其对经济系统的外溢效应明显，另外，数字平台的正反馈机制与正外部性、几乎低至零的边际成本、边际报酬递增、数字技术创新的深化均构成经济增长新的动力，与传统的经济增长理论有很大的不同（王健伟和张乃侠，2004；刘培刚，2011）。

（四）对传统收入分配理论的挑战

由于数字经济属于创新型经济，所以数字经济下国民收入增长的渠道、来源和方式更加多元，收入增长的规模更大、速度更快，但由于数字经济与传统经济相比，生产要素发生了变化，所以数字经济下的收入分配更多由传统经济下的按劳分配、按资分配，变化为现在的按富含信息和知识的数据要素分配、按数字技术分配、按管理分配。与此同时，在收入分配过程中，那些具有数字技能、拥有丰富管理经验、拥有丰富知识的专业技术人员、管理人员及知识工作者的收入将快速提高，所以数字经济下不同人群、不同行业、不同地域之间的收入分配差距可能会不断加大，所以才有必要缩小数字鸿沟，提升全民的数字素养（韩耀等，2016）。

由此可见，数字经济的不断发展，不仅对人们的生产、生活方式产生着深刻的影响，也在一定程度上对传统经济理论构成了冲击，所以有必要进一步完善数字经济的相关理论，以更好分析、解决数字经济下出现的新问题。

第二节 传统理论解释数字经济的适用性

一、现有市场供求机制的适用性

随着数字技术的不断发展，数字经济下也出现了较多的新现象与新问题，将数字经济时代的新现象纳入现有的传统经济学分析框架之中，并对其进行补充与修正，设计出更有效率的市场机制，从而优化数字经济下市场的资源配置功能也已成为学者们研究的热点问题。例如，传统经济学认为，只要企业产品价格远高于其成本，而消费者又别无选择时，就存在垄断。但同时也有另一种判断标准：即使存在所谓的垄断，价格收取高出成本再多，但如果企业为客户带来的价值，或者客户得到的效用远大于支付给企业的价格，那平台就增加了消费者剩余，提升了消费者的整体福利，这些思路也被用于判断数字经济下平台企业的行为。商场如果支持银行卡付费，就得额外支付相关的手续费，但如果不支持银行卡付费，就会损失一部分消费者，貌似商场只能接受银行卡付费，存在一定的垄断，但如果因支持银行卡付费而获得的收益大于支付的额外费用，对商场来说就是自愿选择行为而不是处于垄断下的别无选择（江小涓，2017）。

二、新制度经济学的产权理论的适用性

传统经济下的产品，有的具有较强的外部性，特别是公共产品外部性更明显。由于享受到消费产品的效用却不需为之支付成本即正的外部性，所以更多人愿意搭便车；也有人因福利受到损失，却不能获得相应补偿，即受到负的外部性的影响。而为了规避外部性的影响，科斯提出了要产权明晰，通过确定明晰的产权，享受正外部性的消费者会为之支付一定的额外成本，而福利受损的消费者也能获得一定的补偿，从而使外部性的影响大大减少。数字经济下的产品，由于具有较强的网络外部性，即随着用户规模的越来越大，产品的协同价值越来越大。表现为随着用户规模的越来越大，消费产品给消费者带来的效用也越来越大，消费者愿意为产品本身支付更高的价格但却没有支付，即所谓直接外部性，同时，该产品互补品的供给也会越来越多，从而使互补品的价格也不断降低，使人们享受到互补品低价的效用，即为间接外部性。但不管是直接外部性还是间接外部性，都可以通过清晰的产权界定使外部性得以内化，使外部性大为降低甚至消失。可见，传统经济下的产权理论，在数字经济下仍然适用（张铭洪和杜云，2010；张丽芳，2013；韩耀等，2016）。

三、信息经济学的信息不对称理论的适用性

传统经济学下存在着信息不完全，不论是厂商之间、消费者之间还是厂商与消费者之间，都存在着信息不对称。特别是厂商与消费者之间存在着信息不对称，所谓“从北京到南京，买者没有卖者精”。数字经济下，虽然消费者获取产品信息的渠道更加畅通，获取产品信息的成本更加低廉，甚至消费者可以借助数字平台为产品的设计、生产、加工提出自己的建议，参与产品生产的全过程，但不可否认，由于专业技术要求以及对繁杂信息鉴别能力的要求，与生产者相比消费者仍然不可能像生产者一样获得与产品相关的所有准确信息，所以数字经济下仍存在着信息不完全的现象，所以信息不对称理论在数字经济下仍然适用（张铭洪和杜云，2010；张丽芳，2013；韩耀等，2016）。

四、现有博弈论方法的适用性

在各类传统经济理论中，博弈论可能算作最适宜于用来分析数字经济下的经济问题的理论了，因为数字经济下人们的决策同样不仅取决于自身，也会受到相关的其他人所做出选择的影响，这点与传统经济无异，类似“囚徒困境”“智猪博弈”的问题也有许多，如两种相似的数字产品如何定价的问题、不同的共享平台企业如何竞争的问题等，凡是决策者的选择结果会受到其他人的决策影响时，博弈论就可大显身手。在高度互联互通的数字经济下，不同经济人之间的相互影响更加广泛与深远，数字经济下大量现实问题的解决仍然有赖于博弈论提供的理论分析框架和决策思路（江小涓，2017）。

第三节　数字经济下的新问题与理论创新

数字经济时代，随着人工智能、3D 打印等数字技术的不断发展，其在提高生产效率和生活质量方面显现出巨大潜力，不但催生出更多的新技术、新产品与新业态，更好地满足人类不断提升的物质与精神生活需求，甚至可能颠覆人类工作、生产、生活、消费等旧的经济活动方式，对整个经济结构演进与社会秩序的提升产生积极的推动作用。与此同时，这些数字技术的不断迭代与创新也将为各国数字经济发展以及人类社会发展进程带来更大的挑战，并引发更多新的理论、政策和伦理道德问题，有的问题可以通过简单判断直接取舍，但更多复杂问题需要在理论层面加以分析研究与权衡解决。例如，数

字技术对劳动技能、工作岗位、工作环境、收入水平、就业结构、代际差距甚至人类生存产生的深远影响，如何通过理论研究，制定相关的政策予以及时引导，如何通过分析研究做好前期的规划，做好风险的规避工作等都是我们要面对的问题。所以人们在享受数字技术红利的同时，如何应对数字技术发展带来的挑战也应纳入基础理论研究考虑范围之内。

一、就业结构的变化

不论是蒸汽革命、电气革命还是自动化革命都导致对劳动力、土地等传统生产要素的替代与社会效率的提升，数字技术革命也必然引发大量工人被资本与技术取代。特别是人工智能等数字技术的发展使一些单一特定领域的重复性工作以及思考模式可以被机器模拟与理性推算的工作，如话务咨询、客服代表、司机、保安等大量消失的同时，也在创造更多新的岗位，如数据分析科学家、自动化监控与维修工程师等，特别是未来就业领域对高数字素养与高数字技能工人的需求大量增加，不仅导致人类社会就业结构的巨大变化，也会对人类教育方式、社会保障机制等领域的变革提出更多新的要求，只有适时做好相关的理论创新与机制设计才能不断满足新要求、适应新的变化（腾讯研究院和工业和信息化部电子科学技术情报研究所，2017；中国信息通信研究院，2017a；马化腾等，2017a）。

二、就业市场的变化

随着数字技术的广泛运用，未来不单商品、服务、数据流动日益向全球化发展，不同国家的人口也会不同程度地在全球范围内实现自由流动，到时本国劳动力市场的竞争将更为激烈，本国民众不单要应付本国劳动力的竞争，还要面对外国劳动力的竞争。例如，近年来，我国南方地区低端劳动力市场上就面临菲佣的竞争，这可能只是在一些低技能岗位上的竞争，但未来，随着数据流动的全球化，其实我们也面临着发达国家或数字技术较为领先国家的研发设计岗、智能制造岗、大数据营销岗等不同岗位的隐性竞争，如这些岗位相关环节离岸外包到国外，就会对我国的就业市场造成不小的冲击。

三、工作环境与收入水平的变化

在数字经济时代下，数字技术在创造一些新兴职业的同时，取代了原来一部分的传统岗位与职业，但也有一部分岗位与职业是数字技术无法替代的，需要人工完成，如清洁工、卫生员等，所以数字经济下可能也会出现正式就业与非正式就业并存的局面。各行各业不同程度会出现“铁饭碗”被打破的局面，可能会导致那些从事知识技能与数据筛选、分析等工作的正规就业或正式专业技术工人，其工作环境安全性、舒适度不断提升，以及工资标准与收入水平的不断提高，如原来依靠纯人力的加工装配工作，现在只需在维修工程师操作下通过机器操作以更舒适、更省力的动作完成，甚至依靠人工智能就可自动化装配，专业技术人员只需充当运维人员。但那些数字素养有待提升、数字技能较为欠缺的非正式工人或临时工，工作环境可能会进一步恶化，不单工资水平与正式工人相比会相对更低，在养老、工伤等方面也缺乏有效的社会保障，甚至最基本的工作安全可能都得不到有效的保障，这也会使原来就存在的贫富差距问题进一步恶化。

四、代际差距的变化

数字技术本身并不能解决温饱问题，也不会自动提升民众的生活质量。一些年轻人因传统行业的数字化、自动化、智能化改造升级遭到解雇后，由于他们头脑灵活，更容易学会与接受、使用数字技术，如通过接受在线教育等方式，经过进一步的数字素养与数字技能培训，很快就能找到适合其发展的就业岗位。而那些在原来工作岗位兢兢业业、工作一辈子的老年人如果被解雇，他们可能就永远失去了工作，他们最基本的工作权被剥夺的感觉会进一步增强。其实，数字经济时代，年轻人与老年人之间的冲突不但体现在工作方面，就是在日常生活中也有体现。年轻人可快速适应移动支付、网上购物、数字问诊等现代生活节奏与方式，甚至一些婴幼儿刚一出生就对智能手机等终端设备充满着天然的喜好，而老年人却因为思想观念等因素被屏蔽在数字技术生活之外，年轻人与老年人之间的代沟可能比以前抢座、跳广场舞扰民等造成的冲突与不良影响更加难以跨越。当数字技术已经走进、融入年轻人的生活，成为年轻人必不可少的一部分时，老年人在数字技术面前，特别是面对更多的要求数字技能的工作就会显得力不从心，甚至无所适从，这又会导致更大的代际不公平。不可否认当这些不公积累到一定程度，可能会在某个时候集中爆发，引发更大的社会冲突。

然而，如果数字技术不能被很好地使用，也将会使年轻人遭受更大的心灵毒害，甚至付出生命代价，如目前不论是在公共汽车、火车还是街头巷尾甚至等红灯的十字路口，我们都可见低头玩手机的年轻人与玩游戏成瘾的小孩。长期保持低头姿势不单身心健康发展会受到较大影响，交通事故、猝死等更严重问题也不断增多。还有现在不断兴起的快手、抖音等短视频直播平台，其在丰富民众业余生活的同时，低俗、暴力的画面也充斥着网络空间，甚至一些主播为获得打赏，费尽心机、不计后果地通过各种方式博人眼球，特别是一些经受不住诱惑的小孩会偷花父母银行卡里的钱去打赏，引发家长与直播平台管理者的冲突，这不仅对孩子的身心发展不利，也会对整个社会价值观的培养造成负面影响。可见，数字技术本身不会自动提升生活质量、培养工作技能，技术如果得不到很好的运用，甚至会导致更严重的社会纠纷与冲突等一系列问题。

五、个人隐私数据被窃取的风险

每一种技术的进步和变革给人类带来更大便利的同时也会给民众带来危机与挑战。特别是在大数据时代，我们每个人每敲击一下键盘或是点击一下手机屏幕就会自动上传为互联网海量信息的一部分，而与此同时也存在个人隐私数据被窃取的风险。这不但包括随着数字技术的不断进步，一些 App 的安装强制用户授权获取相关的位置、通讯录、个人信息等隐私数据，更为严重的是绝大多数民众因为个人隐私数据保护意识淡薄与缺乏，会自觉不自觉主动泄露自己的一些个人信息，如通过微信扫码主动提供身份证信息换礼品、大量电商包裹上的个人信息单不经处理就直接丢弃等，如果这些信息被一些别有用心的不法分子用来诈骗、要挟等，后果将不堪设想。

六、人类生存面临的威胁

虽然目前人工智能等数字技术的发展已经取得巨大进步，与目前数字技术有关的新模式、新形态、新产品也在持续不断的探索中，但我们仍处在弱人工智能的初级阶段，所以有些在人类眼中的基本常识，对缺少逻辑思维、情绪感知、深入思考、持续创新等人类高级本领的智能机器人、3D 打印机来说仍然是异常艰巨的任务。但是这也不能保证在不远的将来，人工智能等数字技术的不断发展仍不能超越人类智力，导致违反人类伦理道德的一系列问题，而只是沦为被人类征服与利用的工具，充当人类经济社会生活中的助理与帮手的角色。如果人工智能发展成为人类的敌人，霸占人类生存空间与相关资源，就会威胁人类生存。其实比尔·盖茨、埃隆·马斯克等具有国际影响力的企业家甚至霍金等具有全球影响力的科学家都认为人工智能未来有可能会超越人类，甚至对人类的生存与发展造成更大威胁。目前关于人工智能等数字技术会不会威胁到人类生存，会不会导致更多的人伦与法律问题，学界、业界还存在不同的意见，正因为在这些问题上仍存在分歧与矛盾，才需要我们通过理论研究的创新，提前做好相关探索与规划，并想好应急预案与积极应对之策，才能更好地应对未来的危险（闫德利，2017b）。

总之，数字经济时代，大数据、云计算、物联网、人工智能、区块链、3D 打印等数字技术不断发展，在给人们的工作、生产和生活带来更多便利的同时，也会对就业结构产生冲击，甚至对整个人类的伦理道德、生存发展造成威胁，引发一系列体制机制、伦理道德和法律法规等新问题与新挑战，这必将深刻影响未来数字经济发展走向。只有在深入了解这些数字技术带来的机遇和挑战的基础上做好数字经济相关基础理论研究，并深入突破创新，才能更好地积极利用数字技术的优势，规避数字技术带来的风险，把数字技术的价值与作用无限放大。

第四节 数字经济理论及运行机理

一、数字经济相关理论

从 20 世纪 90 年代开始到现在，数字经济经历了浮现中的数字经济、数字经济的 1.0 阶段又快速进入数字经济 2.0 的发展阶段。数字经济与传统农业经济和工业经济最主要的区别就是关键生产要素的不同。不同于传统农业经济与工业经济下土地、资本、劳动力等关键生产要素不可复制、相对独立、不可多人同时使用的特性，数字经济下关键的生产要素数据，却具有可重复、可复制、可多人同时反复甚至永久使用等特性，这就决定了数字经济与传统农业经济和工业经济的基本规律与相关理论一定会存在着较大的差异，下面综合网络经济学、数字经济学的有关研究，梳理数字经济的相关理论，以期和传统经济学的相关理论做明确的区分（王健伟和张乃侠，2004；刘培刚，2011；李建平等，2017）。

（一）数据爆炸式增长与摩尔定律

数字经济下，随着互联网、大数据、云计算、物联网等数字技术突飞猛进的发展，人类进入人与人、人与物、物与物万物互联的时代，在万物互联时代下，人类的任何行为都会变为相关的数据，成为相关数字平台上海量信息的一部分，所以数据越来越呈现出爆炸式增长的特征。根据市场调研公司 IDC 公布的数据，在数字经济规模首次被统计的数字元年 2005 年，数据量只有 32 EB，按 1 EB 大约为 1.15×10^{18} 字节算，2005 年数据总量达到 3.5×10^{19} 字节，大约为 1986 年以前人类所有历史数据存储总量的 15 倍之多，而到了 2016 年数据总量达到 16 ZB，按 1 ZB 为 1025 EB 算，2016 年的数据总量达到 1.89×10^{22} 字节，十余年翻了 1000 倍，几乎每两年就翻倍（李建平等，2017）。

与以往农业经济和工业经济时代下，传统技术的变迁更多受到线性约束不同，数字经济下，数字技术的进步与变迁速度甚至数字经济的规模增长速度都呈现出指数变化特征：数字技术综合计算能力每隔 18 个月就提高 1 倍，而存储与带宽的价格即相关成本却下降一半。数据几乎每两年就翻倍的这种爆炸性增长特征，数字技术能力与数字经济规模翻倍增长的特性，与半个世纪前，英特尔创始人戈登·摩尔提出的预言——半导体芯片上集成的晶体管和电阻数量每两年将增加一倍——惊人的一致，因此，随着摩尔预言的影响力持续扩大，摩尔的预言也成了预测数字经济增长趋势的摩尔定律。

（二）网络互动与梅特卡夫法则

数字经济下，基于数字技术的万物互联平台，传统一对一、一对多式的数据与信息传播模式更多变成了依托数字平台的多对多传播模式，而随着接入数字平台的设备数量越来越多，参与平台互动的人与物数量也不断增多，随着更多的人与设备参与到同一个数字平台中，通过数字平台创造的数据就会呈指数增长，而此时整个网络或数字平台本身的价值也会成倍增加，这就是梅特卡夫法则。该法则指的就是随着连入网络与接入数字平台的用户和设备的数量不断增多，整个数字平台或整个网络的经济价值也呈现指数型增长趋势。具体原因就是数字经济的正外部性，随着接入数字平台的人与设备不断增加，就会带给平台比原来更多的数据与信息，已接入平台的既有成员就会获得比原来高得多的价值，从而就会不断吸引更多的成员与设备加入，这样每个成员与设备的加入不单会使其自身获得更大的价值，也能使其他成员的价值乃至整个网络或数字平台的价值得到进一步提升，而且提升幅度也大于接入成员与设备本身的价值，这样就会形成个人或设备与平台之间的价值螺旋增长，这也就是数字经济下的边际收益递增原则，即随着接入成员与设备数量的增加，整个平台的价值呈指数增长，而平台价值的增长又由接入平台的人员与设备共同分享，这又进一步推动了数字经济的快速成长。

在梅特卡夫法则的指引下，随着接入数字平台的人员与设备的数量不断增长，相关的个人行为数据呈爆炸式增长，这些数据通过大数据等数字技术筛选、过滤、加工、处理、分析就可得到更有用的价值，不仅可用于指导更科学与精准的决策，如可用来精准营销、快速授信甚至识别诈骗与犯罪等，也可在数字技术的作用下变为数字化的生产要素，不断降低全球一体化生产的管理与沟通成本，促进国际一体化生产与国际贸易规模的进一步增长，但与此同时，梅特卡夫规律下，数字平台价值的正外部性也可能会带来更多的负面影响，如掌握相关数据的较有竞争力的数字平台的规模在正强化作用下会滚雪球式的扩大，甚至形成自然的垄断，获得更多的竞争优势，而其他稍微弱的数字平台则因人员与接入设备的数量限制会越来越衰弱，导致赢者通吃的局面，这样就不利于整个社会福利水平的提高，当然这也有赖于相关数字治理规则的进一步约束。

（三）达维多定律与持续性创新

在数字经济发展进程中，在摩尔定律与梅特卡夫法则等规律下，数字平台企业由于边际成本的不断降低，伴随着数据量和数字平台价值的指数增长，导致其创新竞争力不断增强，近几年，公司市值排名靠前的位置基本被谷歌、亚马逊、苹果、Facebook 等数字平台企业占据，而之前一度占据前列的传统企业则不断由榜首的位置逐渐下滑，甚至整个传统的商业模式都发生了颠覆性变化。

在数字经济下，数据的可复制性、可重复利用性以及边际成本递减、边际收益递增的特性使得那些最先进入市场的企业由于能够获得更多的先发优势与正外部性，可自动获得 50%的市场份额，从而在整个市场竞争格局下占据主导地位，而那些更多采用跟随战略的后进入者，则不论是在规模上还是在所获得的利润上，都远远落后于第一家进入市场的企业，这就是数字经济时代的达维多定律。依据达维多定律，随着原来最先进入市场的产品生产技术逐渐成熟，产品市场日趋饱和，如果最先进入市场的企业不自主革新，不主动淘汰自己的旧产品，生产那些技术更先进的产品，就会被后进入者开发出的新产品淘汰甚至驱除出整个市场，所以在数字经济时代达维多定律的指导下，市场领导者只有不断突破创新，才能继续掌握新市场的规则和主动权。放在国家层面，哪个国家能够在数字经济领域及数字经济的发展进程中不断突破创新，就能在世界经济的舞台上持续获取更大的规则制定权与控制权。

二、数字经济运行机理

借助数字技术，数字经济可降低经济社会运行成本、提升经济社会运行效率，创构出更多的新产品、新模式与新业态，驱动传统的经济模式得以重塑，推动传统经济形态向分工更为细化、成本更为低廉、模式更为独特、投入产出更为高效的更高经济形态转变（中国信息通信研究院，2017a；鲁春丛和孙克，2017）。

（一）促进经济社会运行成本不断降低

首先，信息获取与管理的成本降低。数字技术不仅使传统农业、工业经济下消费者、生产者、政府等不同经济主体获取信息的渠道、手段和方式发生根本改变，也使其获取相关信息的费用与管理成本大幅降低，获取相关信息的便利性也有了极大的提高。其次，经济社会资源优化配置成本的降低。数字技术作用下，不但线上线下、人类物理世界与网络虚拟空间实现互联互通，未来随着物联网的发展，万物也可实现互联互通，不同的数据可借助数字平台在不同经济主体间实现自由流动，不同经济主体间信息不对称问题得以解决，在充分信息的引导下，不同经济主体之间的资源将以比传统经济下更低的成本实现合理匹配与优化配置。再次，要素专用性成本的不断降低。不同于传统经济下资本、劳动力、土地等要素不仅不可重复使用，各种要素还普遍存在资产专用性的问题，不同要素退出旧领域进入新领域具有较大的门槛或成本限制，数字经济下，富含知识与信息的数据成为最主要的因素，但由于其可以被多人同时使用，甚至可以反复使用，数字经济下要素专用性成本可大幅降低。最后，制度性成本的降低。数字经济下，各级各地政府为提高公共服务的供给能力，都在借助数字技术加强电子政府、一站式政府与数字政府建设，为企业、民众办理各种手续提供更为方便有效的手段和更为可行的途径安排，与传统经济相比，制度性交易成本得以大幅降低（孙蕙，2017）。

（二）促进经济社会运行效率不断提升

首先，借助数字技术可实现市场供需的精准匹配。借助数字技术，需求侧消费者相关信息可以适时被供给侧厂商掌握，与此同时，依托数字平台，消费者也可方便快捷地适时了解到其需求商品的有关信息，特别是个性化定制生产方式更可实现线上线下、物理世界与网络世界供需的精准匹配。其次，专业化分工日益深化。数字经济下随着沟通、交流等交易成本的大幅降低，传统生产的专业化分工程度日趋深化，原来价值链上的研发设计、生产制造、营销与售后环节可能分化出更为精细与精准的相关环节，分工效率会进一步提升。最后，不同参与主体协同生产效率得以提升。不同于传统经济下上游供应商、中游竞争者与下游分销商、消费者之间，是层层利益分剥的直接竞争关系，在创造出来的产值一定的情况下，你拿的利润多一点，我的利润就会少点，你多出来的刚好是我少的那部分，不同主体之间是零和博弈，存在着你死我活的竞争，数字经济下依托数字平台的不同企业甚至不同数字平台之间都是相互依存、互利共生的关系，共同创造价值、共同分享，协同生产的效率也会大幅提升（孙蕙，2017）。

（三）促进传统经济社会的转型升级

首先，传统产业加快向数字平台转型。不同于传统农业经济与工业经济时代，为降低交易效率和达到规模经济需构建科层化与一体化的组织，数字经济下的组织更多呈现网络化、扁平化与柔性化的特征，一些传统行业纷纷加快向数字平台转型的步伐，不论是 GE（General Electric Company，通用电气公司）打造 Predix 平台、西门子构建 MindSphere 平台、三一重工打造树根互联——根云平台，国内外传统大型企业为实现向数字化转型升级，纷纷构筑起工业互联网平台。其次，新模式、新业态持续涌现。随着数字技术的不断迭代创新，传统的商业模式可能被直接颠覆，共享经济、众创、众包、众筹等新模式、新业态持续涌现，甚至一些新成立的公司如拼多多刚成立 3 年，用户就超过 3 亿，成为名副其实的独角兽企业。最后，数字经济推动传统经济发展模式的变革与重塑。数字经济下，数字化的知识和信息作为关键的生产要素，不仅可以不断放大资本、土地、劳动力等传统生产要素的生产力，使传统产业的生产率得以不断提高，由于其本身可以被多人同时利用、反复利用等特征，甚至会颠覆传统的经济增长方式，使传统经济发展模式也得以重塑，进而促进整个经济社会的转型升级（阿里研究院，2017）。

总之，随着数字经济不断向前发展，未来更多的数字技术、数字产品和数字服务会逐渐走近并融入我们生产与生活的各个层面，在给我们带来更多便利的同时也一定会出现更多新的问题，届时也将有更多的人参与到数字经济的基础理论研究当中，并突破性地构建起数字经济学的理论研究体系框架，指导数字经济发展的具体实践。

案例　数字经济对大学生就业生态的影响

数字经济下，以互联网、云计算、大数据、物联网、人工智能等为代表的数字技术已被公认为第四次产业革命的重要驱动因素。数字技术不但会成为各国经济增长的新动能，其广泛融入各行各业，也会给传统行业的商业逻辑、组织形态和运行方式带来深刻变革，从而改变各行业对人才的需求，进而给各行业的就业领域、就业形式、就业人群乃至整个就业生态带来革命性改变。数字技术促进就业生态演变作用机理如图 3-1 所示。

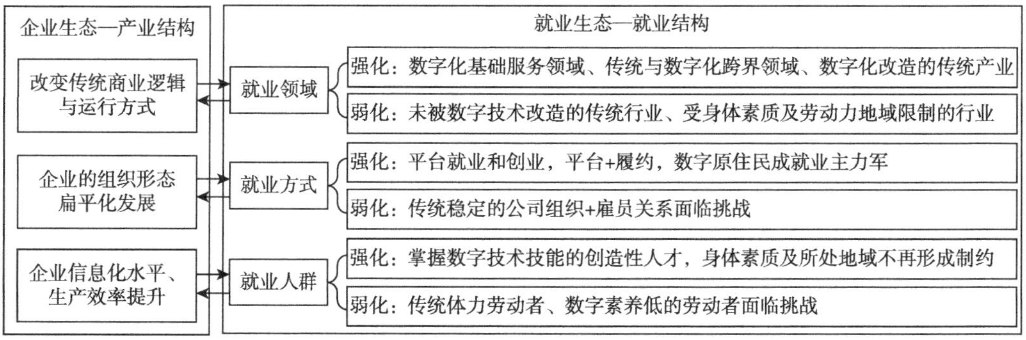

图 3-1　数字技术促进就业生态演变作用机理

资料来源：根据阮芳等，《数字经济下的就业与人才研究报告（上篇）：迈向 2035：4 亿数字经济就业的未来》编制

中国越来越多的 90 后大学毕业生告别传统的“毕业就工作”模式成为“慢就业族”，也有越来越多的大学生更倾向于主播网红等新兴职业，更有大量大学生成为斜杠青年。这些新就业形态是近年来随着数字经济的不断发展，大学毕业生在就业时面临的选择更加多元的结果，未来这些现象可能会表现得更加明显。

那数字经济到底给我国的大学生就业生态带来哪些影响？这些现象到底是数字经济下的必然结果，还是大学生畸形心理、社会畸形发展的表现？大学生就业的利益相关方该如何更好应对这种现象，才能促进整个经济社会健康有序地向前发展？在这样的背景下，我们主要针对京津冀地区的大学生开展了相关的调研。

一、调研基本信息

本次腾讯问卷调查从 2017 年 10 月 13 日到 2017 年 11 月 9 日，历时近 1 个月，问卷访问量为 1163 份，回收量为 630 份，回收率为 54%，平均完成时间 2 分 53 秒。从回收来源设备看，通过手机回收数量为 618 份，占总回收问卷的 98.1%，通过电脑回收数量为 12 份，占回收总问卷的 1.9%；从回收渠道看，通过手机 QQ 回收 525 份，占 83.3%，手机微信 80 份，占 12.7%，其他渠道 25 份，占 4%；从地域分布看，河北省回收 433

份，占68.73%，天津市、北京市和其他地区占31.27%。回收的有效问卷中，河北省占76.3%，天津市和北京市都分别占1%，其他地区占21.7%；所在学校普通一本占44.8%，普通二本占19.8%，普通三本占29.4%，专科学校占1.1%，211工程学校占3.0%，985工程学校占1.9%，如图3-2所示；所在年级大三占绝对比重，为47.5%，大二占24.4%，大四占16.3%，大一占7.5%，如图3-3所示；所学专业：自然科学（理、工、农、医）类占26.7%，哲学社会科学（文科类专业）占25.2%，其他占48.1%，如图3-4所示。

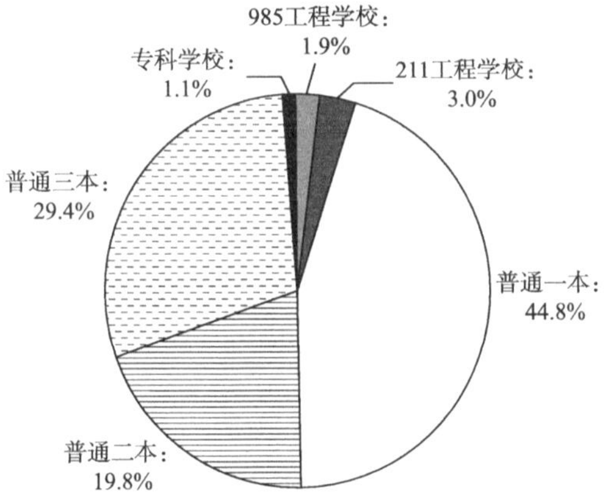

图3-2　调查样本基本信息——学校类别

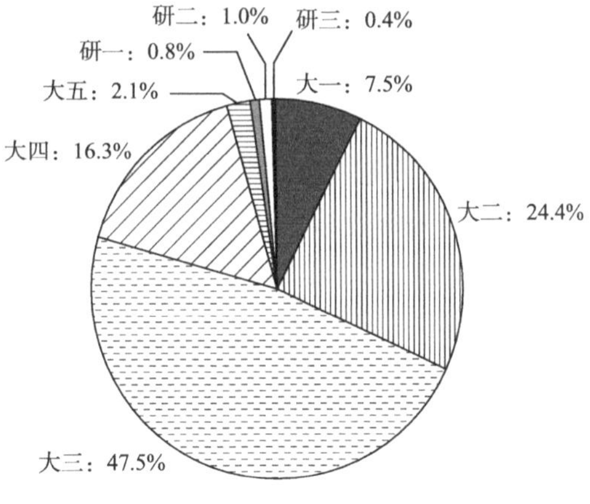

图3-3　调查样本基本信息——所在年级

二、具体结果分析

1. 毕业后的打算：选择固定职业

如图3-5所示，大多数学生仍选择固定职业，占比达到56.70%，17.10%的学生选择先自由职业再固定职业，选择先固定职业再自由职业的占到10.00%，而选择自由职业和自己创业的比例分别仅有9.40%和6.80%。

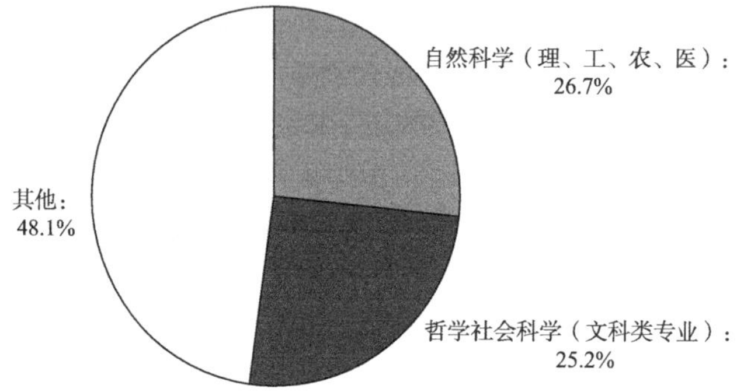

图 3-4 调查样本基本信息——学科类别

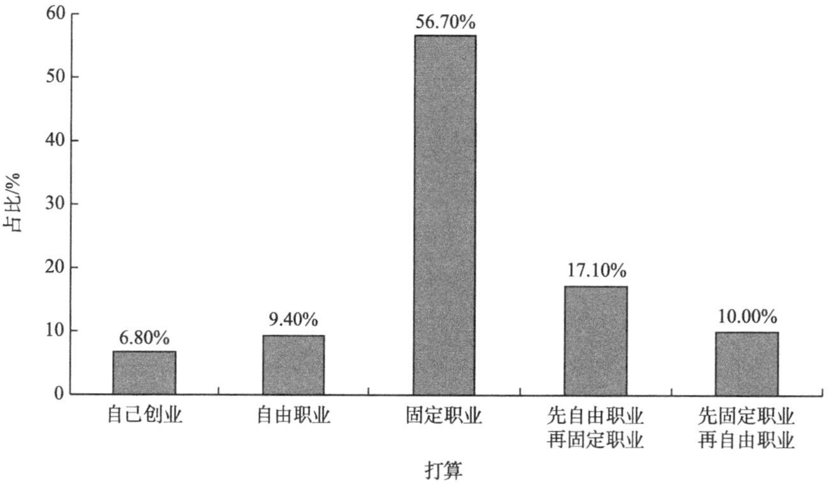

图 3-5 毕业后的打算

2. 对工作的认识：为成就事业和实现价值

如图 3-6 所示，59.00%的学生选择工作是为成就自己的事业，56.80%的学生选择工作是为实现人生理想与个人价值，45.70% 的学生选择挣钱养家糊口，有 10.50% 的学生选择工作是为实现父母的愿望，分别有 1.00% 和 0.50% 的学生认为工作无意义或纯粹是为打发时间。

3. 影响择业的因素：主要为薪资水平与兴趣爱好

在谈到影响择业的因素时，如图 3-7 所示，薪资水平仍为首要因素，占到 76.5%，然后就是兴趣爱好占到 53.2%，认为经济形势会影响择业的选择达到 35.7%，受长辈意见左右的也达到 15.9%。

4. 最向往的前三行业：都与新就业形态相关

如图 3-8 所示，在最向往的前三行业中，选择金融的占到 54.1%，选择 IT/互联网的占到 31.3%，教育培训的占到 29.7%，政府、非营利机构的占到 29.4%。

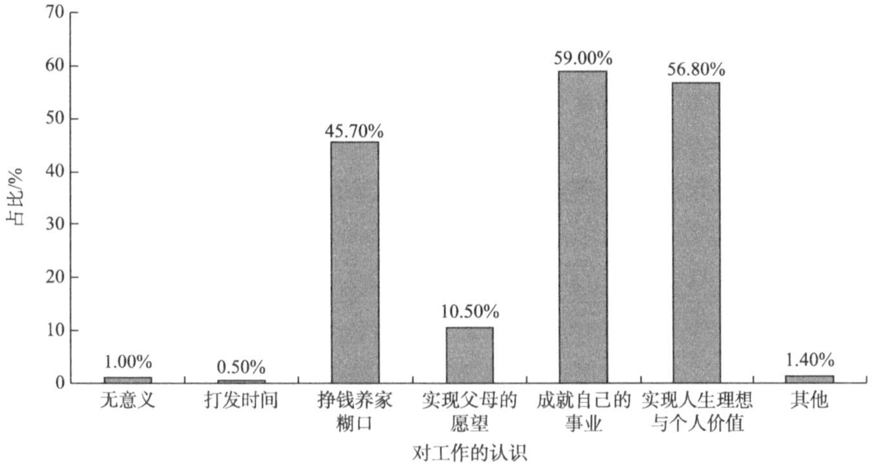

图 3-6 对工作的认识

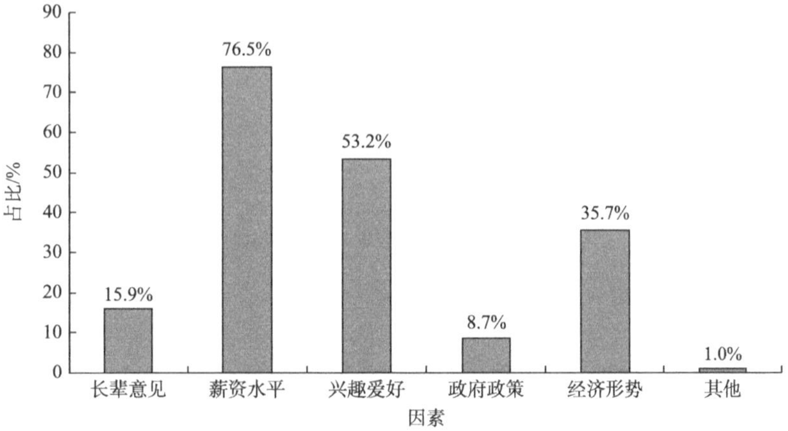

图 3-7 影响择业的因素

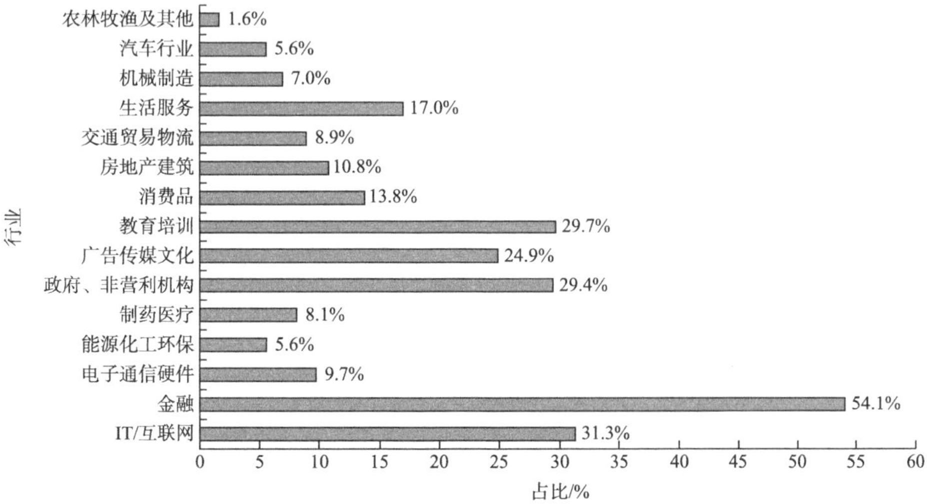

图 3-8 最向往的前三行业

5. 最向往的前三新兴职业：不算太前卫

如图 3-9 所示，最向往的前三新兴职业：理财规划师占 54.3%；电子商务工程师占 36.7%；首席微博微信运营官占 33.3%，网络写手、化妆师的分别达到 21.7% 和 17.6%，选择游戏测评师、声优（配音演员）、网红主播、cosplay（角色扮演）分别达到 17.5%，12.9%，9.2%，8.9%。

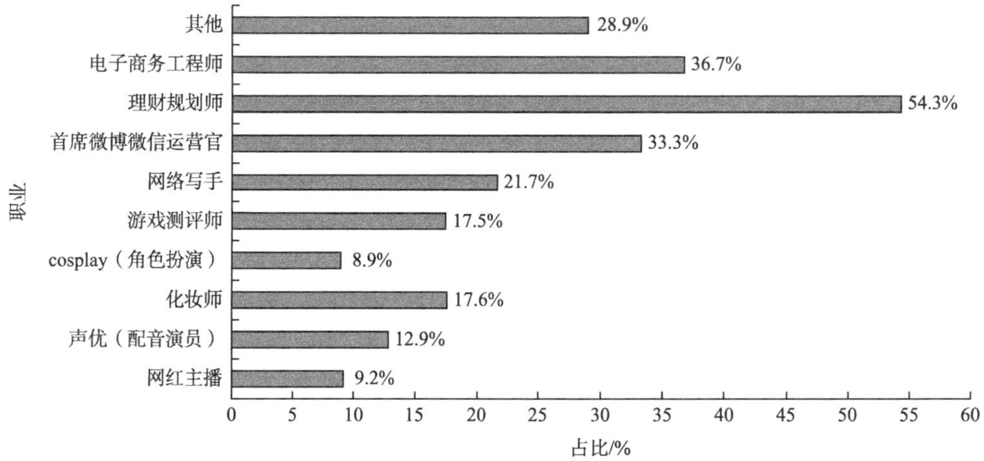

图 3-9 最向往的前三新兴职业

6. 对企业文化的偏好：倾向于自由宽松

如图 3-10 所示，对企业文化的偏好的调查结果显示，76.3%的学生选择喜欢开放自由宽松的文化环境，但也有 18.4%的学生选择喜欢守序、遵从集体的传统文化。有少部分选择无所谓和其他。

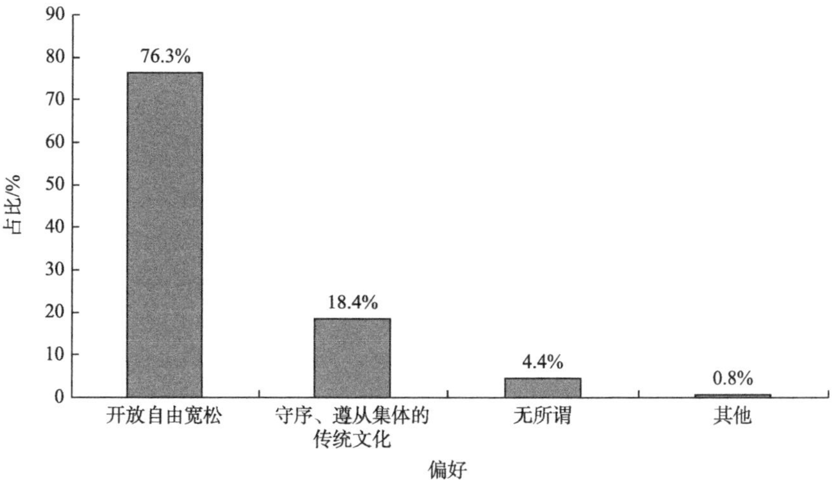

图 3-10 对企业文化的偏好

数字为四舍五入

7. 期望的工资形式：更倾向浮动工资

如图 3-11 所示，一半以上被调查者期望的工资形式是浮动工资，占比达到 51.3%，37.3%选择定额工资，8.9%的学生选择计时工资。

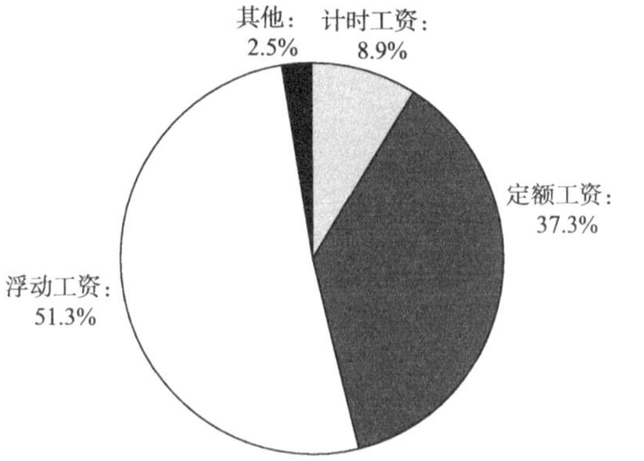

图 3-11 期望的工资形式

8. 期望的薪资水平：存在不合理预期

如图 3-12 所示，30.6%的学生选择期望的薪资水平为 10 000 元以上，8000～10 000 元的学生有 24.6%，38.9%的学生选择 5000～7000 元，2000～4000 元的只占到 4.6%，可见其对未来工资存在不合理的预期。

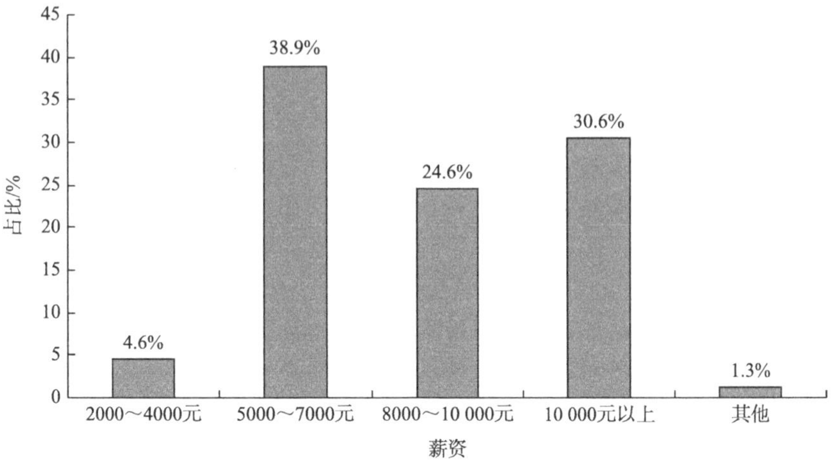

图 3-12 期望的薪资水平

9. 对副业的看法：大多支持副业

在对副业的看法中，如图 3-13 所示，绝大多数的学生支持副业，认为副业可以丰富和充实自己的生活，占比为 57.5%；21.1%和 20.3%的学生分别认为副业可以赚更多的钱和可以获得更多的技能，支持副业；也有 0.8%的学生不支持选择副业，认为要从一而终。

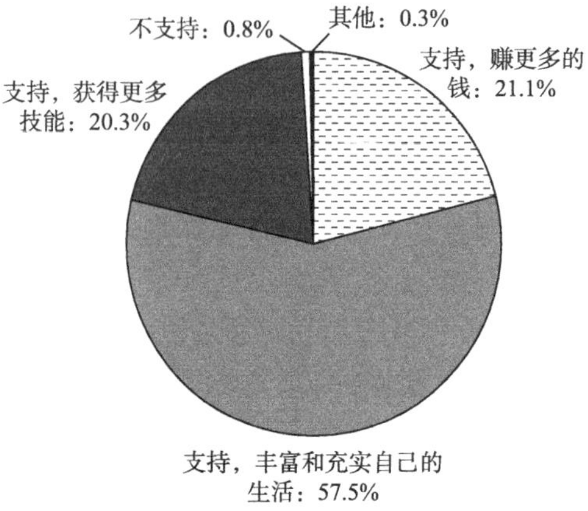

图 3-13 对副业的看法

10. 对跳槽所持有的态度

在对跳槽所持有的态度的调查中，大部分学生认为跳槽很正常。

三、结论与对策建议

综合以上对京津冀地区大学生就业生态的调研，可知大部分大学生毕业后倾向于选择固定职业，与媒体宣传的大学生注重慢就业与自由职业存在一定的差距，但大学生最向往的前三职业，为金融、IT/互联网与教育培训行业等与数字经济联系较为紧密的行业，而对副业与跳槽的态度则大多持支持或无所谓态度，则可能与数字经济下出现的自由职业、多重职业、兼职、斜杠青年等新就业形态息息相关。此外，大学生们更倾向于自由宽松的工作与企业环境，一半以上的大学生认为工作是为了成就自己的事业与实现自己的人生价值，但在择业方面薪资水平与兴趣爱好仍为首要与次要影响因素，说明数字经济时代的大学生希冀通过工作实现理想抱负的同时，也较为注重现实需求，在仰望星空的同时，也注重脚踏实地，这当然是正确的就业状态，可见，京津冀地区大学生就业生态更多受数字经济的影响，新就业形态苗头逐渐显现，而在最向往的前三新兴职业方面，大多集中在理财规划师、电子商务工程师等与金钱直接相关的行业，有其合理的成分但也存在一定的问题，特别是在期望的工资水平方面仍存在不合理预期，这都需要予以进一步正确的管理与引导，以促进大学生新就业形态的健康发展。

大学生具有较强的学习能力和适应社会环境能力，同时又具备足够的专业知识储备和社会技能，是经济社会发展的人才储备力量，是未来经济社会建设的主力军。大学生就业问题是关系到国家稳定和民生水平提高的重要问题，数字经济环境为大学生就业市场提供了广阔的发展空间，同时也带来了极大的挑战。与大学生就业相关的高校、企业及社会机构既要为数字经济发展创造良好条件，也要积极应对数字经济促进就业生态变化中可能出现的各种问题，只有通过社会各方面的共同努力与协调配合，为大学生营造出适合数字经济发展的就业、创业良好的环境氛围，才能更好解决大学生就业问题。与此同时，大学生也应提高自身的综合素质，明确制订自身的职业规划，做好人生定位，提升自身对未来职业方向和职业技能的认识，树立不断适应数字经济社会发展的灵活就业观念，做到在面临就业选择时，抛开暂时得失，放眼长远，这样既能保证自身在将来的发展中占得先机，也能起到促进区域数字经济发展和社会稳定的重要作用。

资料来源：作者根据本课题组调研资料的整理、分析

本章思考题

1. 简述传统理论对数字经济的适用性。
2. 简述数字经济对传统理论的冲击与创新。
3. 简述数字经济的运行机理。

第四章 技术篇：数字经济的技术基础

21 世纪初，《全球信息社会冲绳宪章》强调 ICT 将迅速成为世界经济增长的重要动力，世界各国纷纷制定了促进 ICT 进步的国家战略和相关产业的发展策略，20 来年，随着数字技术的不断进步、大规模扩散应用、商业模式创新和生态演化，以 ICT 为根本动力的数字经济低级阶段进一步升级到以数据为根本驱动力、以互联网平台为载体的数字经济 2.0 时代，故有必要对数字经济的技术基础、相关的数字技术做全面了解（马化腾等，2017a）。

第一节 宽 带

宽带技术不仅在提高传统经济运行效率、方便民众日常生活、应对突发地理灾害等紧急状况以及经济社会生活其他方面发挥着积极的作用，而且使用宽带技术可以驱动传统经济社会各领域发生实质性变革，特别是在数字经济发展的大背景下，如果人们无法拥有和利用最基本的宽带基础设施与相关技术，就会被整个社会淘汰。

一、全球宽带普及率喜忧参半

近年来，随着成本的不断降低，全球许多国家固定和移动宽带服务接入越来越普遍。特别是作为大数据、云计算、物联网、3D 打印等数字技术基础的移动宽带水平代表着新一轮数字技术与数字基础设施的发展水平，其在逐渐向各领域渗透、融合与发展过程中，也催生出大量的数据，进而推动着数字经济进一步向前发展。目前，很多国家逐渐意识到宽带水平的提升对发展数字经济的重要作用，全球已有将近 150 个国家实施了宽带战略计划，都希望通过提升宽带水平与宽带普及率推动数字经济社会不断向前发展。

然而，2017 年 9 月 13 日 联合国宽带促进可持续发展委员会发表的《2017 年宽带状况》报告中指出，宽带在世界范围的发展状况可谓喜忧参半，全世界互联网普及率只有 48%，意味着全球仍有 39 亿人与数字世界无缘，2017 年底互联网的渗透率在发展中国家预计达到 41.3%，而在最不发达国家只有 17.5%，发达国家与发展中国家之间的数字鸿沟仍在加大（马化腾等，2017a）。

二、5G 技术国际标准竞争日益激烈

目前，移动互联网已成为大多网民接入互联网的最主要方式，5G（第五代移动通信技术）的发展将使移动互联网普及程度进一步加深，和 4G（第四代移动通信技术）相比，5G 具有更宽的带宽、更高的速率、更高的可靠性和更低的时延等一系列优势，不仅可以满足消费者对虚拟现实（virtual reality，VR）、增强现实（augmented reality，AR）、超高清视频、智能互动等更高网络体验的需求，也能够更好地满足智能制造、智慧交通、数字政务等行业应用需求（马化腾等，2017a）。2016 年，美国、欧盟、中国、韩国等国家和地区为抢占 5G 技术发展的先发优势与制高点，均在不断加大对 5G 技术的研发投入力度，都希望在 5G 标准制定方面能够获得更大的主导权。根据国际电信联盟与 5G 发展相关的工作安排，最晚 2020 年就可完成 5G 标准的制定，故预计到 2021 年，5G 技术将更广泛、更深入地融合到智能制造、智慧医疗、智慧交通、智慧教育、数字政府等诸多传统领域，并促进这些传统领域逐步改造升级与创新，进而推动人类逐步进入万物互联的数字经济时代。

三、“宽带中国”支撑数字经济发展

我国十分重视高速宽带网络建设，工业和信息化部提出“宽带中国”2015 专项行动，其主要目标就是在提升宽带能力、网速水平与宽带普及率的基础上进一步促进智能制造水平的提升。2018 年全国两会上，李克强总理在《政府工作报告》中强调，要积极推进网络提速降费，实现高速宽带城乡全覆盖，为数字中国建设加油助力。此外，我国也在积极推动网络扶贫在农村及偏远地区的发展，提出了“到 2020 年宽带网络覆盖 90% 以上的贫困村”的目标，这不仅有助于缩小我国城乡之间的数字鸿沟，更为农民脱贫、增收甚至致富提供了新路径。

在中国大力提倡发展“互联网+”与数字经济的当下，宽带发展对于推进“互联网+”行动计划、推进“中国制造 2025”、提升信息与数字消费、促进传统行业数字化转型升级、实现经济增长和结构升级都具有重要意义。目前建设“宽带中国”战略，已取得了

突出成绩。据我国宽带发展联盟发布的《中国宽带普及状况报告》与《中国宽带速率状况报告》显示，截至2017年第三季度，中国固定宽带家庭用户累计数达到32 115.7万户，普及率达到72.5%，移动宽带［3G（第三代移动通信技术）和4G］用户数达到113 769.9万户，普及率达到82.3%。2018年第一季度，中国固定宽带网络平均下载速率达到20.15兆比特/秒，比2017年同比提升将近55%，移动宽带用户使用4G网络访问互联网时的平均下载速率达到19.12兆比特/秒，比2017年同比提升超过54%。

第二节 数据中心

一、数据中心定义

数据中心也称互联网数据中心、运算速度在1000万亿次/秒以上的国家级超级计算中心等，其主要是为了让电子信息设备可以集中放置并达到充分利用而提供运行环境场所的电子信息系统机房，包括主机房、辅助区、支持区和行政管理区等，最近几年云计算数据中心的叫法才逐渐流行起来。美国2014年标准认为数据中心主要包括高端服务器和存储产品的计算机房及其支持区域，2016年颁布的国际标准的定义为：专门为ICT设备的集中安置和相关系统运行提供数据存储、处理和传输服务，并为保证其快速恢复和安全运行提供可靠保障的配电与环境控制基础设施（余侃，2011；殷平，2016）。

从20世纪60年代开始，数据中心的功能也在不断增加和完善：从最初的进行数据存储和管理的数据存储中心阶段到进行核心计算的数据处理中心阶段，再到提供业务支撑与单向信息资源服务的数据应用中心阶段，最后到目前既可进行数据存储、处理和备份，也可提供服务运营支撑与信息资源服务等诸多功能的数据运营服务中心阶段。目前的数据中心不仅包括计算机及与之相配套的监控、环境控制以及各种安全装置等硬件设备，还包括为数据的连接、存储、加工与传输提供服务的软件系统。在数字经济时代，数据中心已经从原本的数据存储转变为面向服务和应用的技术中心，成为必须包含更多存储资源、计算资源、通信带宽，能够支持大规模云计算应用的资源池与服务平台（吴子燕，2012；肖鹏，2016）。

二、数据中心关键技术

当前数据中心之所以能够保证云计算服务的低成本与高效率，还要实现绿色低碳节能的目标，背后离不开支撑数据中心部署和运营的网络架构设计、虚拟化技术、网络融合技术、绿色节能及安全技术等关键技术。随着数据中心在现代生产及生活中的作用日渐突出，这些关键技术必须不断升级换代才能持续降低构建和运营数据中心的成本，提高数据中心的服务效率（余侃，2011；吴子燕，2012）。

总之，数据中心在现代生产及生活中的作用日渐突出，上面提到的各项关键技术必须不断升级换代才能不断提高数据中心的质量与服务效率，降低各组织在构建、使用和运营数据中心方面的相关成本，使数据中心更高效、可靠地服务于数字经济发展进程。

第三节 云 计 算

2006 年，谷歌首次提出“云计算”，亚马逊相继推出在线存储服务（simple storage services，S3）和弹性计算云（elastic compute cloud，EC2）等云服务，云计算快速发展的大幕被拉开，之后国内外各大数字企业都不同程度地涉猎云计算领域，从事云计算服务的投资与相关研究。

一、云计算的定义与特征

“云计算”由互联网巨头谷歌公司首席执行官埃里克·施密特在 2006 年搜索引擎大会上首次提出，但其没能给出较为详细的定义。维基百科认为云计算是共享的软硬件资源和信息可以按需供给计算机与其他设备的计算方式，在这种方式下，用户不必具有相应的专业知识，也不再需要了解“云”中基础设施的细节，更无须进行直接控制。美国国家标准与技术研究院认为云计算是一种只要按使用量付费即可使用，并可被快速按需配置、便捷可用的网络访问的服务器、存储及应用软件等计算资源的共享池模式。云计算有狭义和广义之分。狭义的云计算仅指以按需、易扩展的方式获得所需 IT 基础设施的交付和使用模式；而广义的云计算描述了一种通过网络以按需、易扩展的方式提供数据资源、应用资源等动态虚拟化资源的新的硬件数字基础设施、软件系统及相关数字平台等不同 ICT 服务的增加、使用和交付模式，意味着计算能力也可作为商品或服务通过互联网或数字平台进行流通（王慧宇和张立震，2015；闫德利，2017c）。

云计算体系由主要负责底层硬件配置、以数据中心为具体载体的硬件层，可利用虚拟化技术管理和调用底层资源池的基础设施层，操作系统和应用框架的平台层与直接为用户提供低成本服务性能的应用层四层组成。云计算通过对成千上万台设备和大量数据共享，可实现规模的动态伸缩，既可以灵活地满足用户因大规模计算对硬件设备的需求，又可以为客户提供低成本、高效率、高安全性和可靠性的服务。故云计算具有快速部署资源或获得服务、资源池多人共享可达到规模经济、按需提供自助服务、按服务范围收费、随时随地即可访问、用户对专业知识的依赖度降低等特征（肖鹏，2016；腾讯研究院和工业和信息化部电子科学技术情报研究所，2017）。

总之，云计算是由远程数据中心成千上万台服务器和电脑组成的，可以对外提供各种软硬件资源和网络服务的一种新兴的并行计算模式，在这种计算模式下，用户通过台式电脑、笔记本电脑、智能手机等各种终端设备就可接入数据中心，按需付费使用处理器、存储设备、应用程序及服务等云计算资源。可见，云计算是一种按使用资源收费的使用分布式大型数据中心为客户提供可扩展的虚拟化软硬件基础设施及相关服务的商业化模式。综合来看，云计算的本质是数字基础设施及相关资源集约化和标准化的共享，云计算的出现和快速发展，使计算、存储和应用数据资源成为与电力一样的公用资源，使每个企业不必都建设自己的数据中心，从而大大降低了企业使用相关资源的难度和成本，并专注于商业模式的转型、开发与创新，对整个数字经济的发展具有重大的推动作用。

二、云计算相关技术

云计算是由分布式计算、并行处理、网格计算发展而来的新兴计算模式，其运行原理是透过网络将庞大的计算处理程序分拆成无数个较小的子程序，再交由多部服务器组成的庞大系统搜寻、加工、计算、汇总，然后再将最终结果传给用户。所以整个系统及运行过程依赖许多新兴技术完成，其中，用于大规模数据集并行运算的分布式编程模型，海量数据分布式存储与管理技术，包括存储虚拟化、计算虚拟化和网络虚拟化的虚拟化技术，借助自动化与智能化手段实现大规模系统可靠运营的云计算系统平台管理技术最为关键，透过这些技术云计算平台服务商可以在数秒之内，处理数以千万计甚至数亿计的信息，其中对于数据存储、加工、处理及管理等方面的特有技术在商业领域已得到广泛应用。国内外知名的互联网企业都在发展自己的云计算平台，Amazon 云平台、Google 云计算、Apple 云计算、Microsoft 云计算、IBM 云计算、阿里云、腾讯云以及我国三大电信运营商云计算平台（中国移动推出的“大云”、中国电信推出的“e 云”、中国联通推出的“互联云”），都在国内外商业领域较为流行（肖鹏，2016；腾讯研究院和工业和信息化部电子科学技术情报研究所，2017）。

三、云计算和数据中心的关系

数据中心是分布在不同的核心城市，为云计算提供基础支撑的数字基础设施，在数据中心的基础上，云计算才能提供包括基础服务和增值服务的计算模式，利用相关软硬件闲置资源，可见，云计算必然需要依托数据中心才能实现其价值，而云计算能力的进一步发展与提升又可促进数据中心规模的不断壮大，而数据中心的不断壮大又可为云计算发展提供更坚实的基础支撑，所以云计算和数据中心是相互依存、相互促进的关系（闫德利，2017c；腾讯研究院和工业和信息化部电子科学技术情报研究所，2017；马化腾等，2017a）。

第四节　大　数　据

一、大数据的定义

美国知名研究机构 Gartner 认为：大数据是将结构化数据和非结构化数据形成的数据集合综合起来，用来分析发现数据背后的相关关系的信息资产，是需要新的处理模式才能具有更强的决策力、洞察力和流程优化能力的海量、高增长率和多样化的信息资产。其实所谓大数据，就是由很多结构化、非结构化与半结构化的小数据组汇聚而成的。面对这些大数据，如果置之不理，其实就是一堆数据垃圾，因为杂乱无章的数据本身是没有用的，必须要经过一定的梳理才能称为信息，而大量的信息又会包含很多规律，从信息中将规律总结出来，就成为知识，然后将这些知识应用于实践与决策创造更大的价值才称作智慧，所以数据的分析应用大致分这四个步骤：从数据到信息到知识再到智慧。从各种各样的数据中，快速获得有价值信息的能力就是大数据分析能力（王慧宇和张立震，2015）。

二、大数据相关关键技术

大数据分析背后离不开支撑其的数据中心部署和运营的虚拟化技术、数据挖掘技术、大规模并行处理数据库、分布式文件系统、数据库和可扩展的存储系统等关键的技术（余侃，2011；吴子燕，2012）。大数据相关关键技术的战略意义不仅在于收集、掌握海量庞大的数据信息，更在于通过对海量数据的过滤、筛选，进行专业化加工与精确分析处理，提升数据的增值与服务能力，进而上升为信息、知识，用于指导科学的决策。

三、大数据与云计算

大数据分析常与云计算联系在一起，只靠一台机器设备要对海量的数据进行收集、整理、统计、汇总、处理、分析，在短期内很难实现，于是就有将大量的数据分成不同的小份，每台机器分别处理其中一小份，多台机器同时并行处理的分布式计算的方法，这就是大数据分析技术。可是随着整个社会存储的数据量越来越大，很多规模小或资金实力不足的公司不可能都拥有这么多的机器资源去处理海量的数据，或者如果自身购置大量机器设备资源一次用完后又会导致大量资源长时间的闲置，此时就可用到云计算服务，需要什么样的服务、需要多少服务、什么时候需要相关服务都可以随时有偿获取，这就是云计算，云计算就是将服务器、存储设备、网络、信息化应用系统等软硬件资源打包成一朵资源池的云，其就是一种可以为客户提供按需服务并按用量收费的服务模式，可见大数据离不开云计算，大数据分析依赖于云计算提供的服务；云计算也离不开大数据，云计算依赖于大数据的分布式计算方法与技术，所以大数据与云计算也是相互依存的关系（闫德利，2017c；腾讯研究院和工业和信息化部电子科学技术情报研究所，2017；马化腾等，2017a）。

第五节　物　联　网

一、物联网的定义

根据网络公开资料，进入数字经济时代，人类的生产和生活方式都在发生着颠覆性的变化，更方便快捷、更灵活智能的数字工具、数字技术与数字基础设施已经成为人类经济社会运行不可或缺的重要部分。而基础设施在数字经济时代的一个重要目标就是适应和满足万物互联的需要，即通过物联网把人与人、人与物、物与物所有的一切连接起来，引领我们走向更加美好的新时代。最初物联网的概念是由美国提出来的，指的是把所有的物品通过物联网域名相连接，进行信息交换和通信，以实现智能化识别、定位和跟踪等的一种网络概念，它是基于互联网之上对互联网的延伸与应用拓展，是通过“无线数传终端”使不可交流的物体与物体之间进行交流而实现信息化、远程管理控制和智能化的网络（王慧宇和张立震，2015；马化腾等，2017a）。

二、物联网相关技术

就像互联网可以把世界各地的人们连接起来无障碍地交流和沟通，物联网依赖于无线宽带网络技术、无线射频识别技术、微型传感器技术等把全世界的人与人、人与物、物与物都连接起来，让它们得以沟通与交流。

无线宽带网络技术。与传统人际互联应用需要高带宽、长连续的互联网相比，实现物物互联的无线宽带网络技术主要需要覆盖范围广、传输距离长、不受终端设备位置限制、传输速度快，可为万物互联提供高速稳定而又低成本的互联手段。

无线射频识别技术，可通过无线电信号识别特定目标并读写相关数据进而达到控制、检测和跟踪物体的目的。其特点为：存储容量大、读取距离远、使用寿命长、防水防磁耐高温、数据可加密等。

微型传感器技术。物联网发展的基础是处于信息感知和处理末梢的传感器网，目前传感器已经遍布在我们生活的各个角落，高铁上的烟雾报警器、监控煤矿安全生产的粉尘和瓦斯传感器、探测火灾的温度传感器、监控桥梁强度的震动传感器等不胜枚举。随着物联网应用的日益普遍，处于各种传感器设备的“端”侧要保证可近距离、多维度、多参数地采集不同环境和事件的巨大、多元、复杂信息。

无线宽带网络与传感器技术的结合就出现了自组织无线传输传感器网络，在整个网络中，数据的传输与互联网传递方式下当某些网络节点出了故障，数据就会寻找其他合适的路径传输，在无线传输传感器网络中，当一些传感器失效的时候，数据可以通过其他传感器传递出来。无线视频识别技术和传感器的结合就是一个个智能终端，每个智能终端会标记出物体的身份、状态与特征，再借助无线宽带网络技术，用户虽身在千里之外，也如身临其境般可轻松掌控全局（谢东亮和王羽，2010；石建兵，2017；秦荣生，2017）。

物联网的发展推动着人类社会物理现实世界与虚拟数字世界之间的界限逐渐消失甚至实现充分的融合，当然这也离不开高速的传输识别技术、无线宽带网络技术、无线射频识别技术、微型传感器技术等相关技术的有效配合（腾讯研究院和工业和信息化部电子科学技术情报研究所，2017）。

三、物联网与云计算

根据网络上相关的公开资料，随着基于互联网的信息传送与数字技术服务网络的新兴业务和应用范围越来越广，融合大量传感器网络多元信息采集功能的物联网，由于其广泛的信息获取、高效的数据传输、有效的数据与信息运用等功能，大多应用于长距离、低密度、低速率、低功耗、多终端的通信应用场景，其对于数字基础设施中互联网、大数据等均提出特殊的要求，也必将对互联网、大数据产生重要影响；同时，由于物联网应用场景大多较为分散，未来也将出现更加复杂化与多样化的智能终端设备，这又必将对云计算的计算能力产生重大影响。可见物联网的发展对云计算有着重大影响，而云计算能力的极大提高，又可支持与满足更先进、更复杂物联网应用场景下企业计算机、智能终端设备等硬软件的有效运行、数据采集与分析等功能需求，可见，物联网与云计算也是相互依存、相互促进的关系（闫德利，2017c；腾讯研究院和工业和信息化部电子科学技术情报研究所，2017；马化腾等，2017a）。

第六节 人 工 智 能

一、人工智能的定义与分类

人工智能（artificial intelligence，AI）的概念于1956年，由John McCarthy等10位年轻学者在达特茅斯夏季人工智能研究会议上首次提出（闫德利，2017b）。Linda Gottfredson教授把智能定义为能够进行抽象思维，能理解复杂理念，能够进行快速学习和从经验中学习等操作，进而提出问题、分析问题、解决问题。人工智能的概念较为宽泛，按照人工智能的实力可大致将其分成三大类：第一类，弱人工智能（artificial narrow intelligence，ANI）：指只擅长于某个方面的人工智能，如只会下象棋可以战胜象棋世界冠军的人工智能；第二类，强人工智能（artificial general intelligence，AGI）：指在各方面都可达到人类级别，人类能从事的脑力劳动，它都能和人类一样得心应手地去干，能和人类比肩的人工智能；第三类，超人工智能（artificial super intelligence，ASI）：根据牛津哲学家、知名人工智能思想家Nick Bostrom对超级人工智能的定义，超级人工智能是指在科学创新、通识和社交技能等几乎所有领域都比人脑聪明、都可超越人类大脑的人工智能（闫德利，2017b；腾讯研究院和工业和信息化部电子科学技术情报研究所，2017；中国电子技术标准化研究院，2018）。

二、人工智能的发展历程

历经20世纪50年代重视问题求解的方法而忽视了知识的重要性、六七十年代实用化专家系统的研究和开发、80年代神经网络飞速发展到90年代由单个智能主体研究转向基于网络环境下的分布式人工智能的研究阶段，目前人工智能的研究不仅研究基于同一目标的分布式问题求解，而且研究多个智能主体的多目标问题求解，推动人工智能技术更面向实用化。现在Facebook、亚马逊、谷歌、苹果、百度等科技巨头与数字经济平台纷纷把人工智能作为后移动时代的战略支点，都努力在云端建立人工智能服务的生态系统，宣布人工智能已成为它们未来的业务核心（闫德利，2017b；腾讯研究院和工业和信息化部电子科学技术情报研究所，2017）。

三、人工智能的关键技术

根据网络上公开的与人工智能相关的研究，人工智能技术关系到人工智能产品是否可以顺利应用到我们的生活场景中，从语音识别到智能家居，从人机大战到无人驾驶，依托相关技术，人工智能产品在不断升级，人们的生产与生活方式也因此发生了重大变化。依据《人工智能标准化白皮书（2018 版）》的相关内容，人工智能领域包含了机器学习、知识图谱、自然语言处理、人机交互、计算机视觉、生物特征识别、虚拟现实/增强现实七个关键技术（闫德利，2017b；腾讯研究院和工业和信息化部电子科学技术情报研究所，2017；中国电子技术标准化研究院，2018）。

（一）机器学习

机器学习（machine learning）是人工智能技术的核心，涉及统计学、计算机科学、脑科学等诸多领域，主要研究计算机怎样模拟或实现人类学习行为的方式，从而以获取更多新的知识或特殊技能，并不断重新组织已有的知识结构使之不断改善自身的知识结构，提升相关的技能，特别是基于数据的机器学习研究如何通过观测样本数据寻找相关规律，并对未来数据或无法观测的数据进行进一步预测，进而指导相关的行为。根据学习模式的不同将机器学习分为监督学习、无监督学习和强化学习等，根据学习方法的不同可以将机器学习分为传统机器学习和深度学习。

（二）知识图谱

知识图谱本质上是一种由现实世界实体节点和表示不同节点相互关系的边组成的网状知识与数据结构，主要通过节点与边的相互连接描述现实不同实体之间的概念及其相互关系。通俗地讲，知识图谱就是把所有不同种类的数据与信息节点连接在一起而得到的一个关系网络，提供了从不同节点关系的角度去分析问题的能力。目前知识图谱通过异常分析、静态分析与动态分析等数据挖掘方法，广泛运用在业界搜索引擎、可视化展示和精准营销等方面，并表现出巨大的优势，此外知识图谱技术也可用于反欺诈、不一致性验证等公共安全保障领域。

（三）自然语言处理

自然语言处理作为计算机科学与人工智能领域中的一个重要方向，主要研究人与计算机之间如何通过自然语言进行有效沟通的各种理论和方法，主要涉及机器翻译、语义理解和问答系统等领域。其中，机器翻译技术是指利用计算机技术特别是基于统计和深度神经网络技术将一种自然语言翻译成另外一种自然语言的技术。语义理解技术是通过计算机技术阅读、对文本篇章上下文的理解进而精准回答与篇章文本相关问题的技术。语义理解技术可进一步提高问答与对话的精确度，未来将广泛运用在自动问答、智能客服等相关领域。至于问答系统包括开放领域和特定领域的对话与问答系统两部分，问答系统技术就是指让计算机可以像人类一样用自然语言实现与人充分交流的技术。

（四）人机交互

人机交互是人工智能领域重要的外围技术，是与认知心理学、多媒体技术、虚拟现实技术、人机工程学等密切相关的综合学科，主要研究人到计算机和计算机到人的人与计算机之间的信息交换，具体交换内容除了传统的基于智能设备的基本交互和图形交互外，还包括语音、情感以及体感等交互技术。

（五）计算机视觉

计算机视觉是使用计算机模仿人类视觉系统的科学，是让计算机拥有类似人类识别、理解、分析、处理图像及图像序列等视觉信号的能力，计算机视觉技术已广泛运用在无人驾驶汽车、无人机以及智能医疗等需要通过从相关图像等视觉信号中提取并处理信息的领域，根据解决的问题不同，计算机视觉可分为计算成像学、图像理解、三维视觉、动态视觉和视频编解码五大类。

（六）生物特征识别

生物特征识别技术是指通过对个体生理或行为等生理特征的分析，进而对个体真实身份进行识别与鉴定的智能化身份认证技术。生物特征识别的整个过程通常分为注册和识别两个阶段：注册阶段主要是通过图像及语音传感器采集人体的人脸、虹膜、指纹、掌纹以及声纹、步态等多种生物特征信息数据，并通过预处理技术对采集的数据进行处理，提取相应的特征并进行存储；识别阶段就是对提取的特征数据与存储的特征数据进行比对分析，完成身份识别、鉴定与认证。通过生物特征识别技术，既可完成一对多的辨认问题，即从存储特征数据库中确定待识别人身份的问题，也可完成一对一的确认问题，即将待识别人信息与存储数据库中特定单人信息数据进行比对进而确认身份的问题。

目前生物特征识别技术既涉及人脸、虹膜、指纹、掌纹等图像特征，也涉及音质、声纹等多种语音特征，所以其注册与识别过程既涉及图像处理、机器学习，也涉及计算机视觉与语音识别等多项技术，而这些生物特征识别技术已广泛运用在教育、医疗、交通、刑侦及其他公共服务领域。

（七）虚拟现实/增强现实

虚拟现实/增强现实技术是以计算机为核心的新型视听技术，在结合获取与建模技术、分析与利用技术、交换与分发技术、展示和交互技术以及技术标准与评价体系五个不同的处理阶段技术及其他相关科学技术的基础上，在一定范围内模拟生成与真实环境在视觉、听觉、触觉等方面高度近似的数字化环境，用户只要借助必要的数据获取设备、显示设备、触觉交互设备等智能装备就可实现虚实环境无缝融合，实现与数字化环境中的对象进行全方位智能化与舒适化现场自然交互，甚至相互影响，进而获得近似真实环境的感受和情感体验。

总之，人工智能技术在提高人们生产效率和生活质量方面显现出巨大潜力，既可能对传统产业链的生产、消费等经济活动环节进行重构，也可催生出新产品、新模式、新业态，彻底颠覆传统经济下的价值创造模式，重塑整个产业链，与此同时，人工智能技术的发展也将给各国数字经济发展带来巨大的挑战，如可能会对劳动力市场上的供求产生深远影响，可能导致工作岗位替代、传统职业消失、高数字技能员工供给不足甚至冲击整个就业生态，也还会引致一些新的政策与伦理道德问题，甚至会引发威胁人类生存等不可预知的问题，所以人工智能技术对人类来说既是机遇也是挑战，人们在享受人工智能技术带来的红利的同时，也应把如何应对发展人工智能可能产生的挑战与问题纳入考虑范围之内。

第七节　区　块　链

近年来区块链（block chain）技术处于高速发展期，在经历了比特币虚拟货币的 1.0 时代、只是提出概念以以太坊为代表的 2.0 时代后又进入支持复杂的商业应用的区块链 3.0 时代，区块链技术开始从金融领域不断向其他行业快速渗透与广泛运用，不仅推动着传统产业的转型升级，也成为推动全球经济转型与数字经济发展的不竭动力。

一、区块链的定义与特点

根据网络上与区块链相关的公开资料，区块链技术起源于化名为“中本聪”（Satoshi Nakamoto）的学者在 2008 年发表的奠基性论文《比特币：一种点对点电子现金系统》。区块链是一个分布在全球各地、能够协同运转的分布式核算、记录的数据存储系统，由于交易记录在此记账系统中分区块存储，每一块只记录一部分，同时每个区块都会记录前一区块的 ID（identity，身份标识号码），按交易时间的先后形成一个链状结构，因而称为区块链，其本质上是一种去中心化的、分布式新型记账系统（杜华，2017；王振，2017）。

区块链具有以下几个特点：一个是去中心化。由于账本是使用分布式核算和存储，又一起记录、共同持有的，所以区块链技术不需要中心服务器，不存在中心化的硬件或第三方管理机构，连接到区块链网络中的所有节点权利和义务都是均等的，数据块由整个系统中具有维护功能的节点来共同维护，相较传统账本记录读写权限仅掌握在一个公司或者一个集权者手上的中心化特征，减少了许多摩擦和时间成本。二是透明性。除了交易各方的私有信息被加密外，区块链上的所有数据对所有人公开，任何人都可以通过公开的接口查询区块链数据和开发相关应用，因此所有参与者的账本都公开透明、信息共享。三是安全性。区块链技术支持的交易网络中所有交易采用加密技术，使数据的验证不再依赖中心服务器，极大提高了全链条上发动网络攻击的成本和篡改信息的难度，维护了信息的安全性和准确性，降低了信用成本。另外，由于所有节点都拥有相同的全局账本，所以个别的账本被毁坏或消失不会影响到整体（王振，2017）。

二、区块链相关技术

根据网络上与区块链技术有关的公开资料，区块链是链式的数据结构、点对点去中心化网络技术、加密算法、共识算法、智能合约、公链、主链、侧链、跨链等技术融合创新的全新技术方案，这些技术几十年前就已经兴起，但最近几年才开始被广泛使用（杜华，2017；王振，2017）。

（一）链式的数据结构

区块链之所以被称为“链”，就是因为其数据结构的巧妙设计，其把多个收支与交易记录通过大量计算打包为一个数据块，每个数据块都附加有版本号、时间戳、随机数等常规信息以及前一个数据块的哈希值，所有数据块都通过这种链状的结构连接起来，存储着所有交易的记录信息。

（二）点对点去中心化网络技术

不同于传统的服务器到客户端的服务方式，区块链中的所有节点都处于对等地位，每一个节点既是服务器也是客户端，且拥有所有交易记录数据，任何接入区块链的节点都有权获取所有的交易记录信息。

（三）加密算法：hash 函数、椭圆曲线密码

hash 函数包括消息摘要（message digest，MD）算法以及安全散列算法（secure hash

algorithm，SHA），是将任意长度的输入，经过不可逆的处理过程，转换为固定有限长度的输出内容，所以理论上存在着重复或碰撞的可能性问题，这也依赖于未来诞生计算能力更强、更高级别的加密处理机制去解决。而椭圆曲线密码与传统的 RSA（Ron Rivest，Adi Shamir，Leonard Adleman）非对称加密算法相比，所占用的存储空间与计算量更小，安全性却更高，所以椭圆曲线算法对于记录完整交易记录信息的每个节点与整个区块链都是极其重要的。

（四）共识算法

工作量证明机制（proof of work，POW）的共识算法是指通过计算机的工作量，计算节点算力占全网算力的比例，证明其无差别的劳动价值，也决定着挖矿成功的概率。在工作量证明机制的共识算法下，挖矿、矿机及矿池等社会资源才成为整个数字货币产业链条中不可或缺的重要成分。

（五）智能合约

“智能合约”（smart contract），最早是由跨领域法律学者尼克·萨博（Nick Szabo）于 1995 年提出来的。一个智能合约就是一套以数字形式定义的限定合约参与方执行相关协议的承诺，其本质为运行在可复制、可共享的分散式记账本上的一段计算机程序，在此程序下合约各方既可以维持自己的现有状态、控制自己的资产，也可对接收到的外界信息或者资产进行处理、储存甚至再发送。智能合约主要有两个系统：一个是使用 solidity 编写智能合约的以太坊，因多功能性和智能合约执行能力成为银行业与互联网金融行业的首选；另一个是起源于 counter party（合约币）项目的 symbiont，正在建立一个拥有比以太坊更加安全的代码库的智能合约系统，可以有效保证电子货币在不同情境下的安全流通。

（六）公链、主链、侧链、跨链等技术

根据网络上有关资料，公链，是公有链的简称，即全网公开，任何人不需要任何授权机制，都能随时加入与退出、都可读取、都能发送交易且交易都能获得有效确认的“完全去中心化”区块链。主链是有支链或侧链结构的链中链节数最多的链。侧链则主要用于解决公链交易吞吐量不足和交易速度限制的问题，起到进一步对公链拓展的功效，本质上是一种可以让数字资产在主链与其他区块链之间实现安全双向转移的协议。而跨链则是为解决两个或多个不同链上的数字资产功能状态互相交换、传递和转移等难题的协议，跨链的存在，不仅使区块链的可拓展性进一步提升，也使其可操作性进一步增强，使不同公链之间因数字资产交易困难导致的“数据孤岛”问题得以有效化解。

总之，包括移动宽带、云计算、大数据、物联网、人工智能、区块链、3D 打印等在

内的数字技术日新月异的发展，必将对未来数字经济的发展进程及走向产生深远影响，其在为人类带来更大便利的同时，也必将带来更多的新问题与新挑战，只有深入研究与了解这些技术的发展趋势，并进行适时控制与调节，使其向有利于人类发展方向发展，才能让技术更好地服务于广大民众。

案例　不同数字技术之间的关系

近年来，移动互联网、大数据、云计算、物联网、人工智能等数字技术是全球研发投入最集中、创新最活跃、应用最广泛、带动作用最大的技术创新领域，已成为全球技术创新的竞争高地。而不同数字技术之间的突破和融合发展也成为推动数字经济繁荣发展的不竭动力。从3G、4G发展到5G，移动互联网的发展从根本上摆脱了固定互联网的限制和束缚，不断从移动互联网向物联网应用领域扩展，极大带动了终端设备及传感器接入数量的增加；云计算技术的普及应用，不断改变着数字基础设施投资、建设、运营与维护模式，不仅使数字基础设施建设的周期大为缩短，运维成本大为降低，也使数字基础设施的承载力、终端设备接入和部署数量及速度大为提升；移动互联网、云计算和低成本传感器的发展又推动了物联网的进一步发展，使接入物联网的终端数量以数百倍的速度增加，推动着物联网的数据容量也呈指数增加，而对这些数据的处理又必然需要大数据技术，推动着大数据技术的进一步发展，特别是数据采集、传输、存储、整理、分析成本的下降与计算能力的进一步提高，大数据技术的不断发展，又进一步推动了物联网的健康发展，不仅使物联网成为重要的数据采集和数据共享平台，也使其商业运用领域范围得以不断扩大。而以上这些如果不具有人工智能技术，即使存在所需的庞大数据，也无法对海量数据进行收集、处理、加工、分析，无法从中发掘出新的意义、产生新的价值，正是人工智能技术显著提高了大数据自主分析能力，通过读懂视频、音频甚至人类自然语言与计算机语言，通过分析物联网中大量琐碎的非结构化数据，才可以总结出其中隐含的规律，进而支持智能决策的进一步做出。此外，人工智能的发展也有助于解决不同物联网设备之间各种通信协议不兼容的问题。所以，大数据和人工智能技术的有效运用将推动物联网发展，实现物联网从量变到质变的飞跃（陆峰等，2017）。

物联网的发展使人类社会物理世界与数字世界之间的界限逐渐消失，数字技术进入人机物三元融合发展期，而虚拟现实成为人机物三元融合的重要支撑。而虚拟现实技术也无法独立发展，要实现虚拟现实和真实现实之间的有效互动，还需要高速的传输技术、识别技术、计算技术等其他技术的有效配合，这又离不开移动互联、大数据与云计算、人工智能等。区块链通过加密技术形成一个去中心化的可靠、透明、安全、可追溯的分布式数据库，推动互联网数据记录、传播及存储管理方式变革，大大简化业务流程，降低信用成本，提高交易效率，重塑现有的产业组织模式、社会管理模式，提高公共服务水平，实现互联网从信息传播向价值转移的转变。区块链技术本质是一种分布式数据库，是互联网数据记录、传播及存储的新方式，相关数据的分析、解读同样离不开大数据、人工智能技术，将相关物品连接起来，也需要物联网基础技术支撑。此外，自动驾驶、3D 打印、量子计算、生物识别、可再生能源等技术和上述技术的融合与创新，也不断推动着数字经济持续向前发展（赵沁平，2016；秦荣生，2017；腾讯研究院和工业和信息化部电子科学技术情报研究所，2017）。

资料来源：本部分内容节选自腾讯研究院，工业和信息化部电子科学技术情报研究所《数字经济白皮书》，并参考其他网络资料有所改动

本章思考题

1. 讨论人工智能的应用价值及相关风险预防。
2. 简述不同数字技术之间的联系与区别。

第五章　产品篇：数字产品的特性及供求分析

数字经济与传统经济相比，产品订购、生产、运输、交易、售后服务的方式都发生了彻底的变革，然而，不变的是，数字经济下的产品供给和需求的主体仍然是生产者与消费者，而数字产品的供求也仍然需要借助市场机制，在价格调节作用下实现均衡。

第一节　数字经济下的产品含义及其分类

虽然目前不管是学术界还是业界在数字产品与数字产业的划分上仍存有争议，但依据网络经济学相关教材的划分，从事计算机网络、信息通信以及相关产品生产与销售的ICT企业称为信息或网络企业，与这些企业相关的产品叫信息产品或网络产品，那么进入数字经济时代，从产品订购到到达消费者的全过程中，订购、生产、传输与交易任一环节中只要有数字技术发挥作用的产品就可被称作数字产品，而从事移动互联、大数据、云计算、物联网、人工智能、3D打印等数字技术产品生产与服务提供的企业称为数字企业，而相关的行业就是数字产业。

数字技术的兴起与大规模运用将会对传统产业各领域产生深远的影响，但数字经济下的产品不单有数字产品，也有很多与数字经济没有关系的传统产品，至少在很长一段时期内会是这样，然而，随着数字技术的广泛运用，绝大多数产品和服务多多少少都会与数字技术有关，所以，后面提到的数字经济下的产品主要是指数字产品，包括在订购、生产、运输与交易任一环节与数字化相关的产品。

一、数字经济下产品的四个层次

在之前网络经济学研究中，综合不同学者对网络产品的划分方法，可为数字经济下产品的划分提供基础指引。虽然根据不同的划分标准，数字经济下的产品可以有多种不同的分类，不过从研究数字经济的特征而言，根据数字经济的层次，数字经济下的产品可以被划分为四个层次：第一层数字基础设施层；第二层数字平台产品层；第三层可数字订购、交易与传输的产品；第四层借助数字技术生产的实物产品（王健伟和张乃侠，2004；刘培刚，2011）。

（一）第一层，数字基础设施层

数字基础设施层是指支撑数字经济发展的软硬件基础设施，包括数据中心、大数据、云计算及其相关基础设施。由于数字基础设施层是支撑数字经济的关键性基础，数字基础设施建设也将比传统基础设施要求更雄厚的资金实力、技术保障与完全保障，甚至不允许外资进入，受到严格的管制，如大多数国家强制要求将数据服务器或数字中心放在本国，所以数字基础设施大多为本国政府牵头建设。

（二）第二层，数字平台产品层

数字经济中的平台性产品并不是消费者最终需求的产品，只是为消费者最终产品需求的满足提供查询、订购、交易、支付的“平台”服务，所以主要用于提供产品的数字订购与数字交易服务。例如，在智能手机上安装一个滴滴出行软件后，就可以在手机上直接输入现在地址和要到达的目的地，再点呼叫快车就可达到快速叫车的目的，此软件就是平台性产品，此类平台产品由于前期投入成本大，但复制成本比较小，所以一般由具有不同资金实力的企业提供。

（三）第三层，可数字订购、交易与传输的产品

可数字订购、交易与传输的产品既包括玩具、食品等可数字化订购与交易的传统产品，也包括电子书、音像、影像资料可用数字化技术传输与存储的所有产品，还包括可在线传输的数字流与数字服务，等等，由于第三层次产品在经济社会中的比重越来越大，其社会影响也将更加突出。

（四）第四层，借助数字技术生产的实物产品

数字经济下实物产品、实物经济或实体经济依然是国民经济的主体，但实物产品从订购、生产、传输、交易到消费、储存都会更加依赖数字技术，使其在生产过程中的成本大幅降低，提高其生产与服务效率。所以，此层产品更多为借助数字技术生产的产品，随着数字经济下传统实物产品生产的成本不断降低，其价格与边际收益也会逐步递减，此类产品，大多为传统企业通过逐步引进数字技术，通过数字化改造生产流程生产出来的产品。

二、数字经济下的产品本质

商品具有价值和使用价值双重属性，凝结在商品中的社会必要劳动时间决定着商品的价值。数字经济下的商品仍然具有价值和使用价值双重属性，决定数字商品价值的仍然是社会必要劳动时间，但由于数字技术的广泛应用，数字技术会对其他要素产生替代作用，并在一定程度上会放大其他生产要素的生产率与产品交易效率，凝结在产品中的社会必要劳动时间以及产品生产和交换过程中的要素与时间消耗必将减少。但从产品的价值构成来看，仍不外乎转移价值、要素价值与剩余价值三部分（王健伟和张乃侠，2004；刘培刚，2011）。

（1）转移价值。在数字经济下，随着数字技术的不断迭代创新与智能化生产方式的升级，生产商品过程中会投入更高端的智能设备与高质量、高附加值的中间产品以及一些基本原材料，故产品中的转移价值比例可能会进一步提高。

（2）要素价值。在数字经济中，富含知识和信息的数据成为数字经济得以发展的根本动力，随着数字产品中包含的信息、知识、技能的成分不断增多以及生产效率的普遍提高，产品生产各环节对劳动、土地等传统生产要素的消耗逐渐减少，传统生产要素的价值在商品价值中所占的比例将会进一步降低，而数据要素及高技能劳动力等新要素的价值比例将越来越大。

（3）剩余价值。在数字经济中，剩余价值更多地来自劳动力的创新能力与数据获取能力。由于数字经济下的商品生产仍然需要数据以及资本、劳动力、土地、企业家才能等传统经济下的要素相配合，所以商品的生产仍然会受到要素资源稀缺性的制约。因为人类经济社会当中存在海量且日益增加甚至是无限的数据，但是人类在某一空间、某一时间范围内可获取到的数据，特别是有用的数据总是有限的，就算是可同时被多人同时使用和反复使用的数据与信息要素的获得也需要付出劳动、资本等成本，所以数字经济下要素资源的获取也需要价格机制的调节，但是人们借助数字技术或者通过创新性的途径能轻易获得更多有价值的数据，商品中的剩余价值就会进一步提升（王健伟和张乃侠，2004；刘培刚，2011）。

依据市场均衡原理，产品生产供给方客观要素成本和需求方主观心理效用两个方面的对比决定着产品市场的均衡，市场上厂商产品供给与消费者需求双方之间的力量牵制决定了产品市场均衡状态时的价格。然而，消费者为购买到能使其效用最大化的商品所付出的成本也绝不仅仅是产品的价格，因为为了达成交易，还必须花时间搜寻与比较，付出做其他事情收益的机会成本，还有其他与产品交易相关的交易费用。在数字经济条件下，借助数字技术，产品的订购、生产、传输和交易方式都发生了巨大的变化，对富含信息的数据收集、加工、整理和分析成本大大降低，因此产品的生产成本、交易费用、服务费用都会大大降低，从而产品的价格可能降低。

在数字经济的条件下，充当一般等价物的特殊商品的货币，其属性与职能不会改变，但由于数字经济下，人们在产品与服务生产、订购、交易与支付当中更多通过移动支付方式，使用电子货币，可能会在一定程度上对货币的供应量、供应方式与流通形式产生影响。综上所述，我们将数字经济下的产品的本质归纳如下。

数字技术提高了产品生产效率，降低了生产成本，但数字经济下的要素资源与产品的稀缺性不变；数字经济下产品价值构成比例会发生变化，但数字产品的经济本质不变；数字经济下产品的定价方式会发生变化，但产品的均衡价格也还是主要由市场供求关系决定；数字经济下的货币形态、供应方式与流通形式发生变化，但不会改变货币作为一般等价物特殊商品的基本职能。

第二节　数字经济下的产品特性

一、数字产品的特征

与上节数字经济下产品的四个层次对应，每个层次的产品都将会表现出不同的特征，综合王健伟等对网络经济产品特征的描述，对数字经济下不同层次的产品特性予以梳理（王健伟和张乃侠，2004）。

（一）第一层

第一层的数字产品，可以被看作数字经济的基础设施，主要为数字产品的订购、生产、传输、交易、存储提供基础支撑，它们具有以下几个特点。

（1）数字基础设施建设投资周期长，回报率低，具有自然垄断的性质，往往落在政府的肩上，或政府通过公私合作的方式共建，这一层次的产品更多具有公共服务的性质，所以在提供方面要更多考虑均等化与覆盖面的问题。

（2）数字基础设施是构成数字经济运行的基本平台，其公共服务的性质导致其还具有明显的外部性特征，相关的成本和收益可能会落在与交易双方无关的第三者身上。

（3）数字基础设施产品的供给，由于其规模大，涉及范围广，所以固定成本很高，边际成本在一定范围内会递减，但超出临界点，也可能会出现边际成本递增。

（二）第二层

可数字化平台性产品构成了数字经济的第二层。这一层的产品主要用于促成数字交易，可以被称作促进数字订购与交易的平台性产品，具有以下两个特征。

（1）数字平台是数字经济发展与运行的重要依托，前期通常需要投入巨大的研究与开发费用，固定成本也较高，但研发出来后被复制的成本十分低廉，甚至可以被无限地免费使用，所以具有边际成本递减与边际收益递增的特性。

（2）数字平台产品技术含量较高，但在数字经济达维多定律下，如果不持续创新，及时升级换代，就会被其他更新的产品取代，进而淘汰出局，所以此类产品具有较大的持续创新与不稳定性。

（三）第三层

数字经济的第三层产品也被称为可通过数字化方式订购与传输的产品，包括图书、音像等电子产品，都可通过数字化的方式传播，数字技术只是为其更广泛的传播提供了手段，在数字经济下，这些产品可以比以往以更加快捷、更加低廉的价格提供给消费者。由于消费者对此类产品的需求更加多样化、个性化、异质化，所以对此类产品的供给也很难规模化、同质化与标准化。

（四）第四层

数字经济的第四层也被称作借助数字技术生产的产品或服务，所以这些产品指的就是我们一般认为的数字产品，与之前传统经济下或网络经济下产品生产方式不同，其更多是通过借助大数据、云计算、人工智能、3D打印等数字技术生产的产品，未来随着借助数字技术生产产品与服务的比重逐渐扩大，其对整个经济社会发展的影响也会越来越大，有必要对数字产品的生产特性做特别介绍。

二、数字产品的生产特性

在数字生产领域，数字产品生产总是分成产品生产和商品生产两部分，那些用于满足社会公益需求和用于自身消费的数字产品只能以产品的形式存在而不能成为数字商品。数字商品生产者根据不同的目的和要求，按照一定的程序和方法，在生产过程中将富含信息和知识的数据等生产对象经过技术与思维活动进行采集、加工、传输、整理、分析、创造直至数字商品的诞生。虽然不同类型、不同层次的数字商品生产都可抽象为一种信息变换过程，但数字商品的生产过程与传统的物质商品生产存在诸多不同，决定了数字商品生产目的、生产环节与生产性质等特性与物质商品生产也存在差异，所以有必要对其加以分析（王健伟和张乃侠，2004；耿允玲和刘培刚，2005；刘培刚，2011）。

（一）数字商品的生产具有明显的两阶段性

不同类型、不同层次的数字商品从生产到进入流通和消费领域，一般都要经过商品本身的创造性生产和商品物化复制两个阶段。而从数字商品构思、相关数据采集、整理、加工、分析、创新到数字商品生产出来，整个过程是对未经加工的数据资源进行加工，或对已加工的数据资源经过人脑的创造性思维进行再加工，形成新的知识之后才输出并注入数字商品的过程，此阶段的数字商品生产具有知识创造性，如一篇科研论文的完成或一套软件程序的编写过程就属于数字商品生产的第一阶段，此时论文或程序本身的创新性等数字属性较为重要；从第一件数字商品生产出来到大规模物化复制就具有了传统物质商品生产的特征，这属于数字商品生产的第二阶段。例如，大规模印刷论文、复制软件的过程就属于物质生产，属于数字商品生产的第二阶段，此时论文印刷质量、光盘刻录质量等物质属性就变得较为重要。

（二）数字商品的生产与使用具有完整性

数字商品生产的完整性是由使用数字商品的不可分割性决定的，即由于数字商品的内在结构是不可分割的，只有完整的数字商品才有使用价值，这就决定了数字商品生产的不可分割性与完整性。例如，某个应用软件若仅有部分编程或缺少了关键部分的编程，是没有任何直接使用价值的。因此数字商品在生产时就必须生产出一套完整的数字商品，否则对于消费者和用户来说就没有任何价值。此外，数字商品使用的完整性还表现为有些数字商品的一部分虽不具有完全市场价值，但与其配套的产品组合起来使用或者将全部的产品集合都付诸应用，其使用价值就能得到最佳发挥。例如，对于各式各样的 App 软件和支持其应用的智能手机必须完全配套使用，才能发挥出最大的价值（耿允玲和刘培刚，2005）。

（三）数字商品的生产具有很大的不确定性

与物质商品的生产只要具备各种生产要素，商品就一定能生产出来，在投入与产出之间有着必然的联系不一样,数字商品尤其是一次数字商品的生产具有很大的不确定性。因为数字商品的生产融入了人类的想法与观念等丰富复杂的脑力创造性劳动，其结果是无法预知的，投入与产出之间也没有绝对的必然联系，有时投入较多的时间与精力可能最终一无所获，但有时又很轻松就可以得到意想不到的结果，即数字商品的生产具有较大的或然性，特别是对于科学研究、技术创新等知识创造性活动来说这个特征更为明显。但二次数字商品生产是在一次数字商品生产的基础上经过修改、综合、精炼或再创造的过程，相对于一次数字商品生产来说，其或然性要小得多，但也仍具有相当大的不确定性。

（四）数字商品的生产具有非重复性

不同于物质商品的生产，同一商品可以按统一的标准进行大规模重复生产，而数字商品的生产则具有非重复性，表现为在拥有相同数据资源和生产条件的情况下，不同的生产者甚至同一生产者在不同时间段或不同环境下由于知识结构、思维方法、创新意识等的不一样，生产出的数字商品也不可能完全一样。此外，数字商品的非重复性还表现为只要一生产出来就可以进入物化复制阶段，也没必要去重复生产。例如，科学论文、科技成果与发明专利等，一旦创造发明出来并公布于众，就不会再进入发明或创造领域，更不需再生产就可以满足多次需要，否则会造成资源的极大浪费（刘培刚，2011）。

第三节　数字产品的供求分析

本部分主要结合之前《网络经济学》《网络产业经济学》等相关教材以及与网络产品、数字产品相关的其他资料，对数字产品的供求特征进行分析（谢伊，2002；王健伟和张乃侠，2004；耿允玲和刘培刚，2005；刘培刚，2011；尚德峰，2011）。

一、数字产品的供给分析

（一）数字产品的成本结构

数字产品的生产具有特殊的成本结构，即高固定成本、低边际成本甚至零边际成本。开发某一项数字产品，如某一财务软件的时候，会招募大量的研发人员，提供良好的开发环境，投入大量的研发成本与相关环境维护成本，这些都属于沉没成本。当研发人员通过一定时期的工作，软件开发完成后还需要测试、宣传、营销，付出大量的测试、宣传与营销成本，最后才进入市场。从相关研发环境的建设与维护、软件开发、测试与宣传，到最后进入市场付出的大量成本大多属于企业的固定成本。但是一旦软件生产出来成功进入市场，再生产一个新的产品，即复制一份软件的成本接近于零。所以，数字产品的生产，可能会突破传统经济下产品生产资源稀缺性的制约，可以被大规模、低边际成本甚至零边际成本批量供给（王健伟和张乃侠，2004；耿允玲和刘培刚，2005；刘培刚，2011；尚德峰，2011）。

（二）数字产品定价

由于生产第一单位数字产品具有大量固定的沉没生产成本，而再生产和分销更多产品的边际成本几乎可以忽略不计，所以具有较低的边际成本，也即数字产品开发成本高，但是复制再生产的成本很低，如软件产品生产就符合这个特征，这意味着从客观角度以厂商客观要素投入量的成本为基础衡量数字商品的价格已经不再可取，而更应该从主观角度以消费者感受到的效用为基础决定数字商品的价格。但由于消费者学识经历与身份背景的不同，不同消费者对相同数字产品的价值判断存在差异，甚至同一消费者在不同时间段、不同空间范围内由于其心理感受的不同，对同一数字商品的价值判断也会存在根本性的差异，基于此，厂商就可以根据不同消费者的消费意愿及需求弹性，以及消费者在不同时空背景下的需求意愿进行差别化的定价，从而实现利润最大化，具体来说可以采取以下差别化定价策略。

（1）延时发布信息。延时发布信息，即将新数字产品发布信息毫无迟滞地告诉给那些消费意愿高的消费者，并最先销售给他们，而延后推荐并销售给那些支付意愿低的消费者。例如，新的智能手机发布时的价格远高于一年后的价格，新的电影在影剧院上映一段时间后在网上免费传播。甚至延时市场细分在智慧物流系统中运用得也很普遍，同一包裹当日达、次日达或三日达的价格肯定也不一样，其实不同的递送方式有可能都是同架飞机同时间到达目的地的，只是为了维持低消费意愿的消费者市场，故意降低价格。

（2）质量歧视。数字出版商为了有利可图经常将同一数字产品提供三种版本，即以最快的速度将最原汁原味的特色最多的完整版本卖给那些支付意愿最高的消费者，而将经删节的特色最少的最简本卖给那些支付意愿最低的消费者，除了这两种极端版本，还要提供一种位于二者之间的中间版本（刘会娟和吕萍，2004）。

（3）价格歧视。针对同款产品，运用大数据方法获取相关数据分析，对需求弹性比较小、黏性比较大的客户卖高价，对价格敏感的人群卖低价。例如，飞机票，在同一时刻、同一航班不同的群体查询到的价格是不一样的。

（4）产品升级换代。随着产品的升级换代，不定期发行有更多特色的改进版本，并第一时间把其出售给支付意愿最高的消费者，而把过时的老版本销售给支付意愿略低的消费者。由于数字产品的耐用性及产品的生命周期，社会对任意一种数字产品的需求也会逐渐减少。为了生存，厂商只能不断推出新版本，旨在消灭其旧产品市场以防止旧产品市场减损他们的销售额。苹果手机的升级换代以及不同书籍不断推出修订版就是典型的例子。

（5）捆绑销售。在消费者对不同的数字产品的不同特征有不同偏好的情况下，捆绑销售就会起作用。捆绑销售通过把两种或多种不同产品捆绑，创造出一种新的数字产品，制定合适的价格，以同时满足对第一消费者群体价值很高与对第二消费者群体价值很低的特点（王健伟和张乃侠，2004；耿允玲和刘培刚，2005；刘培刚，2011；尚德峰，2011）。

二、数字产品的需求分析

（一）数字经济下需求变化的两个趋势

（1）数字经济是服务型经济，数字经济下对服务的需求越来越大：一方面是物质产品中所附带的服务形式更加多样化、服务的附加值含量更高，特别是随着制造业服务化水平的不断提高，服务已经成为产品组成及产品差异化构成的重要因素，因此在数字经济中的产品也蕴含着更多的售前、售中与售后服务内容，产品的效用不仅包括产品本身所固有的效用，还有与产品相关的服务；另一方面是服务性产品在整个经济社会中所占的比重越来越大，特别是数字经济下，借助数字技术，服务业突破了时空限制，之前更多只能通过面对面提供与接受的服务，现在可以跨越时空，随时随地提供与接受服务，所以服务业的效率可能超过制造业，服务产品提供的范围更加广泛（王健伟和张乃侠，2004；耿允玲和刘培刚，2005；刘培刚，2011）。

（2）数字经济是个性化经济，数字经济下的需求个性化色彩日益浓重。这表现在两个方面：一方面，数字经济下市场划分更加深入细致，在数字技术的支撑作用下，可以聚集分散的长尾需求，使得个性化产品的生产也有可能达到规模经济；另一方面，借助数字技术手段，人们沟通的方式更为灵活多样，沟通的成本也不断降低，服务提供者可以为不同的人群提供更加个性化的定制服务，再加上数字经济下不单可以大幅降低数字服务需要提供的人力与物力资源消耗等成本支出，也可提高服务甚至是定制化服务的生产效率，使人们对多样化、个性化的定制服务需求得到更大程度的激发（刘培刚，2011）。

（二）数字经济对完全竞争市场的影响

1. 传统经济下的均衡理论

传统经济均衡理论对于完全竞争有以下假设：①有无穷多个买方和卖方。市场中有无数多个卖者和买者，单个消费者与单个厂商的交易数量不足以影响整个市场的供求，因此他们都是市场价格的接受者，而不能影响或改变市场价格。②信息完全。市场上的买卖双方均知道产品生产的成本、价格、数量等一系列必要的市场信息，不存在信息不对称。③市场出清。市场在价格机制的调节作用下，总能实现供给和需求的均衡，即买者能够以其愿意支付的价格购买到需要的商品，卖者能够以其愿意接受的价格卖出全部的商品。④完全理性。每个消费者与厂商都是完全理性的，每个消费者都清楚地知道消费每一样商品可以给其带来的满足感有多少，其目标是实现效用的最大化，而每一位厂商也都清楚生产每一件产品的边际成本与边际收益，其目标是实现利润的最大化。

传统经济下消费者依据其效用最大化的目标，还要通过产品价格及边际成本和边际效用的比较来做出满意决策。效用是一个人从消费一种物品或者劳务中得到的心理满足感，往往具有较大的主观性，所以人们很难用精确的数值去比较消费产品给其带来的效用大小，而更倾向于用序数效用而不是基数效用来对不同产品的消费给其带来的效用进行比较。完全竞争理论假设消费者是理性的，即消费者知道每一单位物品的消费带给他的效用大小，所以消费者总是希望以有限的支出换取更大的效用。然而，根据边际分析理论框架体系，随着消费者消费商品的不断增多，其消费的最后每一单位商品给其带来的效用是越来越少的，即商品的边际效用是递减的，消费者为了达到最大效用，必须使他用于每种商品消费的最后一个单位的货币的边际效用等于消费商品的边际效用。

2. 数字经济下供求变化

数字经济下的市场仍然是集中了理性交易双方的决策场所。消费者追求效用最大化的目标没有变，边际效用理论分析的基本框架也不会因为数字技术的渗透而发生变化，消费者的消费行为仍然会受到消费能力和消费意愿的约束，所以消费需求仍然会被限制在一定数额的预算约束内（尚德峰，2011）。

如图 5-1 所示，假设在传统经济中，该种产品向右上方倾斜的供给曲线 S_1 和向右下方倾斜的需求曲线 D_1 交于 A_1，对应的价格 P_1 就是均衡价格，产量 Q_1 为均衡产量。再假定需求曲线在数字经济下不发生变化，但由于数字经济降低了生产与交易成本，在价格不变的条件下，利润增加，厂商会不断扩大生产规模，增加供给，从而供给曲线向右移动到 S_2，与需求曲线 D_1 交于新的均衡点 A_2，对应的产量 Q_2 远大于原来的均衡产量 Q_1，均衡价格 P_2 却降低了，这意味在需求不变的情况下，在数字经济中，厂商愿意提供更多的产品，导致均衡价格的降低。

但需求曲线在数字经济条件下是必然要发生变化的，第一种变化是由于潜在的分散长尾需求会被聚集起来，如图 5-2 所示，需求增加，需求曲线必然向右方移动到 D_2，与新的供给曲线 S_2 交于新的均衡点 A_3，说明数字经济下，由于数字技术的支撑，一方面企业的最优生产规模得以扩大，供给增加；另一方面市场的最终需求得以集聚，需求增加，因此产生了新的市场均衡状态，均衡产量为 Q_3，大于 Q_1、Q_2，均衡价格为 P_3，大于 P_1、P_2，可见，数字经济下不一定由于成本的降低与供给增加而导致所有产品的价格降低，价格上涨是因为数字经济可能提供了更多新的市场机会，分散的长尾需求被积聚起来，需求增加得更多，这种情况下的均衡可能意味着国民收入与社会财富的增长。当然，数字经济下，随着总供给与总需求的增加，总产量肯定是会增加的，但最后的均衡价格与原来相比可能变高，也可能变低。

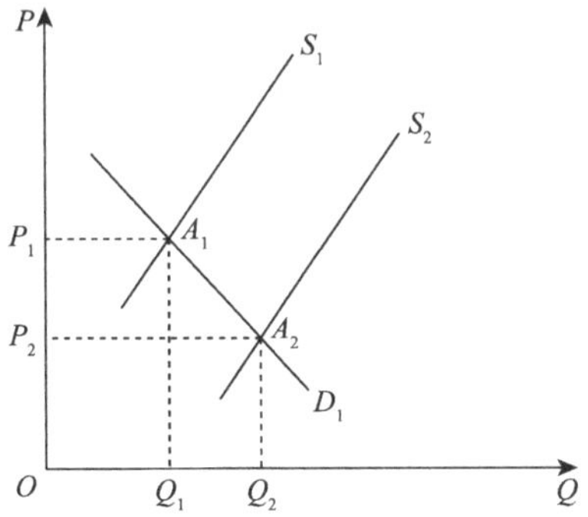

图 5-1　数字经济导致供给变化

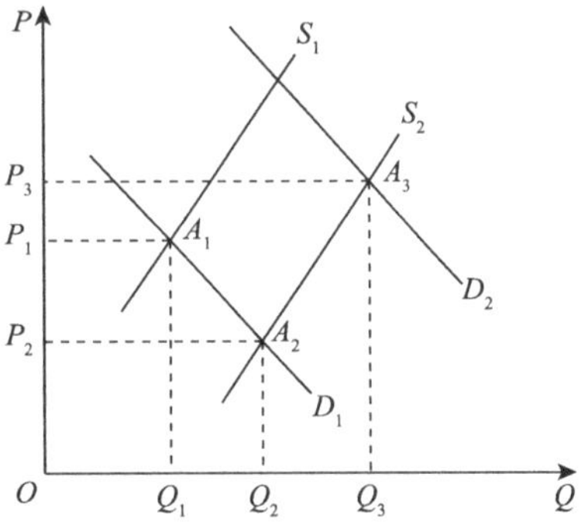

图 5-2　数字经济导致需求变化

3. 数字经济下搜寻成本变化对供求均衡的影响

消费者在做出购买某种商品的消费决策之前，需要花费一定的时间与精力去搜寻到使其最为满意而价格又最为低廉的商品，也即在购买之前消费者会付出一定的搜寻成本，但很显然，在数字经济下，消费者搜寻成本会降低。在消费者的名义货币收入不变，也即在传统经济与数字经济两种经济形态下消费者的总预算是相同的情况下，由于数字经济下产品搜寻成本的降低，消费者会有更多用于购买商品的支出，于是需求曲线向右上方移动，在假设供给曲线还在原来位置的情况下，如图 5-3 所示，新需求曲线与原来的供给曲线交于新的均衡点 B_2。

但事实上是，在数字经济下，由于生产成本的降低与生产效率的提高，供给会不断增加，供给曲线也会由 S_1 向右下方移动到 S_2，与新的需求线 D_2 交于 B_3 点，如图 5-4 所示。由此可见，在数字经济下，随着厂商生产成本的降低以及消费者搜寻成本的降低，需求曲线和供给曲线会同时向右移动，消费和供给同时增加，但最终的均衡价格就有赖于供求的变化幅度哪个更大，有可能提高，也有可能降低（王健伟和张乃侠，2004；耿允玲和刘培刚，2005；刘培刚，2011；尚德峰，2011）。

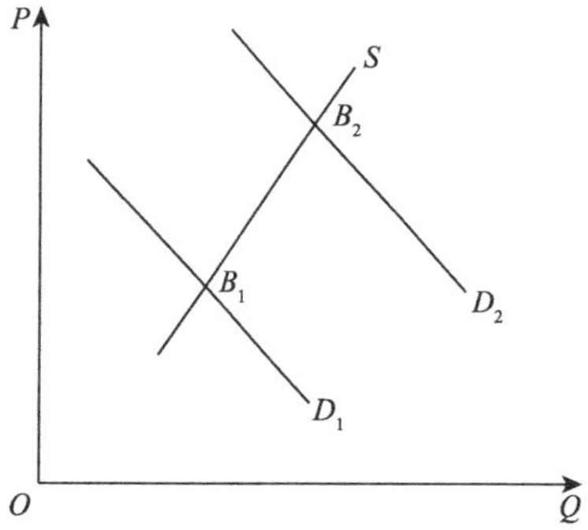

图 5-3 供给不变时搜寻成本与需求

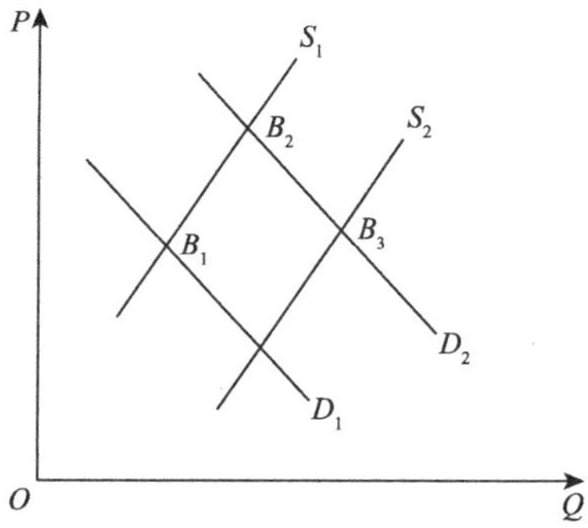

图 5-4 供给增加时搜寻成本与需求

4. 数字经济下供求弹性的变化对均衡的影响

在传统经济下，一些高档的定制化商品可能只会供给那些高收入消费者或者不在乎价格高低、消费意愿较强的消费者，这时的商品是缺乏价格弹性的。但数字经济是大规模个性化定制经济，为大多数消费者提供了大规模量身定制的可能性，从而商品的需求价格弹性也会发生变化，特别是对于价格比较敏感的消费者，商品需求价格弹性可能更大。

如图 5-5 所示，在传统经济条件下，由于量身定制产品的消费者要么消费意愿强，要么消费能力强，产品价格高，但需求的价格弹性很小，均衡点在 C_1。这时，由于没有智能制造技术与柔性生产方式，供给成本太高，供给也缺乏弹性，决定着需求弹性也较大。但在数字经济下，由于数字技术的推动，供给成本降低，供给增多，供给曲线也变得富有弹性，从而需求曲线弹性增加，此时的均衡点位于 C_2 点。与 C_1 点相比，在 C_2 点消费者剩余和生产者剩余都会增加，整个国家的社会福利会增加。由此看到，数字技术的进步推动了供给与需求弹性的变化，从而导致社会福利的增加。此外，虽然影响需求曲线左右移动或需求弹性变化、需求曲线陡峭程度的因素有很多，但不论是在传统经济还是在数字经济下，影响消费者消费决策的因素始终是价格和效用，虽然数字技术有助于促进消费者理性需求的实现，但数字技术终究不会改变消费者的决策准则（王健伟和张乃侠，2004；刘培刚，2011）。

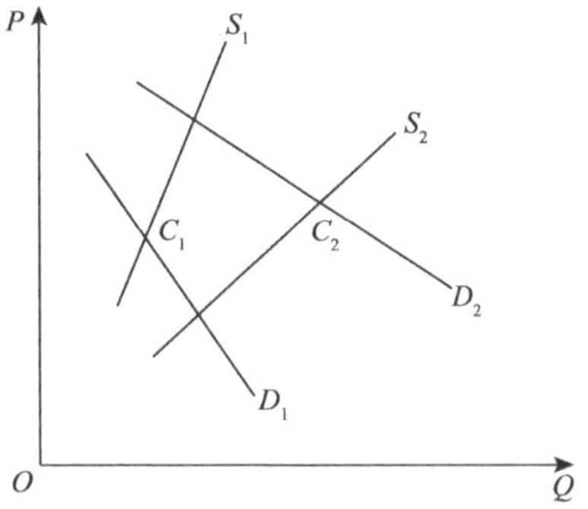

图 5-5　需求弹性的变化

（三）数字产品需求的网络外部性

由于数字产品的价值不仅包含自有价值，即产品本身的价值或一个人使用时的价值，还包括网络协同价值，即在网络外部性下，由于使用产品人数的增加，产品本身带给消费者的效用也越来越大，即直接网络外部性越大，而与此同时，其互补品的价格也越来越低，间接网络外部性也越大。所以数字产品的使用人数越多，其带给消费者的效用和产品的价值就越大，消费者愿意为其支付的价格也越来越高。所以，在网络外部性作用下，消费者的需求受产品消费者网络规模的影响，既有需求规模越大，产品价值越大，在需求方规模经济的作用下，又能激发更大的需求。例如，电话、邮箱在只有一个人使用时，可能其自有价值为零，但随着使用人数越来越多，特别是与某个消费者有关联的使用人数越来越多，电话或邮箱带给消费者的效用就越来越大，使用电话或邮箱的人数就会越来越多，进而形成正反馈。

（四）数字经济下消费行为的变化

前面对数字经济下供给与需求变动状况的分析，都是基于买卖双方有无穷多个、信息完全、市场出清、完全理性等假设下的完全竞争市场，事实上在现实的市场中，这些假设都很难满足，现实的市场更多是垄断竞争或寡头垄断的市场，现实中的厂商由于供给的产品或多或少存在差异性，所以他们不是既定价格的接受者，而是具有一定的价格操纵权的价格制定者，这样，在整个现实市场上，与完全竞争市场相比，价格集中度就会下降，价格分散性就会提高（王健伟和张乃侠，2004；耿允玲和刘培刚，2005；刘培刚，2011）。

1. 数字经济下预期边际收益变化对消费行为的影响

如图 5-6 所示，如果不存在价格分散，在价格既定情况下，消费者寻找的目的仅仅是找到他需要的产品，但如果存在价格分散，消费者总感觉能找到价格更低、质量更好的产品，所以预期边际收益曲线便会向上移动，此时消费者花时间去寻找价格更为低廉、质量更高的商品是会有所收获的。借助数字技术，不同消费者之间的信息交流更加方便、快捷，产品的价格会趋于集中，因此，数字经济与传统经济相比，对于既定寻找的边际成本，价格更趋集中，继续寻找价格更低的产品可能没多大意义，因此可能具有更低的预期边际收益曲线（王健伟和张乃侠，2004；耿允玲和刘培刚，2005；刘培刚，2011）。

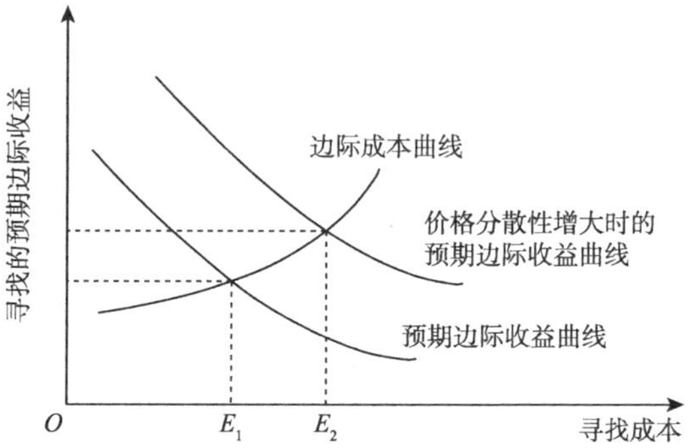

图 5-6 寻找的预期边际收益

2. 数字经济下寻找的边际成本的变化对消费行为的影响

消费者寻找的边际成本曲线类似于一般厂商的边际成本曲线形状，都是向右上倾斜的曲线，但原因有本质的不同。这主要是由于根据决策理论的相关研究，人类的寻找行为始终是先简单后复杂的变化过程。例如，消费者总是最先从离家近的商店开始寻找合适的商品，如果找不到满意的商品，他才会选择更远的地方，就得为增加的寻找行为付出更多路费和时间成本，并且由于寻找的范围不断扩大，找到的希望越来越小，对找到满意商品的预期边际收益也会不断降低。

但数字经济下，借助数字技术进行信息检索与搜寻更加方便快捷，相关的费用更加低廉，还可以节省大量的交通支出与沟通成本，因此寻找的边际成本曲线会逐渐向左移动并且变得越来越陡峭，但当达到临界点以后，寻找的边际成本线就会急剧上升，边际成本线会快速平缓下来，在消费者的预期边际收益不变的情况下，他可能会花费更多的时间、支付更多的寻找成本去寻找最满意的产品，如果消费者一直寻找到边际成本线水平的阶段，事实上这个消费者的寻找费用不但没有下降反而上升了，如图 5-7 所示。可见，数字经济下，消费者在数字技术的作用下其寻找的边际成本线会不断左移，会降低其寻找的边际成本，但消费者最终有可能付出了更大的寻找成本。不过在数字技术下，产品市场价格也会更加公开透明，价格分散程度显著降低，消费者就会不断降低通过寻找行为获得价格更低廉、使之更满意产品的预期，从而预期边际收益曲线会下移，此时消费者就不愿意也没有必要去花费更多的时间去搜寻更便宜的商品，随着花费在搜寻上的时间与搜寻费用的不断减少，搜寻的成本也会不断降低，此外，不同于传统经济价格高度分散的情况下，每个厂商都会制定出不同的价格，绘制统一的市场寻找曲线不大可能，数字经济下，由于数字技术降低了产品价格的分散程度，产品价格变得更加集中，绘制市场寻找曲线可能也相对容易（王健伟和张乃侠，2004；耿允玲和刘培刚，2005；

刘培刚，2011）。

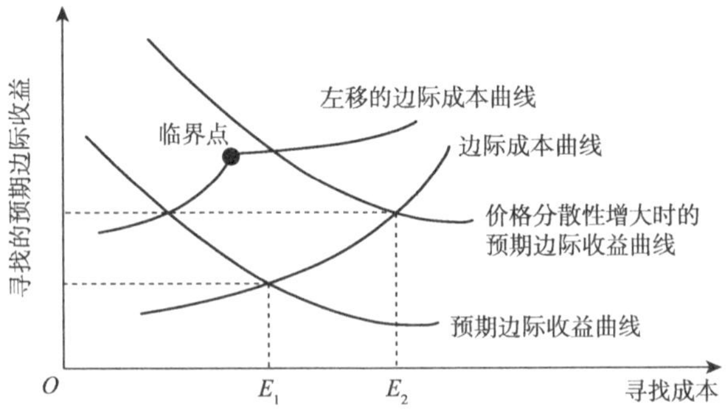

图 5-7　寻找的边际成本

总之，从最基本的市场供求均衡模型出发来建立研究理论体系是传统经济学研究最基本最核心的问题。数字经济下，数字技术仍然不会改变市场的本质与决定供求关系的价格机制，基本的市场供求均衡模型对于数字经济依然是适用的。数字经济下的需求曲线仍然向右下倾斜，但由于不同数字产品需求弹性的差异，向下倾斜的幅度有所区别；数字经济下大量产品生产的供给曲线在一定范围内仍然向右上方倾斜，但由于借助数字技术会聚焦更大量的长尾需求，可能会导致企业生产数字产品最优规模得以不断扩大，产品供给不断增加，供给曲线逐渐向右移动，在需求曲线维持不变的情况下，产品的价格就会降低。可见，虽然数字经济下，因其独特的成本与定价特征，数字产品的出现对人类的经济社会活动产生了较大的影响，但数字经济下决定产品市场供求的仍然是价格，而不是数字技术，数字技术的影响最终也会体现在价格机制上（王健伟和张乃侠，2004；耿允玲和刘培刚，2005；刘培刚，2011）。

案例　国内短视频生态

根据中国信息通信研究院发布的《2017 全年中国网络直播行业景气指数及短视频报告》，国内短视频行业起步于 2011 年，平台型应用经历了工具化发展、内容扶持与运营探索阶段后，目前的竞争已进入寡头垄断时代，随着快手、抖音、秒拍等短视频平台的兴起并不断火热，腾讯、今日头条、阿里均开始花巨资大力布局短视频平台，甚至国内新闻资讯平台也开始涉猎短视频领域，如网易云音乐短视频。截止到 2017 年 12 月，快手日活跃用户数达 9500 万，领先各大短视频平台，居短视频行业第一梯队，而今日头条系下西瓜、火山、抖音短视频日活跃用户在 500 万～800 万，形成第二梯队；而较早崛起的短视频社区平台美拍则紧随其后，位列第三梯队。表 5-1 比较了目前国内比较活跃的几大短视频平台的不同特点。

表 5-1 国内主要短视频平台比较

项目	快手	抖音	美拍	火山
产品定位	UGC（user generated content，用户生成内容）短视频	音乐短视频	泛短视频内容	原创生活短视频
目标群体	三、四线城市及农村用户	潮流年轻人	年轻女性	大众用户
内容取向	生活分享	流行、美妆、对嘴型 MV（music video，音乐短片）等	美妆、家居、时尚等	生活分享
内容创作者	普通用户	明星、达人、普通用户	普通用户、达人、PGC（professional generated content，专业生产内容）	普通用户、达人

资料来源：对中国信息通信研究院《2017 全年中国网络直播行业景气指数及短视频报告》相关内容整理得到

根据表 5-1 的比较，发展最为领先的短视频平台以内容型社区为主，几大平台在目标群体、内容取向、内容创作者等各个方面都形成了各自的定位和特征。其中快手主要定位于普通用户的生活分享，大量三线以下城市及农村的普通用户纷纷注册加入，用户覆盖面较为广泛；抖音音乐创意短视频快速崛起，其主要目标群体为追随潮流的年轻人，虽然也力求扩大用户覆盖面，但其音乐短视频的定位与流行、美妆、对嘴型 MV 等内容取向的特征已形成较强的用户认知，所以其内容创作者大多为明星、追随潮流的达人以及一部分普通用户；火山与抖音一样，作为今日头条系下的短视频平台，主要面向大众用户，包括普通用户与达人发布一些原创性的生活视频，以普通人的生活分享作为主要内容取向；而美拍则主要面向年轻女性，包括普通用户、达人和 PGC，发布一些美妆、家居、时尚等内容的短视频内容。

下面主要以抖音的崛起为例，说明短视频行业的竞争生态。根据光大证券研究报告，定位于年轻人的 15 秒音乐创意短视频社区的抖音于 2016 年 9 月上线，到 2018 年初其用户渗透率快速上升至 14%，而且在今日头条的重金投入下有望直追短视频第一梯队快手的用户量。由于抖音平台通过不断制造热点主题内容，以电音、舞曲为主配乐，再通过全屏高清、特效滤镜、优化拍摄等产品设计，打造出节奏感很强，给人酷炫、潮的惊喜感体验的音乐短视频产品，特别是其在鼓励年轻人表达自我的理念下，营造了让年轻人轻松、自由创作的氛围，因此诞生了如"海草舞"和"手势舞"等引领娱乐潮流的大量创意舞蹈与幽默搞笑、美妆等内容，再加上越来越精细化的运营，俘获了大量的目标用户。

另外，抖音通过签约网红达人、变现激励等手段，在生产机制层面"中心化"，并在内容分发层面通过"去中心化"，采取中心化与去中心化相结合的产品策略，顺应了消费者在各大细分领域内容消费升级的趋势，从而既激励了优质内容的持续产生，又保障了普通用户的活跃度。然而，抖音作为音乐短视频社区平台既面临面向年轻人娱乐需求的内容同质化的挑战，也面临其他新兴娱乐潮流平台争夺用户的潜在威胁。

目前作为国内短视频龙头平台的快手与今日头条系下的三大主打产品——抖音、西瓜视频、火山小视频共同构建起的短视频生态的竞争日趋白热化，甚至其在头条系下明星产品抖音的快速追赶下，还被分流了一部分用户。但整体而言，快手用户覆盖面、产品内容定位与抖音存在着较大的差异化。虽然快手也坚持内容分发的"去中心化"，但其在内容生产激励机制方面未给予达人扶持，而是坚持平台之上用户平等的理念，虽然这有利于维持UGC的长期活跃，并借助大数据、深度算法等数字技术从海量内容中不断挖掘新的热点与主题内容，但内容达人的低忠诚度与低黏性也会影响到内容质量的进一步提升与用户的持续增长。

目前随着短视频平台的竞争日趋激烈，通过短视频直播平台传播的内容曾一度充斥着低俗、粗暴、猎奇甚至血腥的画面，而与此同时也导致一些难以抵制、不可拒绝这些诱惑的未成年人、精神空虚者甚至另有所图者，会不惜花费巨资打赏和鼓励传播这些画面与行为的主播，而为了获得打赏，一些主播更加大力度、超越底线甚至越过法律红线去传播一些不健康的内容，进而导致短视频生态的娱乐化、低俗化、粗暴化、恶劣化。随着国家监管的进一步完善、短视频行业自身的合理整顿以及主播们不断充实自己，持续创造与传播优质的内容才成为未来竞争力的关键，主播们才能获取更多粉丝与打赏的机会，未来整个短视频平台行业也会通过合理竞争，不断走向积极、健康、向上的渠道，为社会传递正能量与正确的价值观。

资料来源：通过对中国信息通信研究院《2017全年中国网络直播行业景气指数及短视频报告》与光大证券《短视频社区时代来临：抖音“有毒”，快手“魔性”》及其他相关资料整理得到

本章思考题

1. 数字产品的特性有哪些？
2. 简述价格调节数字产品的供求机制。
3. 简述数字经济下消费行为的变化。

第六章　产业篇：数字经济促进传统行业转型升级

数字经济时代下，随着数字技术日新月异的发展，各种传统行业，如制造业、农业、物流运输、金融保险等将按照先易后难的顺序逐步被数字化改造，甚至被彻底颠覆，产生更多的新模式与新业态。但本质上不同行业被数字化改造的过程就是把先进的数字技术导入传统行业，大量替代传统的资本、劳动、土地等生产要素，并放大不同生产要素的生产力，进而大幅提高社会生产率，不断降低其生产成本的过程。

第一节　智 能 制 造

制造业是价值生产、创造与创新的最重要行业，互联网、大数据、云计算、人工智能等数字技术向传统制造业融合、渗透、改造与创新，推进传统制造业数字化转型升级与智能制造的不断发展，对整个经济结构的转型升级与社会效率的提升都具有重大的价值。

一、数字技术与制造业数字化转型

根据马化腾等著《数字经济：中国创新增长新动能》及其他与智能制造有关的公开资料，数字技术日益成为制造业转型升级的新动力，互联网、大数据、云计算、物联网、人工智能等数字技术开放共享、协同创新的特征正在不断推动着制造业价值链的重构与效率的提升，推动着制造业不断创新，促进制造业供求的动态平衡，制造业生产呈现新生产特点与制造业流程管理呈现新变化。

（一）数字技术促进制造业价值链重构与生产效率提升

首先，与其他行业相比，制造业与数字技术融合的过程，是从易到难、从简单到复杂、从局部到整体、从量变到质变、从生产流程、生产管理到组织创新的过程，是从研发设计、产品创新、生产管理到服务的网络化、智能化，使制造业价值链发展体系加速重构的过程；其次，数字技术与传统制造业融合的过程，是发展理念、技术和产品、业务模式甚至整个生产体系的全方位融合的过程,是价值传递更是价值创造与创新的过程，不但会提高制造业交易效率，也会使全社会生产效率得以提高；最后，以加工制造为主，长期处于价值链的中低端的制造企业借助数字技术可促进生产型制造向服务型制造转变，将有机会加快从传统单一的加工组装环节向研发设计与销售及售后服务两端延伸，可以使其产品附加值中的服务含量进一步提高，并使其不断向价值链高端攀升（马化腾等，2017a）。

（二）数字技术推动制造业不断创新

首先，促进不同行业的交叉融合创新。制造业与互联网、大数据、云计算、物联网等数字技术的加速融合，极大激发了生物医药、航空航天、智能制造、新能源、新材料等领域的交叉融合创新，涌现出更多新的经济增长点。其次，促进制造业新模式与新业态的涌现。制造业与互联网、大数据、云计算、物联网等数字技术的加速融合，可有效激发出制造企业更大的创新动力与发展潜力，进而涌现出更多的新业态、新产品和新模式。最后，促进企业间的协同创新。数字经济下，航空、汽车等技术密集型行业企业，依托工业互联网或工业云平台，通过不同企业间的众包设计、协同研发等新模式，不仅可低成本获得更加丰富的资源，也能突破既有的企业边界，实现企业间甚至产业间的协同发展与创新，促进产业整体竞争力提升（曹淑敏，2016）。

（三）数字技术促进制造业供求的动态平衡

首先，促进总供给能力提升。移动互联、大数据、人工智能、云计算等数字技术与制造业融合过程中会进一步提升土地、资本、劳动力、技术、企业家才能等生产要素的配置效率，使经济社会总供给的能力和水平得以提升。其次，促进柔性生产能力提升。为有效满足消费者个性化、多样化需求，通过数字平台中心和智慧工厂建设，借助数字技术不仅可将消费者的需求信息直接转化为生产决策，建设起以消费者为中心的个性化定制与按需生产的柔性生产体系，也使制造业长期解决不了的高库存与产能过剩问题得以化解，实现供给和需求的动态平衡。最后，消费者全程参与的数字产品供给增加。数字经济下，数字产品协同制造、服务型制造成为生产方式变革的新趋势。传统经济下大批量、标准化、集中化的生产方式加快向数字经济下大规模、分散化定制生产方式转变，传统的制造产品将被类似于可穿戴智能装备等可感知、能储存还具备通信功能的数字产品所取代，消费者也将变成可全程参与产品生产制造的产销者，使需求信息融入产品供给全过程，更易实现供求的合理匹配与动态平衡（安筱鹏，2016；腾讯研究院，2015）。

（四）数字技术下制造业生产呈现出新特点

从每次产业变革来看，不管是蒸汽革命促进机械化、自动化，电力革命促进电气化，信息革命促进信息化，还是现在的数字变革促进数字化的大发展，都会对人们生产、生活以及经济发展与社会转型产生深远的影响。特别是近年来随着信息经济逐步发展到数字经济 1.0 再过渡到数字经济 2.0 时期，大数据、云计算、物联网、人工智能、区块链等数字技术不断迭代创新，并与传统经济领域各层面不断渗透、融合、改造与创新，跨国公司国际一体化生产方式也受到严重的冲击与影响。

根据联合国贸易和发展会议发布的《2017 年世界投资报告——投资和数字经济》，传统工业经济下由于劳动力成本在产品生产过程中占据较大的比重，所以大多跨国公司为提升其竞争力，往往倾向于在劳动力成本较低的大型生产基地组织国际化生产，进而产生了中国工厂、东南亚工厂与非洲工厂。而在数字经济下，由于数据作为最重要的生产要素，不但对劳动、资本、土地等要素构成巨大的替代作用，而且会不断放大这些要素的生产力，所以数字经济下的跨国公司往往更倾向于数字技术较为发达、数字基础设施水平较高的区域布局国际一体化生产，特别是那些资本、技术密集型行业企业往往倾向于拥有更高数字技能员工、更高数字化程度、可支持大量个性化定制生产的分布式制造地点。

之前在传统工业经济时代，跨国公司与上游供应商、中间合作商与下游分销商之间国际合作伙伴关系错综复杂，故需要与有限的供应商、合作商与分销商之间签订相关的合同，建立更加安全紧密的战略合作伙伴关系，约束相关企业之间的行为，而在数字经济下，依托数字平台，从事电子商务、跨境电商等数字贸易的海量大中小微企业之间的合作伙伴关系则较为松散，它们之间不需要依靠合同约束相关的行为以建立紧密的合作伙伴关系，因为在数字技术的作用下，依托跨境电商等数字平台，不同企业之间可以随时建立起供应、分销、合作等伙伴关系，这也会推动数字经济下跨国公司的国际一体化生产由原来的全球模块化生产到最后集中在某一地方加工组装，再对全球销售的国际一体化生产模式向依靠数字平台等中央数字服务系统控制下的数字化、自动化、网络化、服务化、柔性化、分散化和去中介化生产方式转变。

1. 数字化

数字经济时代，企业数字化改造成为促进其生产成本不断下降、生产效率不断提升的基本要求。企业数字化主要表现为企业数据与信息收集的系统化和代码化、企业信息处理的智能化和网络化、企业信息传递的标准化和及时化、企业数据与相关信息存储的商务化等。因此，数据库技术、条码技术、大数据技术、数字订购系统及有效的客户关系反映等技术在我国各行业企业中将会广泛应用。数字化是一切的基础，没有企业的数字化，先进的技术设备就不可能应用在各行业。以数字化为基础，再综合应用大数据、人工智能、人机交互等新一代数字技术，改进生产管理服务流程，可实现智能生产与管理。另外，依托互联网平台和智能工厂建设，将用户多样化需求直接转化为大规模、小批量个性化生产排单，如红领集团通过大数据定制下单、智能运算自动匹配板型、柔性生产制造系统，以及通过数字平台线上整合大量设计师和设计元素，为用户提供设计、体型、面料款式等丰富定制选择，从而实现全球性的个性化定制生产（王献美，2015；何枭吟，2013）。

2. 自动化

数字化的更高一层就是自动化，自动化主要表现为厂房车间、前台服务等各部门的无人操作、人工智能，重点就是机电一体化，其效果不但可提升企业生产作业能力、降低企业生产成本、提高企业劳动生产率、减少生产作业过程中的错误，还可节省大量的人、财、物以及时间资源，如在生产与物流运输过程中，条形码、射频自动识别系统、自动分拣系统、自动存储系统、自动跟踪系统等自动化基础设施在全球范围内已经大量投入使用。

3. 网络化

网络化的基础也是数字化，网络化具体包括几个方面：一是生产、物流系统的计算机通信网络化，具体是指消费者借助数字技术，通过数字平台，输入需求的电子信息，然后末端的物流配送中心在数字平台上，使用计算机通信方式并借助电子数据交换技术和电子订货系统，向上游供应商提出电子订单，再通过智慧物流派送系统把原材料、半成品等运送到中间制造商与最终品生产商，通过计算机网络收集下游客户对定制化生产物品的特殊要求，及时反馈给相关生产环节，最终把生产出来让消费者满意的产品，通过智慧物流网络派送给消费者。二是组织生产与管理的网络化，具体是指企业组织按照分布在全球各地的不同客户订单，在全球范围内组织分散化、网络化生产，即将全世界与生产相关资源充分利用起来，采取众包的形式将生产的半成品、零部件等中间产品外包给世界各地数字技术较为先进、数字基础设施较为完善、离最终消费需求比较近的最具有比较优势的制造商去生产，然后通过全球的智慧物流网络系统将这些半成品、零部件通过物流配送中心发往同一加工组装基地进行集成组装，最后再由该物流配送中心将组装好的最终产品智能派送给终端客户。整个过程都需要有高效的生产、物流网络的支持，其基础就是建立在数字化基础上的生产、物流体系网络化。三是企业间的网络化协同，数字经济下，依托既有巨型数字平台或自建数字平台成为企业获得竞争力的最优选择。那些聚集在互联网或工业互联网云平台前端的海量中小企业通过众包设计与研发、协同生产与创新、供应链协同管理等网络化模式合作，不但可大幅提升每个企业的资源利用范围，有效降低资源获取成本，还可通过数字平台的滋养，使其价值链不断向纵深延展，从而激发出更多创新的源泉，进一步提升其创新水平与增值能力（王献美，2015；何枭吟和王晗，2017）。

4. 服务化

不像传统工业经济时代下，服务业依附于制造业生存，服务环节更多是为大批量、模块化生产制造环节提供润滑剂，数字经济下服务业通过数字化加速改造，其分工更加细化、模块化与全球化。数字经济下跨国公司的国际一体化生产将富含更多的服务内容，制造过程中的服务也由原来只是服务于某个制造模块向服务于整个产业链的服务模块化与全球化转变，当然最终制造产品中也将蕴含更多相关服务的价值，制造产品服务化水平将进一步提升。传统经济下的企业借助云计算、大数据分析、人工智能数字技术手段可为顾客提供更加精准化、多样化的智能服务，实现由原来的卖产品向卖服务拓展。例如，三一重工根云平台就可同时接入 20 多万台设备、采集 5000 多个参数，可对分布在全球各地运行的机械设备实现远程监控、诊断和预警，使预防、维修服务成本降低至原来的 40%，3 年新增利润超过 20 亿元；青岛酷特智能与软控集团都把其先进的数字化企业流程管理方案与经验做成服务软件销售，这都是数字经济下典型的制造服务化模式。

此外，服务化还表现为数字经济下制造业与服务业融合程度的进一步加强。数字技术下产品价值的创新与实现将不仅仅是依赖于某一生产环节，而是依靠价值链不同环节融合后的价值链区段甚至与之相关的整个产业价值链条。大数据、云计算、物联网等数字技术不仅有效提升了制造业价值链上下游之间数据流动与信息的传递效率，也会不断助推制造业和服务业产业链条的垂直整合与重构，原来以产品制造为中心的制造业不断向研发设计与营销及售后服务端延伸，同时服务企业也将借助数字技术不断推动自身向流程化、标准化、产品化发展，制造业与服务业之间的边界呈日渐融合之势（杜传忠和杜新建，2017）。

5. 柔性化

柔性化建立在数字化、自动化的基础之上，柔性化是指能根据消费者需求的变化来灵活调节生产工艺与生产规模，进而实现更好满足顾客定制化需求的目标。数字经济下，民众个性化需求的大量激发，不但要求生产过程可满足更多的集中化、大批量的生产，与此同时，也要求高度自动化和数字化的生产支持更多的消费者个性化与多样化定制生产。要真正做到柔性化，就需要配套的数字化与自动化基础设施。大数据、人工智能、物联网、3D 打印等数字技术与数字基础设施方面的国际投资不断增加，也在进一步推动着国际一体化生产向数字化、自动化、高端化转型，不单使国际一体化生产效率进一步提高，而且通过订单定制化生产，既可增加生产产品的多样性，也提高了生产过程、产量控制与库存控制的灵活性，从而可更好满足季节性或区域性市场需求波动，使国际一体化生产更具柔性。

20 世纪 90 年代，美国最先开启数字经济发展进程，在其主导的国际生产领域也纷纷推出弹性制造系统、企业资源计划以及供应链管理的先进制造管理模式和技术，其目的就是要通过对生产过程的信息化与数字化集成控制，再根据客户个性化、多样化需求的变化随时组织柔性生产，与此同时，也在生产过程的下游，物流运输领域提出更高的要求，如要求物流配送中心也通过智慧物流系统的建设，灵活地组织物流仓储、运输、装卸、搬运等作业环节，以适应柔性生产、智能派送与直达消费终端的特色需求。

6. 分散化

不同于传统工业经济时代下的国际一体化的生产方式是先通过分布在全球各地的供应商模块化生产各种半成品、零部件等中间产品，然后再把不同的半成品、零部件等中间产品运送到劳动力成本最低的地方去加工组装。在数字经济时代，为更便于最终用户参与产品研发设计、生产制造、改造创新、物流运输等产品生产全过程，国际一体化生产的特点是不断转向依据消费者的需求，更接近需求点的当地化生产制造，特别是借助 3D 打印、可复制工厂等数字技术，打印组件或零配件，要求更倾向于靠近需求地，从事更小规模的灵活分散生产而不是靠近劳动力成本低区域的集中一体化生产。

例如，目前制药行业的特点是传统的大批量集中生产制造、流程操作缓慢欠灵活、药品质量难以保证，难以追溯，还容易导致库存积压，故被视为僵化和不可持续的制造状态，根本满足不了药品品种多样集成、产品生产周期更短和药物量更小的长尾市场需求。通过数字技术的使用与改造，制药行业将迎来分散式生产的巨变：未来可能是病患本人或亲人在数字平台上提交需求的药品信息电子订单，通过数字中央集成控制系统再把电子订单分发给广泛分布于更接近于病患消费地的微型工厂生产，最终药品成品或包装的完成则可依据病人的个人医疗具体需求在当地诊所或附近药房进行，从而彻底打破了传统的基于降低成本的全球模块化生产、大规模集中加工与包装再向全球销售的模式。

7. 去中介化

数字经济下，依托数字平台，消费者的个性化、多样化需求可与生产、销售等环节直接连接，产品和服务也将通过消费者电子订购、全程参与生产、全程跟踪物流信息直到最终直接到达终端客户手中，省去了很多中间生产与销售环节。首先，销售服务的去中介化。在企业下游供应链中，借助大数据分析营销等手段，企业可对消费者的需求实现更精准的预测，也不需要批发商和分销商、零售商层层代理机构而直接与消费者实现最终交付。其次，生产的非中介化。在传统企业生产数字化转型过程中，产品制造商会把消费者对产品设计的理念、产品质地、颜色、规格等要求充分融入半成品、零部件等中间产品与最终产品生产的全过程，甚至厂商还会依据消费者对最终产品的意见做出进一步的改造与创新，产品生产全过程都依赖于相关生产商通过数字平台和最终用户的直接接触与互动，这样来自发达国家的半成品、零部件供应商提供的中间产品可能通过离最终用户最近的生产商直接进入最终组件，再运送到消费者手中，而原来把大量半成品与零部件运送到劳动力成本最低的发展中国家集中加工组装的环节可能会彻底消失。可见，生产的非中介化是通过数字技术，依托数字平台，促进离用户最近的中间品制造商、最终厂商与用户的直接互动交流，进而完成按消费者个性化定制需求生产的全过程。

（五）数字技术下制造业企业流程管理新变化

如图 6-1 所示，根据联合国贸易和发展会议《2017 年世界投资报告——投资和数字经济》的相关内容，数字技术下企业的流程管理将发生较大变化：第一，自动化电子外包：传统经济下材料采购容易受到供应中断的影响，而借助数字系统下的电子数据交换，通过数字化的形式采购，可以提供适时的可见性，可有效预防、降低供应中断的成本，而且通过数字平台可适时寻求、扩展合作范围而不只局限于一两家直接供应商；第二，数字工厂设计：将 3D 建模系统用于工厂设计，再加上柔性制造系统和数据连接，创造出工厂设计、生产流程的新范式；第三，实时的工厂调度：数字业务流程再造将通过对传感器和智能设备的管理更好对接企业资源规划与云系统，提高交付性能与生产率；第四，灵活的工厂自动化：机器人协同和机器学习正在推动工厂自动化进入新时代，不但会提高资源配置效率，而且会使多样化的定制生产变得更加灵活，成本还大幅降低；第五，数字生产过程：用增材制造过程（如 3D 打印）取代减材制造过程（如打磨加工），可增强新产品的个性化设计，也可能会导致整个行业供应链的重组；第六，电子商务：数字技术下的电子商务表现为包括个性化配置、全方位访问和“最后一公里”交付的基于网络的订单管理；第七，扩展供应链监控：通过传感器，对完整的端到端供应链进行预测分析和实时风险管理，预测中断和支持动态决策；第八，数字供应网络设计：关注整个供应网络各环节之间的关系；第九，产品生命周期管理：可以在整个价值链环节中提供可访问的最新的精确的产品信息，促进跨组织单元参与设计、采购、制造与合作创新，进一步缩短产品的上市时间。

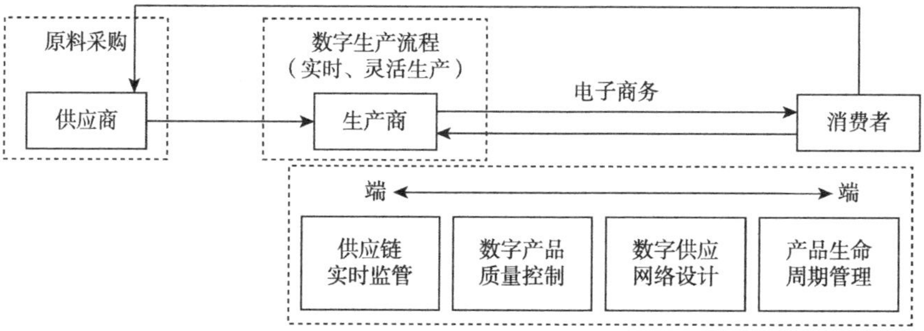

图 6-1 数字技术下新的企业流程管理

资料来源：根据联合国贸易和发展会议《2017 年世界投资报告——投资和数字经济》修改绘制

二、制造业数字化典型案例

（一）国外制造业数字化改造的典型案例

1. 博世的“慧连制造”解决方案

作为德国政府工业 4.0 的主要参与成员，总部设在德国的 Gerlingen 的博世（Robert Bosch GmbH）成立于 1886 年，是全球领先的汽车技术供应商和最大的汽车零部件供应商之一，博世公司从 2014 年就执行了多个工业 4.0 的试点项目，为推陈出新，每个分公司都有各自的工业 4.0 应用方案研究。2015 年，博世应用工业 4.0 的理念和技术，在全球超过 250 家工厂里实现了从基础的无纸化办公到自动备料系统的实施，借助射频识别技术（radio frequency identification，RFID），通过对整体系统中的所有物资实现从进厂到出厂每个环节的实时监控、跟踪和数据分析，使库存大为降低，生产效率却大幅提升。例如，在产品生产线上，所有原材料、半成品、零部件都配备一个独特的射频识别码，当这些物资被传送到达沿途每个关卡或某个工位时，显示屏上就会自动出现提示员工需要操作的内容，在未来博世的工厂里，每个工人通过显示屏就可以处理显示出的所有物资需要操作状况、维修指令等综合信息。

而其近来推出的“博世物联网套装”“慧连制造”解决方案，又为博世物联网应用战略奠定了基石。“慧连制造”解决方案，共包括制程质量管理、远端服务管理、预测维护三部分。方案的核心为把制造—物流软件平台作为本地现实生产和云端虚拟连接的软件基础，进而实现对整个生产流程进行云化和再造。其中，制程质量管理是指对车间生产全流程、全过程实现实时监控，相关技术人员通过显示屏操作界面显示相关指标就能发现整个生产过程的运行情况及并甄别可能出现的问题，并对相关问题进行提前预警与纠正；远端服务管理，是指技术人员通过显示系统操作就可对分布在全球各地的工厂、机器设备提供功能测试、参数设置、错误排查等售后服务，帮助客户解决在设备交割、机器装配、安装及使用过程中遇到的问题，可大幅缩减客户的工作量与人工成本；预测维护是指基于博世物联网套装系统，厂家可以通过安装在产品上的传感器传回的数据，实时监测与掌握每台机器设备的工作运行状态，并对可能出现的问题、需要的检修维护做出准确预测与提前预警服务，减少用户停产检修的次数，保证用户机器设备的持续运转，为用户节约更多的时间与成本（腾讯研究院，2015；涂彦平，2015）。

总之，博世慧连制造解决方案已经具备了工业 4.0 的基础，通过制程质量管理可实现工厂内各环节的信息互联，为智慧工厂的建设奠定了基础；而远端服务管理和预测维护则是借助物联网技术为用户在生产运行过程当中的工厂与机器设备提供的价值增值服务（腾讯研究院，2015）。

2. 宝马工业 4.0 体系

根据网络上与宝马工业 4.0 体系的相关研究资料，作为德国工业 4.0 研发项目的主要参与者，宝马在汽车生产过程中引入工业 4.0 体系，并通过参与德国工业 4.0 的一些研究项目，在促进工业 4.0 发展方面发挥了重要作用。宝马拥有全球汽车行业最先进、最完善的全球生产网络，很早就借助大数据、云计算、物联网、人工智能、数字模拟、3D 打印等数字技术，推广基于生产自动化解决方案的 Reapp，并花巨资整合工厂 Cyber-Physical 智能生产系统，使汽车生产的虚拟世界与现实世界实现充分相连。

例如，通过大数据分析，不但可对相关数据进行整理、存储与分析，使供应链中的数据透明化，如通过对每一颗螺栓拧紧的海量数据记录与扭力曲线进行对比，确保每一颗螺栓的拧紧力度；通过人工智能可实现更高层次的人机交互，使生产过程更符合人体工程学，有效降低技术工人的劳动强度，提高工人的工作舒适度，实现生产流程合作自动化，提升汽车装配质量；通过可穿戴设备如 Google Glass AR 设备，可使质检人员在汽车的研发中尽早发现各种缺陷，使其相关操作更为便捷高效；通过 3D 打印可实现小批量、个性化的辅助工具与零部件生产，可帮助员工精准高效地完成特定的生产流程与工作任务；通过相关的移动设备监控，可使车间负责人对整个生产线进行实时监控，有助于把问题扼杀在萌芽状态；通过在厂内外的自动运输、无纸化物流作业的智慧物流系统，实现对各工序流程的有效衔接，大大改善生产流程，大幅提高生产效率，也使宝马的国际一体化生产流程体系更有机地结合在一起，不断提高其竞争优势与可持续发展能力。

此外，宝马集团借助基于摄像机图像识别科技的虚拟手势识别、自动记录系统，在检验区上方安装两台 3D 摄像机及红外传感器等组件，就可以通过摄录检验员的各种手势完成对保险杠喷漆工序后的检验工作，如检验员指出零部件偏差的位置，摄像机就可通过 3D 空间扫描与图像识别，与存储在系统里的 3D 实体模型数据进行对比，并对零部件该位置进行检验，自动记录检验部位的相关数据，进而实现快速、高效、精准的质量控制。而之前要完成这些检验工作，需要技术工人穿行于不同的工位，检验每个零部件不同位置出现的偏差，并完全依靠记忆记录某个零部件的偏差位置与相关数据，并手动将每一个偏差数据录入计算机，整个过程复杂又耗时，现在仅凭借虚拟手势识别系统，工人只需站在某个工位，通过简单的手势比画，就可引导、指挥手势识别系统，快速完成复杂的检验与精确的记录任务，而且检验的精确度与可靠性大幅提升，也因无须配备其他装备提升了检验技术人员的舒适度与工作效率，为下一步质量评估打好了前期基础。

（二）国内制造业数字化改造的典型案例

目前国内传统制造业数字化是以互联网、大数据、云计算、物联网等平台为基础，利用数字技术与各分行业的跨界融合，不断创造出新产品、新业务与新模式，构建连接一切的新生态，进而推动传统制造业转型升级。

1. 酷特云蓝 C2M 个性化定制平台

根据酷特官网相关资料，总部位于青岛即墨区的红领集团有限公司，简称“红领集团”，创建于 1995 年，是一家生产经营高档西服、裤子、衬衣、休闲服及服饰系列产品为主的传统大型纺织服装企业，其在以满足消费者需求为中心的“源点论”管理思想指导下，于 2003 年投资 10 多亿元，历经 10 多年发展实践，实现了对传统企业价值链的数字化改造，转化为如今运营 C2M（customer to manufactory，顾客对工厂）个性化定制平台的酷特智能，可以为美国、加拿大、澳大利亚、英国、法国、德国、瑞士、瑞典等国家甚至全球的客户定制高档西装、衬衣等服装产品。

1）酷特云蓝取得的成绩

根据商务部网站及酷特智能官网的相关资料，酷特的前身红领，在前几年大多以订单生产为主的国内服装行业集体陷入寒冬时，就开始运用大数据等数字技术实现了面向全球不同客户的大规模个性化定制，不但积极响应了国内“互联网+”、两化融合、供给侧结构性改革等战略政策的号召，更凭借在工业互联网领域的超前实践和战略眼光，实现了产值连续5年几何级增长，为青岛市甚至山东省、全国的价值链数字化改造与新旧动能转换树立了新样板。红领借助数字技术实现价值链数字化转型升级，完美蜕变为酷特智能，不但使其自身的生产模式和组织结构实现了较大突破与创新，使其产能利用率不断提升，收入及利润稳步增长，而且对于助推其他传统行业企业数字化改造升级与产能利用率提升发挥了巨大作用。

2）个性化产品的大规模定制：差异化与规模化的统一

在数字经济时代，随着人们收入水平与消费能力的不断提升，消费观念也在不断升级，特别是对定制服装的个性化、差异化的需求日益增多，但是传统模式下的服装定制需要多次量体、反复试穿、不断修改才能令顾客勉强满意，不仅生产效率低、定制人工成本高，制作周期也较长，而工业化流水线的大规模生产方式虽可大幅降低成本、提升生产效率、缩短生产周期，但却只能大规模生产标准化的成衣，无法满足顾客的个性化、多样化需求。在这个背景下，为提高效率、降低成本并满足顾客的个性化定制需求，2003年，红领就坚定不移地确立了个性化定制路线，开启了数字化转型升级之路。

在2003年转型伊始，红领就认识到数据的重要性，历经14年投入数亿资金，在服装定制各项业务及生产环节有意识地积累大量客户量体、板型、款式、面料、工艺设计等方面的数据，并构建起个性化定制平台“酷特智能”，突破了原来个性化服装难以大规模定制生产的行业束缚，采用数据建模和标准化信息采集的方式，在采集完数据之后，将顾客的订单信息数据通过在线定制直销C2M平台，将成衣过程合理地拆解为每道工序具体执行的模块化工作，再通过严密的算法，测算出大批量个性化生产环节的合理工作量及每道工序的工作时间，以保证每一个工序的相互衔接，避免造成产能浪费，使传统的服装量体、打版、定制生产流程及方式得以进一步创新，并可覆盖所有用户个性化设计需求，包括驼背、凸肚、坠臀等特殊体型特征的顾客定制需求。

在数据建模方面，红领集团目前积累了大量顾客个性化定制的板型、款式、工艺等数据，构建了针对不同人群、不同要求的海量板型数据库，并通过数据库分析，将人体三维数据与布片二维数据构建起一一对应关系，同时整理出不同的设计对材料的消耗量、裁剪方式以及部分工艺的具体实现方法等技术、材料与工艺数据，并将这些数据进行标准化、模型化、动态化处理，然后储存在数据库中，以备日后生产使用；在数据采集方面，红领集团自主研发采用3D激光量体仪对人体19个部位的22个尺寸数据在7秒内自动采集完成，客户只需在定制平台上填写自己的量体、布料、工艺等相关数据，后台的智能系统就会根据客户的不同数据把个性化的订单信息变成标准化数据输入，自动将其与专用数据库中存储的模型进行比对，随后客户还可通过3D虚拟模型的网络效果图直观、细致地观察到自己定制服装的款式颜色、布料材质、工艺设计等，甚至可在服装生产出来之前对相关的细节进行微调，实现了与智能生产系统的对接。

目前，红领通过C2M平台将消费者、设计者和生产者的行为及相关数据直接联通，具有千万级服装板型数据、数万种设计元素点，能满足超过百万万亿种设计组合的需求，再凭借大数据技术驱动流水线生产，把工业流水线上的大批量生产和个性化定制这两个相互矛盾的模式融为一体，实现了智慧工厂的智能生产，从接单到出货最长只需7个工作日，生产成本降低 40%，利润率提高 100%以上，使企业生产效率及资金周转能力大大提高，既实现了量产，又实现了性价比最优，克服了传统模式定制成本高、交期时间长、实现不了量产、价格昂贵、质量还没法保证的弊端。过去只能满足少数高收入人群的定制需求，通过红领模式变成了普通老百姓也消费得起的大众定制。酷特云蓝独创出的这种全球唯一的以工业化手段、效率、成本制造个性化产品的智能制造模式，不仅使红领由传统企业转型升级成为数字经济时代的平台生态企业，成为数字经济时代自我革新的践行者，也彻底颠覆了传统行业的商业、管理、制造与业务模式，形成了独特的“酷特云蓝”治理之道（刘媚琪和张宇婷，2015；彭卉，2016）。

3）生产模式：由生产驱动到需求拉动的平台化生产

当大多企业都在研究工业化与信息化融合、“互联网+”等新名词的时候，酷特云蓝就已经在源点论思想的指导下，借助大数据、云计算、物联网、人工智能数字技术，开辟出一条由传统大规模、标准化生产向现在大规模、个性化定制转型的数字化升级路径，成为我国传统产业数字化升级的标杆与典范。源点论的核心思想，就是指企业资源配置、布局和优化的一切行为与目的都是围绕企业源点需求，一切行为也都是在源点需求的驱动下，以满足源点的战略愿景或核心需求为根本目标（陈瑞，2016）。红领的数字化转型升级过程，就是实现数字经济下新业态、新模式的“源点论管理思想”过程。之前服装产品价格高，是因为高昂的库存成本、分销网络成本以及其他相关费用都转嫁给消费者，推动了价格的不断上涨。现在，红领在源点论管理思想的指导下，自主研发了消费者需求驱动工厂有效供给的在线定制直销平台和 C2M 数字平台，可支持个性化、多样化的服装产品在线定制，目前可定制产品的品类覆盖 3 岁以上男士、女士正装，包括西服、西裤、马甲、大衣、风衣、礼服、衬衣等全系列产品。消费者可通过电脑、智能手机等终端设备登录 C2M 数字平台，不但可进行自主设计服装款式，还可通过在线平台在已有数据库中自主选择颜色、尺寸、原材料与工艺，生成产品信息的订单，然后传到智能互联的工厂进行生产，生产出成品后再直接派送到消费者手中，实现了从定制、设计、生产、运输、派送到售后服务的全流程的自动化、网络化、数据化合作。这样从消费者到生产者再到消费者的整个流程，没有资金和货品积压，生产运营简单灵活，实现了零库存下的低成本定制化生产，消费者也无须再分摊传统供应链上不同层级的成本与费用，而只需付出与大批量生产方式下差不多的成本，却可以获得两倍于原来的收益，实现最大限度地让利给消费者。

另外，红领还计划将此 C2M 平台打造成跨界别、多品类的跨境电商定制直销平台，全球客户在 C2M 平台上可提出服装及其他类别产品的定制化需求，然后平台系统将全球分散化的需求进行分类整合后再分别分发到平台上运作，与需求相对应，分布在全球的上游供应商、中间生产商与下游智慧物流派送机构，最终完成全球个性化定制产品的大规模生产和配送，进而把 C2M 平台凝聚成跨行业、跨界别、跨种类的集制造和销售、售后服务一体化的庞大产业生态体系，还可通过大数据、人工智能等数字技术精准预测全球各厂未来需求量，进而适时更换添加厂房设备，改变生产规模，比原来市场信息更完全，除非遇到经济危机等市场大幅波动，否则很难出现产能过剩与不足的情况，就算有产能暂时闲置，但不可能出现永久过剩的情况，因为生产规模决策是在数字技术精准预测需求量之后做出的，这样就可以为顾客创造更多的价值。

4）组织结构：由层级化到扁平化

原来传统工业经济时代下，由于信息沟通渠道不完善，信息不充分、不完全，企业通过多种方式获取的有用信息越多其竞争力就越强，为使传递信息更充分，故下设各种不同部门，形成科层级式的组织结构，为获取信息与沟通交流提供便利。在数字经济时代，生产模式的变化必然导致组织结构的变化，在源点论管理思想的指导下，全员面向源点需求，企业利用大数据平台，可以充分利用在云端的所有数据，实时了解消费者的源点需求，不需要那么多获取信息的科层级部门，所以红领在数字化改造过程中，打破原来的部门、科层级官僚制组织结构，将原来组织进行模块化重塑，转变成为去领导化、强组织，甚至自组织的资源提供平台生态体系。生态体系中每个不同的岗位模块，都以满足客户需求与提高客户最佳体验为源点，随时可以按照消费者需求组成不同模块的聚合圈，对源点需求的满足情况又决定着利润最大化的绩效目标能否实现，这样每一道工序流程与岗位模块都依附于整个平台商业生态为其提供源源不断的养分，而整个生态系统又依赖于不同的模块聚合与演变来保证整个生态体系的不断完善和灵活演进，这种每道工序流程、每个岗位模块与整个商业生态系统的相互依存、相互促进关系便成为与传统组织管理模式区分开的本质特征（陈瑞，2016）。

5）数字化改造：全产业链协同反转价值链

红领自主研发产品生产流程体系，实现服装制造全流程的信息化、自动化、智能化，形成了数据驱动、全产业链协同的智能工厂。红领集团把互联网、物联网、大数据、人工智能等数字技术融入大批量、个性化定制生产过程中，通过对不同流程模块的聚合，可以在一条流水线上制造出多样化的个性化定制产品，形成了以数据为生产驱动，从消费需求到智能研发和设计，再到生产加工、智能派送的完全数字化的价值链协同客服运营体系。

第一，消费者个性化定制。消费者通过 C2M 平台提交对服装的定制需求，包括尺寸、板型、工艺、款式、原料等要求数据信息，平台会自动生成订单信息，订单数据通过平台进入其自主研发的对应数据库，进行数据建模，突破了之前人工制作的瓶颈约束，降低了人工制作的成本。

第二，生产运行。当 C2M 平台生产订单信息完成数据建模后，又会以指令推送的方式把消费者需求按订单数据信息进行任务层层分解，并把分解后的不同任务模块推送给位于不同生产节点的各个工位，进行大规模、模块化、专业化分工协作。在整个生产过程中，服装原材料、半成品等都有其专属的电子芯片伴随生产的全流程，每一个工位都有识别芯片的专用智能终端设备，可以从互联网云端下载和读取产品电子芯片上的订单信息，工人只需读取屏幕信息，按要求从事相关作业，就可保证不同物料、生产工位及专用智能终端设备的合理匹配。

第三，物流运输。在服装定制生产过程中，智能取料系统、智能裁剪系统、智能传输系统、成品智能派送系统等智能物流系统伴随产品定制化生产的全过程，可以高效解决整个生产制造过程中的物料流转、有效衔接和资源的高效合理流动与配置，从而助推个性化产品在大工业流水线上进行定制化生产全过程的顺利完成（陈瑞，2016）。

基于物联网万物互联技术，服装制造过程中各个生产模块与工位的生产数据在多个生产单元和上下游企业间通过信息系统与数字平台得到有效共享和自由传输，消费者与制造厂家借助数字平台甚至可以直接对话，消除了传统生产模式下各种冗繁的中间环节，同时通过创新平台可收集与采纳众多消费者的意见，实现人人参与研发设计，再以电商平台做销售渠道与网络，将研发设计、生产制造和营销与售后服务整合在一起，实现了整个产业链的协同生产与价值创造。其中，研发设计环节因融入更多消费者的建设性建议与智慧元素，企业创造的附加值相对减少；营销及售后服务环节因更多依赖数字平台甚至是第三方电商平台，企业自身创造的附加值也相对减少；生产制造环节因借助数字技术变为智能制造，和原来相比将创造出更大的附加值，所以最终整个微笑曲线有可能被拉平甚至是反转。

6）酷特云蓝的推广价值：形成了可以帮助传统企业转型升级的解决方案

红领模式颠覆了传统服装企业从事大规模生产经营的商业规则和经营模式，无论是研发设计、生产制造、物流派送还是售后服务都是一个完整的价值链再造的过程，并且把原来以产定销的高库存模式转变为以销定产、产销一体的零库存模式，把传统经济下B2C（business to customer，商家对顾客）零售模式转变为消费者需求驱动工厂定制的C2M模式，创造出了一套提供大规模、个性化、柔性化定制解决及组织流程再造方案，并对之进行标准化、程序化和统一编码处理，把之命名为源点论数据工程“SDE”。其他企业只需投入少量资金，增加相关软件和硬件基础设施，就可运用红领模式，对企业生产流程及组织结构进行再造，从而使企业的生产效率得以大幅度提高，进而为顾客创造更多的价值。可见，其他行业也可按照红领这种标准化、规范化的管理与运营体系，实现转型升级。

总之，作为数字经济时代制造业与数字技术有机结合、传统企业数字化改造升级的典范，红领模式实现了工业化和信息化的融合、实体经济与虚拟经济的深度融合，不仅适用于服装制造行业，在其他传统行业也具有较大的推广价值，红领不仅会引领我国传统制造业通过数字化实现转型升级，未来也终将成为支撑我国数字经济发展的重要力量。

2. 海尔工业互联网平台COSMOPlat

根据商务部网站及海尔官网相关文献资料，诞生于1984年的海尔，经历30多年的成长，依据对消费者和家庭生活的需求变化的洞察，不断将海尔品牌打造成数字经济时代的领先品牌。

1）海尔战略演进

20世纪80年代，海尔以质量创名，特别是通过“砸冰箱”事件，强化质量观念，进一步唤醒员工的质量意识、市场意识，1988年12月，海尔冰箱以最高分获得中国电冰箱史上的第一枚质量金牌，在中国电冰箱行业的领军地位得以奠定；90年代创出中国家电第一品牌，以服务改变了行业营销理念，海尔在更大的范围内获得消费者的忠诚与美誉；2000年左右成为唯一在国际市场创牌的家电企业，海尔开始走入美国、欧洲、中东等海外市场，针对不同区域需求创新差异化产品。2005年海尔进入继名牌战略、多元化战略、国际化战略之后的全球化品牌战略阶段；2010年左右创出全球白电第一品牌，开始本土化研发、制造与营销，在全球范围内配置资源，通过收购日本三洋电机、斐雪派克、通用电气家电等布局海外市场。2017 年，中国品牌价值 100 强海尔居首，且进入世界品牌 50 强。

随着大数据、物联网、云计算等数字技术革命的兴起，数字经济时代的到来，消费者已不再满足于单一化、标准化的产品，而是不断追求个性化、定制化与多样化的产品消费。海尔及时抓住了数字技术革命与数字时代变化的契机，提出“物联网时代引领者”的品牌定位，为满足用户消费需求升级后，追求个性定制、品质时尚、智能享受的要求，可根据不同收入、不同特点的消费人群和消费场景，为用户提供多种智慧家庭解决方案，以“海尔智慧家庭，定制美好生活”为口号，致力于以用户为中心，与用户建立个性化关系，并通过将人工智能、物联网等智能科技与工业设计、生活美学的不断融合创新，让每位消费者真正地体验到智慧极致的理想生活。2018 年，在物联网时代下，海尔致力于创建物联网引领的全球生态品牌，其核心在于提高用户体验，通过整合社群用户、生态资源与生态收益，不断为用户创造更大的价值。目前海尔产品涵盖冰箱冷柜、洗衣机、热水器、空调、电视、厨电、智慧家电和定制产品八大品类，通过布局全国的高效物流，聚合全球研发资源，确保海尔独特的品牌个性，为用户提供贯穿全流程的贴心服务，品牌形象与价值也进一步提升。

2）海尔 COSMOPlat 的特征

COSMOPlat 是海尔推出的具有中国自主知识产权的用户驱动大规模定制平台，也是全球首家引入用户全流程参与体验的工业互联网平台。

第一，以用户体验为中心，为用户创造更大价值。2012 年 12 月 26 日，海尔集团宣布进入网络化战略阶段，从此，开始打破传统商业模式，利用海尔研发、生产资源，推行 C2B（customer to business，消费者对企业）定制运营模式，改变原来以产定销，先生产、再销售的传统商业模式，变为用户先网络发出订单请求，企业根据用户订单智能安排生产，下线后通过智慧物流体系直接送货给用户，既避免了对市场需求预测不准而造成的生产资源浪费、高昂的库存成本等问题，又可以灵活满足用户多样化需求，使企业竞争力不断提升。更重要的是其将用户需求和整个智能制造体系连接起来，让用户可以全流程参与产品研发设计、生产制造、物流配送等环节。

运用大数据等数字技术手段和方法，依托互联网获取的用户搜索与消费行为数据，对不同的用户进行分类，进而对其开展精准营销。一方面，对企业沉淀的消费行为大数据，经过筛选、过滤、加工、分析，开发出各种用户场景的核心算法和大数据应用模型，进而对用户需求、自身的产品与市场竞争做出精准的把控，再通过精准营销手段对潜在消费者进行一对一传播，使精准广告在海尔营销环节中的核心价值不断提升；另一方面，通过积累用户口碑吸引更多用户，以用户驱动作为企业不断创新、为消费者提供产品解决方案的原动力，不仅从生产生命周期到用户全生命周期解决了企业边际效益递减的问题，也把以往“企业和用户之间只是生产和消费关系”的传统思维转化为以用户体验为中心、为用户创造价值的新思维。

第二，以互联工厂为载体的定制生产，解决了大规模和个性化定制的矛盾。COSMOPlat 下的 COSMO DIY 是家电行业首个用户社群交互定制的体验平台，整合了专业的研发、设计及供应链资源，开创了行业独有的 MTD（mind to deliver，从创意到交付）定制流程，通过此平台可实现大规模定制，帮助用户实现从创意到产品的转化。从 2012 年到 2017 年 9 月，海尔借助 COSMOPlat 平台，已经构建沈阳冰箱、郑州空调、佛山滚筒等多个互联工厂，未来计划再新建更多家互联工厂，在互联工厂生产线上的产品不入库率达到 69%，订单交付周期缩短了 50%，实现了大规模定制的转型，定制订单占比 67%以上，运营资金周转天数减少至 10 天，缩短了 38.5% 。此外，COSMO IM 是独立研发、具有自主产权的智能制造系统，可实现流水线柔性、敏捷生产制造，满足个性化定制的需求，不仅使现场生产设计和用户的想法、要求互联互通，而且可根据用户需求量的大小灵活控制产量，实现用户需求驱动下的柔性生产，再通过 COSMO RRS 专业的大件智慧物流平台提供的全流程可视化，零距离交互的专业化、一体化、标准化、定制化的物流解决方案，以保证用户最佳体验，进而彻底解决了大规模和个性化定制的矛盾。

第三，从封闭到建立企业、用户共创共赢的开放共享平台生态。COSMOPlat 下 COSMO HOPE 通过搭建开放合作的创新平台，吸引聚集全球性创新资源，解决创新的资源来源以及创新转化过程中的资源优化配置问题，从而帮企业实现聚集世界创新资源的开放式创新愿景。基于 COSMOPlat 的创新性和生态性，全球非营利性专业技术学会 IEEE（Institute of Electrical and Electronics Engineers，电气和电子工程师协会）通过了由海尔主导起草的大规模定制国际标准。2017 年 5 月，海尔 COSMOPlat 获美国“高德纳 2017 高科技制造创新者奖”；2017 年 6 月，COSMOPlat 入选工业和信息化部 2017 年制造业与互联网融合发展试点示范项目。2017 年 12 月，以 COSMOPlat 为核心，海尔入选 2017 年度国家中小企业公共服务示范平台，入选“世界智能制造十大科技进展”。截至 2017 年底，海尔 COSMOPlat 聚集了 3.2 亿用户，并为 3.5 万家企业转型升级提供增值服务，实现平台交易额 3133 亿元，定制订单量达到 4116 万台。截至 2018 年 1 月，COSMOPlat 已复制到 12 个行业、11 个区域和 20 个国家，服务全球 3 万多家企业，平台上持续进行交互的用户有 3.1 亿，注册的企业达 383 万家之多。

第四，从硬件制造商转变为智能互联网平台，成为省级制造业创新中心。随着互联网和工业制造真正开始融合的物联网时代来临，从 5 年前，消费者比较热衷单品智能，把洗衣机、空调、冰箱等联网，通过手机控制到互联互通再到用人工智能解决交互的体验，最后就是无处不在的全屋智能。2017 年，海尔率先在行业提出 U+云脑全屋智能解决方案，从只是生产硬件的制造商转变为平台型企业，背后依靠 COSMOPlat 工业云平台、OSO 顺逛社群云平台、U+智慧生活平台，做好“硬件+软件+服务”，实现恒温、恒湿、恒氧，一键回家、一键离家、自动开灯、关窗帘等，还可提供各种各样交互能力、场景能力和服务能力等为用户体验定制的能力，实现了从智能家电到智慧家庭的转变。此外，海尔在全球最大的物联网联盟 OCF（Open Connectivity Foundation，开放互联基金会）、互联互通的 Wi-Fi 联盟等 10 多个物联网联盟中扮演比较重要的角色，在行业标准制定方面具有较大的话语权。2018 年 1 月 12 日，OCF 为海尔智慧家庭颁发中国首张智慧家庭互联互通证书，海尔成就行业最大的智能互联网平台，拥有国际物联标准话语权。

根据《中国制造 2025》部署，制造业创新中心是为了加强产业前沿和共性关键技术研发，由高校、企业以及科研院所等各类创新主体以独立法人形式建立的以企业为主体的促进技术转移扩散和首次产业化应用，为行业提供测试认证、标准制定、技术委托研发、专利运用等一系列公共服务，带动产业整体创新能力提升的新型创新载体。工业和信息化部 2016 年启动国家制造业创新中心建设，同时鼓励各省培育省级制造业创新中心。基于海尔在互联工厂和 COSMOPlat 大规模定制模式的多年探索，聚集工业互联网行业优势科技资源，开展工业互联网领域内的关键共性技术攻关，包括大数据、工业云、人工智能、系统工程、工业数字仿真等，同时，通过加强工业互联网产业上下游以及国内外的联系与合作，促进技术成果转化，起到产业示范作用。由海尔牵头建设的山东省工业互联网创新中心，成为山东省第三家、青岛第二家获得验收的省级制造业创新中心。

总之，海尔作为传统制造企业探索数字经济时代背景下企业数字化创新模式的样本，面对数字经济时代的机会和挑战，进行了大规模产品定制、大数据营销、服务转型等先进商业模式探索，将产业链上的资源供应、产品研发设计、智慧物流配送和售后服务整合到一起，为用户创造出更大的价值，未来随着数字技术的不断升级换代，海尔将继续做大规模，打造世界一流的家电品牌，将为用户提供更多优质的差异化产品和服务，提高一站式成套交付、设计、生产、派送、服务等能力，在智慧家庭中提供全场景、全交互、全智能的解决方案，为中国制造业数字化轻型升级树立新样板。

三、数字化改造的未来路径

如表 6-1 所示，我国与美国、德国、日本等技术领先的制造业大国相比，制造业企业普遍存在技术短板，特别是在软件开发、核心零部件研发等方面与世界先进水平仍然有较大差距。我国中小微劳动密集型企业数量较大，具有较大影响力的老牌企业以及数字化、自动化、智能化程度较高的大型企业较少，在整体的经济结构上也与欧美日等发达国家和地区存在诸多差距，再加上先进的欧美等工业国家和地区在高精尖技术上对发展中国家的封锁与打压，我国必须掌握对核心技术的控制权，才能赢得更多的竞争优势。

表 6-1　五国制造业核心优势比较

国家	制造业核心优势	体现
美国	研发创新与产业集聚	高研发支出、福特制生产、高专业技术人员占比
日本、德国	产业结构日益精细化	精益制造、创新创业型企业、“隐形冠军”
韩国	供应链整合管理创新	三星电子“全产业链”管理
中国	完善的工业体系	既能自主推出产品，也能为海外大规模代工

资料来源：根据网络公开的相关资料整理

经过改革开放 40 多年来的发展，我国已经成为联合国工业门类最为齐全、工业体系最为完善的国家。随着我国人均收入水平的不断提高，中产阶级人群与国内市场规模的进一步扩大，对先进制造品的需求也呈爆发式增长趋势，随着《中国制造 2025》的印发，未来我国在大力发展先进制造的同时，如何保证通过数字化改造提升竞争力，进入了各级政府部门政策制定过程中考虑的范围。

目前围绕传统制造业数字化改造，传统工业与互联网的融合，呈现出两种不同的观点：一种为由美国谷歌、亚马逊、微软等数字企业提出来的“互联网+制造业”版本（以下简称 I 版，即 Internet 版），另一种为由德国提出的传统制造业企业主导的“制造业+互联网”版本（以下简称 M 版，即 Manufacturing 版）（腾讯研究院，2015）。

I 版与 M 版相比，数字化改造过程中不仅所需投资较小，操作简便、灵活，而且适用范围与生产场景较为广泛，不仅天然适合于中小微企业和创业企业，也已为很多大型先进制造企业所使用，成本节省效果明显。更重要的是，在移动互联时代，中国国内互联网企业阿里巴巴、百度、腾讯在规模、技术、应用等维度上与国际先进互联网企业微软、谷歌、亚马逊已经可以比肩。因此，国内中小微企业与创业企业以 I 版为模板推进“互联网+制造业”实现数字化改造成为现实可能，而与此同时，规模相对较大、资金实力较为雄厚、生产流程较为复杂的大企业则可以选择从 M 版出发实现数字化改造，两者可以齐头并进，共同推进中国制造 2025 宏伟蓝图的实现。

第二节　数字农业

一、数字农业的内涵

随着数字技术逐渐渗透到各行各业，在农业供给侧结构性改革的大背景下，数字技术与传统农业生产过程中的生产、管理、加工、销售和服务等方面紧密结合在一起，不仅可改革传统农业生产结构与调整传统农业的生产方式,也可推动农业发展模式的创新，提高农业需求与供给侧的匹配度，从而实现真正意义上的“智慧农业”。可见，智慧农业是智慧经济的重要内容，是依托物联网、云计算、人工智能等数字技术与农业生产相融合，通过对农业生产环境的智能感知和数据分析，实现集农业集约化生产、智能化控制、信息化决策、精细化管理、差异化服务和扁平化经营于一体的农业现代化发展新模式。另外，智慧农业也是数字技术与农业生产、经营、管理和服务全产业链的融合与重组，其以现代信息服务网络为支撑，以智慧农业生产为核心，通过智慧产业链的打造对传统的农业产业链中的生产、营销、售后等环节乃至整个产业链实现彻底升级改造，进而引导农业生产效率的提升与整个产业结构的优化（林宏伟等，2015）。

二、物联网技术在智慧农业中的运用

近几年，大数据、云计算、人工智能等数字技术已被各个领域所熟知并运用。而随着国家政策对农业支持的力度不断加大与物联网技术的日渐成熟，物联网技术也被广泛应用到农业环境监测、农业生产智能管理、农产品安全与溯源等农业的诸多领域，其大致可归结为前端生产信息的采集、信息的传输和远程控制、信息的处理与应用三个关键的层面（贾晓丹，2016）。

（一）前端生产信息的采集

通过对终端传感器的广泛运用，可以采集到所种植产品的土壤、害虫、湿度等的数据来判断何时施肥、何时喷药、何时灌溉以及所需分量等动植物信息，实时掌握动植物动态，从而避免传统经验式管理的资源浪费和对环境的破坏。此外，通过传感器所收集的空气温度、湿度、土壤水分等接近或超出了作物最佳生长值的信息，还可以进行临界条件的提示和提醒，进而根据提醒及时采取相应行动，保障作物生长环境的最优。

（二）信息的传输与远程控制

通过传感器所传输的数据，可以随时随地掌握农作物的信息，对农作物进行远程管理，同时请农业技术人员或通过专家系统对农作物的长势、病虫害等进行科学诊断与决策，进而通过适时的数据监测、传输与远程控制，帮助农民给农作物创造适宜的生长环境并提供充足的养分，进而带来更好的经济效益。

（三）信息的处理与应用

目前，社会各界对于产品的质量安全，特别是农产品质量安全问题总是分外关注，后期的农产品流通领域，借助物联网技术建立一套完善的防伪品控溯源系统，如通过一物一码技术就可透过传感器所采集的作物生产过程中每一个环节的重要数据，对产品从生产原料到制作工艺，到仓储、分销、物流运输等流通过程进行全程追踪、质量追溯与安全溯源，一旦发现质量与安全问题，可快速精准召回，既可减小企业损失，也可为产品质量提供良好的保证。而建立起安全溯源系统的种子公司、农药公司、化肥公司等农业资源公司既可通过对前端生产数据的处理实现对农户的精准营销，还有助于树立自身的品牌形象。

三、数字农业发展趋势

（一）农业决策由单一数字技术向集成化、高度智能化数字方向发展

数据分析、处理能力是数字农业发展的核心，而更好地利用人工智能、大数据、深度学习、数学建模等技术才可进一步解决我国当前数字农业发展过程中需要解决的实际问题，当然最终能否形成集成化、高度智能化的数字农业决策系统也成为未来数字农业发展能否取得更大成效的关键。

（二）农业生产由靠天吃饭向高度集约与规模化方向转变

当前我国农业的最大痛点之一是长期过量施肥所形成的土壤污染及与之相伴随的农产品质量安全，基于物联网与传感器形成系统化的生态体系的数字农业，让利用云计算、数据挖掘等技术进行多层次分析后的指令与各种控制设备进行联动，可以在农业生产管理环节实现精准灌溉、施肥、施药等，实现农业生产的高度集约化与规模化，既可显著提高农业生产经营效率，也可提高农业对自然环境风险的应对能力，使以往靠天吃饭的局面大为改观。

（三）农业产出由数量增长向质量、健康与安全转型

农产品安全事关生命健康，随着收入水平的不断提高，人们对食品有更高的质量要求与更多的个性化品类需求。数字农业背景下的农业产出需要实现从解决温饱，强调数量增长向强调提升品位与质量，提升健康与安全水平转型。因此，基于用户对农产品需求的定制化生产、更低成本和更高质量的农业生产系统、更高效的管理模式及支撑体系以及从餐桌到田间确保农产品安全的可回溯机制成为民众对农业的主要需求。而借助数字技术，促进田间传感系统、智能居家系统以及个人智能可穿戴设备的结合，将使农业生产过程更加定制化和智能化；依靠物联网技术、无线通信技术、音视频技术等手段，建构起来的农业生产过程实时图像、视频监控、监测系统以及智慧物流系统沉淀下来的各种数据，又可为消费者提供随时随地追溯农产品的生产与流通过程的信息查询，实现了农产品从田间到餐桌全链条的质量安全监管，也从源头生产上保证了农产品安全（林宏伟等，2015；贾晓丹，2016；覃海慧和苟禹国，2017；马化腾等，2017a，2017b）。

然而，当前数字农业发展进程中仍存在数字农业基础设施落后、高素质职业农民匮乏、相关的教育体系还未建立、农机设备数字化程度较低以及农业产学研与农业科技推广力度不够等问题，各级政府、企业、农业院校及农业科技人员必须在人财物等方面加大对数字农业的投入力度，才能更好助力农业快速实现数字化。

四、智慧农业典型案例：河北安国数字中药都建设

数字化转型是指利用数字技术，构建数据采集、传输、存储、处理和反馈的闭环，优化生产过程、延伸产业链长度、扩展服务环节，进而为传统产业带来更大价值，使整体经济的运行效率得以提升，经济发展的质量得以提高。

中医药不仅是独特的卫生资源、具有原创优势的科技资源与重要的生态资源，更是潜力巨大的经济资源。作为中医药重要的发祥地之一，河北省中医药文化源远流长。河北省安国市古称祁州，作为目前全国最大的中药材集散地，素以“药都”和“天下第一药市”享誉海内外。

根据网络上相关的公开资料，长期以来河北省中医药产业面临着中药种植较为分散、中药生产过于倚重人工与传统经验、生产工艺和装备自动化水平较低、质量标准和规范体系不够完善、药品质量不稳定等问题。2013 年，保定市、安国市政府与天士力集团签订建设安国数字中药都项目合作协议。作为省部联建的国家级重大工程，未来安国数字中药都项目将成为我国第一家全面以信息化、数字化为核心内涵的专业药材交易中心，首创“三网合一”新模式，打造以中药材溯源为基础，集诚信认证、网上交易、在线支付、金融服务、质检追溯和交易仲裁于一体的新兴电子交易系统。

随着数字中药都的落地运营，安国市依托地方优势资源，借助数字化、网络化、智能化技术深入推进中药产业的数字化转型升级。首先，通过现代化设备和数字技术的导入，中药生产也能实现自动化控制、标准化生产、数字化记录，品质疗效更加有保障。其次，安国数字中药都建设将从中药产业链的源点，实现基地种植、药材收储、质量检测、全程追溯和金融服务等复合功能的融会贯通，全面推进现代中药农工服全产业链结构优化升级，实现中药产业向集群化、高端化、国际化发展。这不但为河北中医药产业及其他传统产业的转型升级提供参考，而且对推动河北经济高质量发展、建设美丽河北也具有重大的促进作用与现实意义，更可为我国促进数字经济与实体经济的融合树立新样板。

第三节　数 字 文 化

文化是促进民族进步的精神食粮与动力，其重要性不言而喻。文化产业的转型升级，离不开数字技术的强力支撑。通信技术、大数据、云计算、物联网、人工智能等数字技术的兴起，为文化产业实现数字化转型升级提供了路径和方向，以文化创意内容为核心，依托数字技术进行创作、生产、传播和服务的数字文化产业的新业态、新模式也不断涌

现，包括数字游戏、数字娱乐、数字动漫、数字出版、数字典藏、数字表演等，数字文化消费也成为主导文化消费的主力军。越来越受到社会关注的动漫游戏、网络文学、网络音乐、网络视频等数字文化产品目前已经成为群众文化消费的主产品。根据网络公开资料，2017 年，网络游戏产业规模达到了 2355 亿元，网络文学产业规模 127.6 亿元，网络音乐产业规模突破 175 亿元，网络视频产业规模 521 亿元，网络直播产业规模近 400 亿元。

一、5G 技术使文化资源加速数字化

3G 时代手机多半用来浏览文字、图片与网页，4G 时代人们开始看视频，5G 时代用来看超清视频，相较于 3G、4G，5G 具有低延时、高速度、高可靠性、低功耗的特点，5G 将为数字化文化资源建立高速信息通路，促进数字化生产要素与产品的高效流通，进而有助于建立基于数字化广泛连接的数字创意生态系统，使文化资源的数字化发展再上新台阶。

二、社交 VR 促进数字娱乐的兴起

根据网络上有关资料，随着高速网络的普及，游戏社交已从分屏合作进化成供全球真实玩家在线互动的方式，多人电子游戏越来越像社交平台，特别是 VR 的出现为多人交互、共同体验打开了新的篇章。所以，VR 不仅仅是沉浸式 3D 环境的外设，更是一款可用于与其他人进行交流沟通的复杂工具，可为用户提供高度精细 3D 环境的共同体验。例如，不同玩家之间可以进行实时对话，甚至通过现场技术实现数字面部表情回应，而不再是基于传统的文本交流，甚至用户可在虚拟世界中与其他玩家相遇，并与个性化 3D 形象面对面畅聊感兴趣的共同话题，使传统的非 VR 社交体验变得更加完美。此外，VR 不仅吸引传统的游戏团体，也能吸引对游戏打斗没有兴趣的其他人群，满足不同人群的需求。例如，通过 VR 开发故事驱动的交互冒险游戏，将精心设计的剪辑场景与有趣的个性冒险叙事模式结合，用户可以体验第一视角进行的故事叙述。虽然 VR 不可能代替真实交互，但它能给人们带来真实世界中体验不到的社交模式，这就是未来 VR 共同体验促进数字娱乐大显身手的地方，它能够放大真实世界的关系，同时提供沉浸式、好玩的、发人深省的、有趣的冒险体验，让人们与家人、朋友以及世界的联系更加紧密。

三、数字技术为文化创意产业带来无限可能

根据网络上与文化创意产业相关的资料，人工智能、大数据、虚拟现实等数字技术

在丰富文化内涵的同时影响着文化生产方式的革新，也加速了文化传播方式的升级，为文化消费创造出新的机遇，使文化消费向着虚拟式、碎片式、沉浸式等方向发展。特别是随着智能手机的普及以及手机拍摄功能的持续优化，整个人类社会进入“全民创作的时代”，此外，抖音、快手等直播短视频平台的兴起，反映出数字技术的进步为民众文化生产方式带来的改变与革新。在数字技术作用下，不仅可以通过算法精准推送个性化的文化内容，还可以通过人工智能自动生产文案，随着数字技术的发展，文化传播的方式也不断升级并逐渐呈现出辐射更广、速度更快、影响更大等特点。

随着以 5G 为代表的高速移动通信技术的应用，虚拟现实、增强现实、8K 视频等数字化技术可轻易突破文化资源的形态与空间局限，人们通过移动智能终端，就能身临其境地体验不同类别的文化资源。统计数据显示，2017 年中国的数字娱乐文化消费规模超过 5000 亿元，每年还在持续攀升，视频市场规模超过 100 亿美元大关，阅读市场较 2013 年同比增长 126%。然而，不管数字文化的生产、传播以及消费方式如何变化，数字文化产业的内核始终是文化内容和创意服务，因此，未来数字文化产业仍然需坚持内容为王、创意创新为本的根本宗旨，继续推进优质的文化内容的供给，不断培育高质量的文化品牌，才能引导新的文化消费不断升级。

四、数字技术下大学生网络文化消费的引导

随着人类社会由传统的农业经济、工业经济逐步过渡到数字经济时代，5G 网络、大数据、人工智能、虚拟现实、增强现实、8K 视频等数字技术在丰富传统文化内涵的同时也为文化生产、传播与消费带来了更大的便利。动漫游戏、网络文学、网络音乐、网络视频等网络文化产品因其交互性、虚拟性、开放性和全球性目前已经成为群众文化消费的主产品。作为社会栋梁的大学生，其文化消费行为不仅深刻影响着自身的认识、情感、思想与心理，也关系着整个群体知识水平的提高和文化素养的提升，更决定着整个社会的文化消费习气和社会文化倾向。作为数字经济时代的原住民，当代大学生已经成为网络文化消费的主要群体。虽然目前大学生网络文化消费行为主流是好的，然而，由于缺乏判断力和分析力，大学生网络文化消费逐渐呈现出不良倾向，即诉求多样化，但以娱乐消遣为主；凸显个性化，但存在庸俗化倾向；目的性明确，但缺乏理性等。再加上网络上商业诱导和大众文化的渗透与大学生自身理性的不足、情感的冲动和趋同心理，也促发了一些不良网络文化消费行为，如消费内容低俗化、消费倾向娱乐化、消费行为感性化等追潮流与盲目跟风的倾向，一定程度上也会对其造成思想上、学习上与生活上的困扰。这些问题的存在虽然受到纷繁复杂的多种外在因素的影响，但更多还是受到自身多种内在需要的驱使。因此，数字经济下大学生的网络文化消费趋势必须引起高度关注并予以正确引导。所以，数字经济下正确引导大学生网络文化消费行为势在必行。

第四节 智慧物流

本节主要是在智慧物流定义分析的基础上，对国内外领先物流企业在智慧物流领域新技术、新商业模式的应用进行分析，并探讨智慧物流对物流行业发展的影响。

一、智慧物流的定义

我国智慧物流的概念最早在2009年由中国物流技术协会信息中心、华夏物联网和《物流技术与应用》共同提出，他们将智慧物流定义为："智慧物流将物联网、传感网与现有的互联网整合起来，通过精细、动态、科学的管理，实现物流的自动化、可视化、可控化、智能化、网络化，从而提高资源利用率和生产力水平，创造更丰富社会价值的综合内涵。"而德勤中国《中国智慧物流发展报告（2017）》则认为智慧物流是为提高整个物流系统的自动化、数字化水平，推动物流决策及执行智能化水平提升，建立在宽带、数据中心等数字基础设施的基础上，借助物联网、大数据等数字技术与自动化分拣等智慧物流设备，集多种服务功能于一体，强调信息流、资金流与物质流高效、快速运转，从而实现通过社会物流资源的优化配置，提高社会运行效率、降低社会运行成本目的的物流体系（梁睿，2018）。

综上所述，智慧物流综合了作为"智慧"的大数据、云计算、物联网等数字技术，以及作为一般物流的仓储、运输、包装、装卸、搬运、流通加工、配送等物流系统各环节，将数字技术有机、系统、科学地应用于一般物流的各个环节，从而达到提高物流效率、降低物流成本的新业态。随着数字经济的发展，智慧物流的实现可为我国传统产业数字化转型提供动力。然而，"智慧物流"不仅是一个技术问题，更是涉及体制机制、目标协同、组织管理和运行等问题的系统与综合的概念。

二、推动智慧物流的必要性

如图 6-2 所示，根据物流行业相关研究报告，由农业经济过渡到工业经济再到电子商务和数字经济阶段，我国物流业发展逐渐从单一的物流线路逐渐过渡到城际、区域、全国乃至全球物流网络，总货运量及物流市场规模持续扩大。与此同时，物流业发展结构也日益呈现出分散化、碎片化、自动化、智能化等典型特征，智慧物流体系构建的理念也呼之欲出，并逐渐获得相关行业的普遍认可，近几年，智慧物流的发展也成为学界普遍关注的焦点。

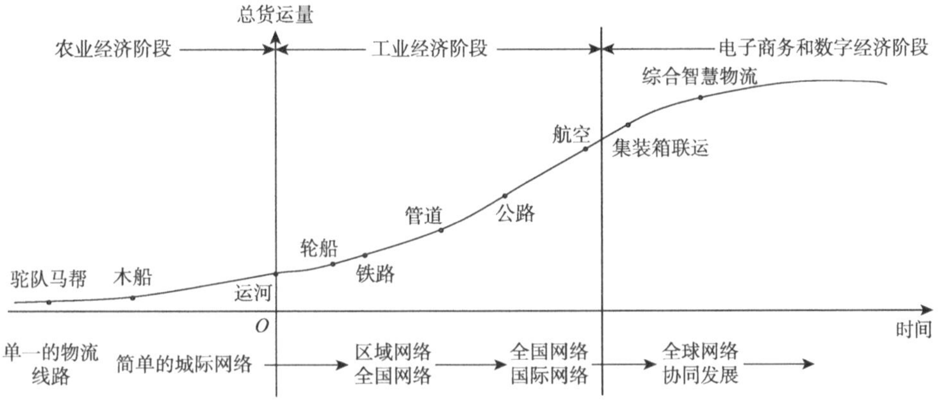

图 6-2 不同经济阶段物流网络的发展

资料来源：根据长江证券公开资料整理绘制

1. 相关政策出台推动智慧物流快速发展

从各政策文件的内容看，随着传统物流业面临转型升级的新需求日趋强烈，国家对智慧物流的发展也日趋重视。2014 年，《国务院关于印发物流业发展中长期规划（2014—2020 年）的通知》指出随着物流服务能力的不断提升与技术装备条件、基础设施网络的不断完善，物流业面临着对高效率、低成本、多样化、智慧化物流需求的不断增长，以及资源环境约束与国际竞争日趋激烈的严峻考验，只有通过进一步提升物流社会化、专业化、信息化、标准化、现代化、数字化水平，才能实现我国物流业的逐步转型升级。而随着大数据、云计算、物联网、区块链等数字技术的不断发展，智慧物流的发展也日渐成为推动传统物流业转型升级的新动能。

国家、各部委及地方各级政府机构纷纷出台了鼓励物流行业向智能化、智慧化发展的政策文件，如 2016 年《国务院办公厅关于深入实施“互联网+流通”行动计划的意见》《国务院办公厅关于转发国家发展改革委营造良好市场环境推动交通物流融合发展实施方案的通知》《国务院办公厅关于转发国家发展改革委物流业降本增效专项行动方案（2016—2018 年）的通知》，都为提升物流业发展水平、促进实体经济健康发展做出重要部署。2016 年 7 月，国务院总理李克强主持召开了国务院常务会议，部署推进“互联网+”高效物流。

2017 年《国务院办公厅关于进一步推进物流降本增效促进实体经济发展的意见》指出，要依托互联网、大数据、云计算物联网等数字技术，大力推进“互联网+”物流发展，着力营造物流业良好发展环境，积极鼓励企业发挥互联网等数字平台实时、高效、精准的优势，通过推广运用高效便捷的物流运输新模式、新业态，加快推进物流仓储信息化、标准化、智能化建设，实现运输工具和货物的实时跟踪与在线化、可视化管理，推进物流资源进行合理调配与整合利用、提高物流资源使用效率与物流业运行效率，其实就是要推动智慧物流的快速发展。

2. 数字技术与数字基础设施驱动智慧物流快速发展

随着我国数字经济突飞猛进的发展，数字技术的不断迭代创新与数字基础设施水平的提升也为智慧物流发展提供了基础支撑。首先，数字技术的发展为智慧物流发展提供了技术动力。数字经济下，5G 技术、大数据、云计算、物联网、人工智能、3D 打印等数字技术的广泛运用，推动了无人驾驶、无人机、无人卡车等智慧物流技术的兴起，并广泛应用于仓储、运输、装卸、配送、末端服务等各物流环节，促使传统物流行业的业务发展流程与运营环境发生改变，也推动着传统物流模式与业态的不断革新，从而为智慧物流发展提供了更强的技术动力。其次，数字基础设施水平的提升，为智慧物流的发展提供了客观基础。高速宽带、大数据中心、云计算中心、全球布局的传感器网络、空天一体的数字基础设施，为智慧物流的快速发展提供了基础设施的客观支撑。数字基础设施水平的不断提升以及物流企业数字化水平的进一步提高也激发了其对智能化物流运作模式快速发展的需求，这无形中也在推动着智慧物流不断向前发展。根据中国物流与采购联合会数据，当前物流企业对智慧物流的需求主要集中于以电商物流大数据为主的智慧物流数据（形成层）、基于云计算应用模式的物流云平台（运转层）以及智慧物流设备（执行层）三大领域，预计到 2025 年，智慧物流市场规模将超过万亿元（德勤中国，2017）。

3. 消费者与生产者的需求变化提升对智慧物流的发展需求

根据德勤中国《中国智慧物流发展报告（2017）》的相关内容，随着数字技术的不断发展，消费者与生产者的需求变迁并激发了对智慧物流的巨大需求。首先，消费者需求驱动智慧物流发展。数字经济下，随着消费者收入水平的日益提升，之前对产品大规模、标准化、同质化的需求逐渐向定制化、差异化、异质性产品需求转变，随着消费者需求的转变，其对这些产品的订购与交易也更多依赖于数字平台，采用数字化订购、数字化传输与数字化交易的方式，这必然催生对更高效、更快速、更便捷的智慧物流的巨大需求。其次，生产者需求驱动智慧物流快速发展。为了给用户提供更加质优价廉、更满足其个性化定制需求的商品，数字经济下的生产，更多是通过运用大数据、云计算、人工智能等先进数字技术手段，直接把消费者数字化订购、网络参与研发设计与智能生产制造全产业链环节连接起来，实现分散化、模块化、柔性化、定制化生产，整个生产过程中不但融入消费者的创意和理念，在整个产品生产过程中，还要求根据消费者对产品的意见和建议进行适当修改与完善，这就在原来模块化分散生产与积聚组合的基础上，产生了利用海量消费者数据、高效物流网络合理优化仓储、运输等物流资源布局的新要求，也进一步提高了对半成品、零部件等中间产品物流运输高效率与低延迟的要求，产生了对智慧物流的巨大需求（德勤中国，2017）。

三、智慧物流典型案例

虽然智慧物流概念从 2009 年被提出到现在才十几年的时间，但国内外不同规模的物流企业为降低物流成本、提升物流效率，在国际市场上赢得更大的竞争优势，都通过投入大量研发资金，积极组建研发团队，大量开发无人机、无人仓、无人车等智能运输产品，努力构建更高效的智慧物流网络系统，推动着全球智慧物流水平的进一步提高。下面分别以亚马逊与京东物流为例予以具体分析。

（一）亚马逊

亚马逊不仅是全球著名的电商平台企业，而且是全球最早通过使用大数据、物联网、无人机、无人驾驶等数字技术，推动全球智慧物流网络构建的物流公司，目前已建设起可以自动化、精准化、智能化指导与管理采购、分拣、补货、仓储、装运、配送等各环节的全球智能供应链。

根据德勤中国《中国智慧物流发展报告（2017）》，亚马逊还是物流仓储机器人全球应用最广泛与最领先的企业。2012 年，为应对自身仓内装卸、搬运、打包、分拣等业务需求，亚马逊通过收购全球领先的仓内机器人初创企业 Kiva System，首次进入仓内机器人领域，借助无线射频识别、传感器、机器算法等数字技术的运用，使货物的取送、堆放、分拣等各环节物流作业的准确率得以大幅提升，成本大幅下降，效率不断提升。据悉在仓内机器人的帮助下，原来传统物流从拣货到发货需要一个半小时，现在仅需 15 分钟，订单处理时间和原来相比要节省 1 个小时左右，每年可节约人力支出约 9 亿美元。2016 年，Kiva 正式更名为 Amazon Robotics，亚马逊力图通过打造新型亚马逊机器人平台，最终实现仓储无人化的目标。

2013 年，亚马逊启动无人机项目，推出 Prime Air 快递无人机业务，如果顾客在网上订购 5 磅（1 磅 ≈ 0.45 千克）以下的相关产品，就可选择无人机派送。在顾客下单后，无人机先从就近的物流仓库取件，然后依靠数字技术及相关设备，不但可自动绕开路途障碍，还可在半小时内，把货物直接送达方圆 24 千米范围内的消费者手中。2015 年底，亚马逊又推出 Prime Air 的升级版，可以比原来实现范围更广、时间更短、效率更高的派送服务。

2014 年，亚马逊借助 3D 打印技术，进行 3D 打印的初步布局。通过开设 3D 打印商店、3D 打印车为购物者提供玩具、耳环等 200 多种个性化定制商品。

2015 年，亚马逊研发出内置图形传感器的可穿戴智能眼镜，只要配备上智能眼镜，就可通过识别包裹上的邮寄地址、二维码等相关信息，自动标记与识别、存储与记忆不同商品所处的具体位置。

2017 年，亚马逊首次对外发布无人机产品，甚至可将航拍画面收集到的相关数据，如客户的屋顶缺陷等数据加以深入分析，然后向消费者精准推荐屋顶维修服务等类似的无人机定制化的商品。为大幅降低干线物流运输成本，防范高峰期运力不足等不同的问题需求，2017 年初，亚马逊开始研制自动驾驶汽车，此外，亚马逊借助人工智能、大数据、深度算法等数字技术，通过加快建设全球快速响应的智慧物流网络，包括全球网点与运营中心、自建航空货运网络、全球仓储中心、开发货运 App，不但实现人车、车货合理匹配，还可实时查询与跟踪物流信息，最大限度地满足用户的需求（德勤中国，2017）。

（二）京东

成立于 1998 年的京东，作为一家电商企业，2007 年开始决定自建物流体系，又于 2010 年开始建立第三方平台。曾经一度是京东亏损源头的物流体系，现在却成为京东的核心竞争力。

2014 年，紧随亚马逊收购 Kiva System 后，京东成立了使仓储、打包、分拣、装卸、运输等大部分环节都实现自动化的亚洲一号自动化物流中心，其自身研制的第一代仓储机器人也投入亚洲一号物流中心的仓库进行实地操作。2016 年，京东组建无人仓团队，2017 年，通过部署自动机器人大量替代人工，京东第一次实现无人 AGV（automated guided vehicle，自动导引运输车）自动装、卸车作业，基本实现了仓储全流程无人化与自动化，其存储效率可达到传统物流存储效率的 10 倍以上，目前京东已经具备了自主研发与批量生产可覆盖多个运输环节的各种智能物流机器人的能力。

京东无人机物流在世界范围内的表现更加突出，2016 年，其自行研发的多款无人机产品取得了较大突破，又提出要借助大数据、云计算、物联网等数字技术，依托于数字化平台，通过无人机、无人车和无人仓等物流运输硬件设施，通过在全国范围内布建仓储、配货、物流运输网络体系，构建以用户为中心的智慧物流网络体系。

京东智慧物流体系的物流模式主要借助数字技术，通过研发无人机、无人车、无人仓，依靠在自身电商平台上积累的数据进行全自动仓储定位分析，并为自身及第三方提供高效物流服务，其中，在仓储与分拣环节，主要通过借助人工智能、传感器以及数据感知网络等数字技术实现全自动无人仓储与分拣场景；在物流派送环节，主要通过配备多个视觉传感器和雷达的无人车，监测外部环境拥堵路段、红绿灯以及其他运行障碍，依据目的地自行规划最优路径，到达用户身边时，用户只需通过输入提货码就可自行开仓取货。然而，无人车毕竟配送速度较慢、配送距离较短，京东在无人机研发上也投入了巨大的资金，包括建设轻型及重型无人机测试实验室及调度中心。随着未来无人机的大量使用，京东物流智能化、自动化水平会进一步提高，物流运输效率及运营质量也会大幅改善。

此外，京东依托仓储管理“玄武系统”、青龙配送物流系统、DCS（distributed control system，集散控制系统）智能管控系统、赤兔 TMS（transportation management system，运输管理系统），借助大数据、云计算、人工智能等数字技术，依托相关数字平台，不仅可提前预测消费者物流运输需求，实现对各类物流设备的统一管理与智能调拨，还可实现仓储、运输、包装、装卸、搬运等各环节互联互通与资金流、物流与数据流的全面掌控，最终实现集智能化数据采集、自动化与标准化操作、透明化跟踪监控、定制化提供运输服务于一体的智慧物流运输体系。

未来，京东将继续加大资金投入规模与技术创新的力度，不但承接自身运输业务，也将不断向社会全面开放，不仅促进数字经济时代下物流、资金流、数据流的自由流动以及整个社会物流供应链效率的提升，也促进了消费者消费行为与方式的转变，使客户获得低成本、高效率的智慧物流最佳体验，实现了企业与客户的互利共赢（任芳，2016；赵玲，2017；刘国信，2017；德勤中国，2017）。

第五节　数 字 金 融

金融业属于信息、知识与技术密集型行业，数字技术对金融行业的作用更为突出。数字金融主要是指将数字技术特别是云计算、大数据、人工智能、物联网、区块链等数字技术应用在金融领域，推动传统的金融服务模式不断变革与创新，进而使传统金融服务的价值得以大幅提升（周永林，2017）。

一、数字技术助力金融业效率大幅提升

根据马化腾等著《数字经济：中国创新增长新动能》及其他与数字金融相关的公开资料，金融业与大数据、云计算、人工智能、物联网、区块链等数字技术的跨界融合相对其他行业来说也较为领先并取得了较好的效果：随着专业云服务商为金融机构建设金融行业公共云与银行机构自建云的不断增加，云计算对金融业的影响日益扩大；随着大数据技术的快速发展及其与金融业的深度融合，金融业风险控制与反欺诈、运营管理与快速授信、大数据营销与销售支持和商业模式创新等环节的工作效率得以显著提升（谭越璇，2016）；人工智能对金融业的影响目前主要集中在智能研究报告自动生产、智能投资顾问帮助财富管理等重要领域，使传统金融服务成本大幅降低，效率大幅提升；物联网技术对金融的影响，既一定程度上提升了金融机构内部管理的效率，也使得金融业外部服务水平得以进一步提升，如通过物联网技术的应用可使得电子交易平台上的交易实现数据流、实物流和资金流的透明监管与统一流动；区块链技术的使用更推动着金融业的巨大改革与创新，区块链技术不仅可降低金融运营成本，提升不同金融机构间协同服务能力，也可提高金融审计业务的审计效率与审计结果的可靠性，还能有效防范金融市场的系统性风险，促进金融监管效率的大幅提升（周永林，2016；马化腾等，2017a；段进东和段义鑫，2018）。

二、数字金融的内容体系

根据马化腾等著《互联网+：国家战略行动路线图》与《数字经济：中国创新增长新动能》的相关内容，数字金融作为一个生态体系不断发展：一方面表现为数字技术及相关企业积极向传统金融业的领域渗透；另一方面传统金融机构也积极通过应用数字技术加快金融创新的步伐。

（一）移动支付

作为数字金融创新的重要领域，数字金融企业的移动支付业务借助大数据、云计算、物联网、区块链等数字技术，不仅可为众多客户提供更加快速与高效的移动支付平台，也可通过对平台积累下的海量客户交易数据进行精准分析，进而为客户提供定制化的服务。例如，百度钱包、支付宝、微信支付等非传统金融机构使传统金融机构的市场份额逐渐受到侵蚀，而随着数字技术特别是区块链技术在金融领域的广泛应用，传统金融机构的市场份额会进一步减少（史博洋，2016）。

（二）网络借贷

数字技术彻底颠覆了传统金融机构的信贷模式与借贷框架体系，网络借贷模式不断兴起，和以往传统借贷相比，网络借贷不仅可实现资金供求双方的直接对接，也使资金需求方的借款条件和门槛大为降低，借款方式更加灵活简便，更使资金供给方可借助大数据分析、深度学习、人工智能等数字技术收集更为广泛的客户行为数据信息，并对用户进行快速客观的信用评级，进而为用户更加快速与便捷地提供更适合其特征的个性化信贷服务，从而使更多的中小微企业和个人消费者的融资需求得到极大满足（向泉，2017）。

（三）财富管理

随着大数据、云计算、物联网、人工智能、区块链等数字技术广泛应用在金融领域，传统经济下更多由银行等金融机构从事的财富管理业务也逐渐向数字经济时代下的数字平台企业转移。以智能投资顾问为例，不同于传统金融机构中的理财顾问与客户面对面的服务模式，现在客户只需通过平台提供理财要求、个人偏好与财务水平等相关数据信息，智能投资顾问就可借助投资的相关理论模型，利用云计算、大数据、深度算法等数字技术自动为用户提供最合适、最理性的资产配置建议，不仅使客户的投资门槛和交易费用大为降低，使客户的投资决策流程大为简化，也可使客户投资者的情绪化影响得以最大限度地避免，使其投资风险得以进一步分散，使投资的安全性、便利性与营利性进一步提高，从而为用户创造出更大的价值（向泉，2017）。

（四）互联网保险

根据网络上公开的相关资料，以大数据、云计算、物联网、人工智能等为代表的数字技术的不断升级换代也推动着保险业务流程的不断创新。其中，物联网等数字技术的应用促进车联网保险等保险新模式的诞生；云计算技术的应用则使互联网保险服务更加高效与可靠；大数据分析技术广泛应用于保险产品设计与精准营销、理赔和风险管理等业务环节，则可以为广大网民提供更加个性化的互联网保险产品定制服务；人工智能技术的使用更可使保险咨询、营销及售后、风控管理等保险服务多环节效率得到全面提升。

（五）数字银行

在当前发展数字经济的环境下，随着数字技术的不断创新，数字企业正在一步步侵蚀传统银行的零售银行业务，特别是随着数字技术向金融领域的不断渗透与深度融合，新型的零售银行为降低成本，提高效率，正在探索不设立任何物理网点与传统柜员机的纯线上数字银行，不仅可为客户提供远程开户与其他智能服务业务，借助数字技术平台，也可以使客户的相关金融服务体验不断提升（向泉，2017）。

三、数字金融风险

数字金融的发展，虽然为民众带来更多的普惠与方便，但由于其参与面广、流动性大、交易量多等特性，也给金融体系平添了不少风险。

第一，系统性金融风险。数字金融特别是数字普惠金融，为个人和小微企业提供了资金融通上的便利，但由于其大多风险识别意识淡薄、资金实力薄弱，稍一出现问题，就容易出现大规模挤兑现象，再加上数字金融风险传导速度之快、范围之广，远高于线下，一有风吹草动，就有可能诱发银行系统的流动性风险，甚至是系统性的金融风险。

第二，数字银行的投资与信用风险。由于数字银行的借贷行为大多通过线上进行，投资人为了获得最大的利息收益，可能会在不完全了解借款人信用信息的情况下，就草率地把资金借给高风险借款人，出现投资收不回来的风险；当然，也有可能借款人在没有通过面对面交流，不了解投资人具体信息的情况下，就通过 P2P（peer to peer，互联网借贷平台）借入资金，最终陷入高利贷的陷阱，如国内频繁爆出的校园贷陷阱等问题。

第三，银行监管方面的风险。由于数字金融混业经营的特点，大多数字金融平台集数字银行、网上与移动支付、互联网保险、网上证券等业务于一体，而银行监管体系仍是分业监管，这就容易导致很多新金融业态不能被有效监管，出现监管不力或存在监管漏洞的风险。

第四，货币政策效果打折扣的风险。随着数字金融平台的不断发展，更多的资金有可能游离在银行体系之外，如一些人打着发展区块链的幌子，行诈骗之实，还存在通过区块链技术洗黑钱等问题，有可能使中央银行失去对货币供应量的准确度量与严格管控，从而使有效调节货币供给量的货币政策效果大打折扣。

第五，个人财务信息泄露的风险。由于越来越多的人通过网络投资与理财，不可能不留下个人财务信息，但这些相关的个人信息如果得不到有效的存放与监管，泄露出去就有可能被非法使用。要规避这些风险还有赖于未来数字技术的不断发展与监管政策体系及相关框架的进一步完善。

第六节 智慧教育

人工智能、大数据、云计算、物联网等数字技术日新月异的发展，导致人类的工作、生产、生活方式等方方面面都发生着重大的变革。随着数字技术不断向教育领域融合渗透，慕课（massive open online courses，大规模在线开放课程）、在线培训、远程教育等数字化教育形式不断涌现，随着教育行业数字化技术投入的不断增加，未来更加个性化与互动化的教育新模式、新形式也会纷纷涌现，这必将会给存在诸多弊病的现行教育行业带来更大的冲击与改革的良好契机（马化腾等，2017a）。

一、数字技术带动智慧教育发展浪潮

虽然全球各国物质资源禀赋、经济发展水平、教育普及程度、基础设施水平等存在差异，教育发展水平也良莠不齐，但随着数字技术在教育领域的蔓延，全球范围内兴起了教育数字化转型与智慧教育改革的浪潮（马化腾等，2017b）。

智慧教育是在各级政府主导作用下，由各层次学校和各类型企业参与共建的、具有教育与数字化双重属性的现代化教育服务体系，其本质就是通过大数据、云计算、物联网、人工智能等数字技术与手段，实现教育资源与信息、知识的共享。其优势就在于突破了传统教育行业存在的师资、学校等教育资源总体不足以及各地分配不均匀、家长和学校间的信息不通畅、家长对学生在学校的安全存在担忧、教学方式枯燥乏味、学习效率低下等突出问题，借助数字技术与数字基础设施，通过在线教育、智慧校园、智慧教室与智慧课堂的建设，既可实现优质教育资源跨时间与跨地区的共享，还能为学生提供真实学习场景，甚至是互动、沉浸式的学习体验，增加学习的趣味性，提高学习的自主性，使学习更加高效，也便于教师全面、准确、及时地获取每个学生的学习状态，准确评价学习效果；还可促进教育管理者和家长之间的信息自由流动与沟通衔接，提升教育管理效率，助力美好、安全的校园环境建设。

（一）人工智能开启智慧教育新模式

人工智能技术的不断成熟及其与教育行业的深度融合，将不断革新传统教育的学习范式，开启数字教育新模式。以人工智能为核心的教育技术可以从语音、图像、面部表情等更多维度实现更大量级的数据采集与汇聚，可以从采用语义识别、情感计算等更高效的数据处理方法和 AR/VR、机器人等更具互动性的人机界面实现与教育行业深度融合，可以分别沿着扫码搜题在线答疑、自动批改作业、智能测评和个性化学习四个方向，逐步提高教学的灵活性、智能性及互动性（李昭涵等，2016）。例如，从学生角度出发，借助人工智能的自适应学习系统通过大数据精准分析，为学生制订个性化的学习方案并自动生成智能化的学习内容；从老师的角度出发，依托人工智能的帮助可实现虚拟教学助手、作业自动批改、学情智能测评等应用，提升教学反馈的准确率，促进教学质量的提高（马化腾等，2017a）。

（二）VR/AR 助推智慧教育新变革

未来教育的发展，学习者能否获得动态更新的学习内容、更多的交流互动与更高层次的学习体验的学习环境，在限制了学习主动性和创新活力的线下学习方式、无法形成完整的学习体系、碎片化较为严重的线上学习方式方面能否有更大的突破与创新，都面临着机遇与挑战。

日臻成熟的 VR/AR 技术和应用通过与教育环境相融合，不仅为学习者提供更丰富生动的线上教育场景和动手操作机会，优化了学习者的学习环境，还可改善学习者的学习习惯、学习方式与思维方式，为学习者带来更加沉浸式的学习体验。例如，学生戴上体验学习环境的虚拟现实头盔，就能更好地直观体验与感知教学场景，使学习者沉浸于整个教学环境中，从而促进学习效率的大幅提升。

（三）STEAM 传播智慧教育新理念

STEAM（science，technology，engineering，arts，mathematics，科学、技术、工程、艺术、数学）教育提倡“动手动脑的探索式”学习过程，以重实践、重跨界、重创新为主要特点，是科学、技术、工程、艺术和数学多学科交叉融合发展的综合性教育。人工智能、VR/AR、3D 打印技术与 STEAM 倡导的教育方式相继融合发展，可以使中小学各个阶段的学生在智能化学习场景中不断提高动手、逻辑思维与创新能力，进而开启素质教育新模式。例如，在高级教学机器人的陪伴下，在人工智能与 VR/AR 的仿真实验室中，借助认知计算的复杂决策辅助系统，可帮助学生在游戏化的学习体验中实现智能交互，进而完成多学科交叉融合的探索式学习过程，学生的动手能力、逻辑思维能力和创新能力也得以提高（李昭涵等，2016）。

二、各国普遍重视智慧教育发展

根据马化腾等著《数字经济：中国创新增长新动能》及其他与数字教育相关的公开资料，在数字技术的引领下，教育产业的数字化程度正成为各国数字化发展程度的重要体现。提高教育数字化水平，促进数字技术在教育行业的运用，提高教育系统的有效性，是各国推动教育改革与创新的重要举措。美国、澳大利亚、英国、印度、中国等国都在本国制定的数字经济发展战略框架下，通过提出促进数字技术在教育中广泛应用的具体措施，促进数字教育的发展，特别是美国 K12 集团与慕课的成功更成为全球数字教育发展的典范（马化腾等，2017a）。

（一）主流的 K12 在线教育

K12 是美国、加拿大、澳大利亚等国对从幼稚园到十二年级、从学前教育到高中阶段的免费基础教育的通称。成立于 2000 年，并于 2007 年在纽约证券交易所上市的美国 K12 集团是美国在线教育领域最大的教育机构、最全面的运营商和服务商，也是享誉全球的 K12 在线教育的潮流引领者，集团为 K12 在线教育提供课程、课件、教辅、教师、平台、技术及管理的全方位解决方案，其服务对象覆盖从幼儿园起直至 K12 教育各年级和大学选修课学生、学校以及各级教育行政部门。

为满足学生在线学习的需求，美国一半以上州的教育主管部门授权 K12 集团承办本州的公立在线学校，而采用 K12 在线平台及服务开展在线和 O2O 混合式教学的公立与私立学校则遍布全美所有州，此外，K12 集团也为全球 100 多个国家的学校和学生提供在线与混合式教学服务。而在自主性较高的高等教育领域，数字化教育不仅提供在线教育服务，而且以数字技术的前沿模式将教育树立成一种新的公共教育文化与新的时代风尚，以更好推动创新意识与创新能力的培养（马化腾等，2017c；于磊和刘利丹，2017）。

（二）慕课的成功

随着教育改革的不断深化，数字化教育的前景必将愈加光明，但是数字化教育仍然将面临来自传统教育评估体系的挑战。然而美国慕课的成功实际上是在克服这些传统弊端以后实现了教育服务提供上的成功，目前已形成通过团队化、互动式运作方式满足学生学习需求的课程体系，涵盖了课前讲义、课堂提问、随堂测验、课后作业与交流、期终考试和结业证书等每一个教学环节，是一个相对完整的教育过程（张渝江，2016）。通过慕课平台，学习者之间、教师之间、学习者与教师之间都可以进行充分的互动，如学生对老师的测试、作业等要求的回应，使老师获得相应的反馈与评价等信息，老师可以对学生的疑问进行解答、学生之间可以交流学习心得与经验，甚至学生可以按自己的进度选择性接收学习内容，形成了最初的“翻转课堂”体系。

三、数字技术助力中国教育腾飞

中国教育长期面临着资源分配不均、投入产出失衡、素质教育水平较低等困境，在国家政策的大力支持与引导、数字经济的催生与带动等众多因素的作用下，数字技术与教育领域逐渐融合渗透，数字教育新生态雏形逐渐显现。随着以大数据、云计算、人工智能、AR/VR 为代表的新技术应用获得群体性突破，政府也出台系列政策文件鼓励数字教育发展，随之越来越多的互联网公司进入教育领域探索在线教育发展模式，移动数字教育平台与应用也不断兴起，特别是数字直播教育与传统教育的结合推动着教育方式的不断创新。数字教育的发展不仅在优化教育资源配置、促进教育公平方面做出贡献，而且在尊重学生个体差异、丰富学科内容、满足学生个性化教育需求上也可发挥作用，更有助于突破学生学习时空限制，不断加快教育教学方式变革的进程（李昭涵等，2016）。

例如，中国的在线教育经历了 20 世纪 90 年代以前的录音、录像等传统教育，2000～2010 年以远程教育为代表的“互联网+”或数字化教育，以及 2010 年以后的直播课、慕课、知识付费等移动教育与智能教育。在线教育不但能使教学资源利用最大化，而且能使学生学习行为不再受时间、空间与学习内容匮乏的限制，不仅使学生学习行为更加自主，还可以与教师、同学就学习中遇到的问题实时互动交流，也促进了教学管理向数字化、智能化转变，提高了教学管理的效率。近年来，我国在线教育实现了快速发展，涌现出一批如沪江网校、全通教育、尚德机构、VIPKID 等在线教育企业，这除了与我国网民特别是手机网民等用户规模不断增加、我国数字技术与数字基础设施建设水平有了快速提高、我国财政性教育经费占比不断增加有关外，也在于我国教育部为在线教育发展提供了良好的政策环境。

2010 年《国家中长期教育改革和发展规划纲要（2010—2020 年）》提出要部署数字教育基础设施建设，实现教育信息化、数字化；2011 年教育部成立信息化领导小组，推进教育信息化建设；2012 年提出推进职业教育信息化发展的意见；2013 年提出覆盖各级教育部门与各类学校的国家教育管理信息系统建设总体方案；2015 年提出推进三通两平台建设，推动校园互联网全覆盖；2017 年国务院《国家教育事业发展“十三五”规划》指出要形成教育与数字技术融合创新的新局面，使教育数字化水平再上新台阶；2018 年教育部又发布了《教育信息化 2.0 行动计划》，提出到 2020 年，要建成“互联网+教育”大平台，发展基于数字教育与智慧教育服务的新模式，使教师与学生的数字素养全面提高。然而，我国在线教育行业仍面临着线上运营成本高、付费用户比例低、投资回报周期长、恶性竞争激烈等问题，这既有待于未来在线教育企业教育产品的不断推陈出新、在线教育市场的不断细分、提供更加多元的教学情境体验，也需要政府在政策上对于在线教育的持续助推。

总之，我国目前的数字教育建设以政府为主导，以学校和企业为主体，通过传统教育机构、教育科技公司、互联网企业之间的相互协作，积极应用最新的数字教育资源推动着传统教育发展模式的不断改革与创新。

四、智慧教育存在的问题

综观各国智慧教育发展，其在取得重大成就的基础上也存在一定的问题，如所有的教育信息都实现数字化、网络化会不会存在教育信息被泄露与非法使用的风险？数据管理技术能不能有效保护学生个人隐私？在纷繁复杂的学习资源中，学生们该如何有效选择适合自己的资源，把更多的时间、精力花在学习上，而不是浪费在不同资源的选择上？由于数字技术与数字基础设施水平在不同区域间存在极大的差异性，智慧教育有没有可能导致教育差距与不公平的进一步扩大？如何才能更多地发挥智慧教育的优势并积极规避其弊端，既依赖于国家及不同地方政府的财政投入扶持与有效监管，也依赖于学校教学模式的创新、社会大众对不同学习方式的有效选择与多样化教育资源的高效利用，还依赖于不断迭代创新的数字技术对隐私泄露与安防等问题的不断攻克。

第七节　数 字 医 疗

一、数字医疗的内涵

医疗水平直接关系到广大人民群众的健康安危，作为最基本的民生需求，医疗在民生领域占据非常重要的位置。人工智能、大数据等数字技术不断向传统医疗行业渗透、融合，必将促进医疗行业的巨大变革。智慧医疗，是指物联网、大数据、人工智能等数字技术与现代医疗的充分结合，促进全国甚至全球医疗资源的优化配置，从而提高医疗效率，降低患者就医成本，改变患者就医方式。当前，患者通过在线医疗数字平台，采用文字、语音、图片甚至视频等多种方式向医生描述具体病患症状，就可让医生充分了解患者患病基本情况及病情变化趋势,从而有效制定并提出合理的诊断意见和诊治建议。根据马化腾等著《数字经济：中国创新增长新动能》一书及其他有关的公开资料，“春雨医生”“丁香医生”“温暖医生”以及其他一系列医疗 App 等在线问诊企业，其服务内容包含病情在线咨询、患者电子健康档案管理、患者相关医疗数据储存、远程视频诊治、药品等医疗物资电商服务等内容，借助这些医疗数字平台，患者足不出户就可以方便地享受远程在线问诊、咨询及医药用品购买一体化服务，不但为患者获得质量更高的医疗服务提供更大便利，也大幅度降低了其就医成本，提高了就医效率，关键借助数字平台患者和医生之间可以建立长久联系，缓解医患矛盾，患者和医务人员之间的信任度也逐渐提升（李令等，2016；马化腾等，2017a）。

二、数字医疗的趋势

近年来，越来越多的智能硬件都可随时连接网络，这无疑为数字医疗的发展提供了良好的土壤。虽然我国大众不像西方国家民众已经意识到健康的自我管理的重要性，并愿意为之支付高昂的费用，但数字医疗可助其健康管理更有效。在我国数字医疗能为解决医疗资源不均衡、过度医疗、药品和诊疗价格公开度低等问题提供有效的解决方案。物联网、人工智能、机器学习、区块链数字技术正从消费和商业使用转移到医疗行业，如借助智能手机就能让用户获取和共享自身的健康数据，医疗供应商能够与患者全天候互动，还能实现医疗服务的追踪和个性化定制，数字医疗技术的发展和应用使人们越来越确信它将改变医疗行业的现状与未来。数字医疗的内容也非常多样化，涵盖了从面向消费者的一般健康应用程序到通常需要 FDA（Food and Drug Administration，食品药品监督管理局）批准的高级临床解决方案，医疗行业的数字化和向以价值为基础的医疗服务的巨大转变使数字医疗与传统医疗的结合将日益紧密，数字医疗行业的趋势也愈加明朗化（马化腾等，2017a）。

（一）数字技术优化医疗服务的工作流程

传统医疗过程中，患者从预约挂号到接受诊疗到享受医疗服务，通常需要几周或几个月的时间，医生们在诊疗时又十分匆忙，将患者数据输入电子病历还要花费太多的时间，如何高效地进行医疗服务交付成为困扰业内人士和患者的复杂问题。而数字技术的应用可以为那些时间紧迫的医疗人员提供决策支持、更高效的工作流程和不同形式的移动通信，使其能在更短的时间内接待更多的患者，同时也为患者提供更好的医疗体验。此外，在决策支持、人工智能和数据工具等数字技术的辅助下，就医时间大为缩短，不仅使更多患者得到医疗服务，还有助于降低劳动力成本和医疗成本。例如，护士、初级保健医生、病例管理人员可通过数字技术分担一些原本属于专门医生从事的工作，使医生的更多精力集中于诊疗与医技水平的提升，甚至患者在数字技术的作用下也能利用智能移动设备在家中进行医疗方面的自我管理（互联网医疗中国会，2015）。

（二）AI 助力药物研发与数字干预

AI 落地医疗，在助力药物研发、医生诊断等方面表现非凡，目前正在为一线医生降低劳动强度，并帮助医疗资源覆盖到偏远地区。公众能够直观感受到的就是多地大医院配备的为患者回答问题、初步分诊、疏导患者的人形导医机器人。其实 AI 更多地表现为助力药物研发以及通过应用程序的设置与数字干预提高临床疗效，药物发现的过程涉及数百种化合物的鉴别以及这些化合物在后续试验过程中持续不断地被剔除，通过缩小治疗靶点的范围，AI 能够更迅速、廉价地帮助药企研发新药，大大缩短研发新药的时间和成本。此外，借助 AI 技术，通过以临床上可证明的方式改善患者的健康应用程序等数字干预措施，使用各种健康、行为和情境数据，如睡眠、血压、血糖、体重等来改善患者的治疗计划。这类应用程序具有令人信服的临床疗效，制药公司也有兴趣将数字干预与其生产的药物相结合，以改善预后，并进行产品细分，然后直接与患者接触。例如，将传感器嵌入药丸中，以追踪患者的药物依从性（王晶和朱慧颖，2015；马化腾等，2017a）。

（三）智能可穿戴医疗设备促进健康自我管理

虽然借助 AI 技术使药物研发方式不断改进，但目前药物的输送和监测手段仍然相对滞后。现行的医疗监测与药物输送手段，如量血压和测心率、输液等都容易出现人为失误，如果以皮肤为平台，将可穿戴装备放置在皮肤上以进行持续的生理监测和药物输送实现健康的自我护理，不仅能让患者减少住院时间，而且获得的数据更可靠，更可大大减少人为失误。此外，通过智能可穿戴设备实时监测身体体征数据，通过对身体各项数据的显现，既可改善患者的治疗计划，也可促进更多的患者参与医患互动，还可督促用户养成良好的生活习惯，对疾病的预防也有好处（王晶和朱慧颖，2015）。

（四）数字技术促进医疗数据的集成与分析

近年来，已经出现了电子病历中的数字化健康数据、智能手机捕获的健康数据和基因组数据等急剧增加的趋势。这些新型医疗数据集有许多用途，如医生可以通过分析这些数据来做出诊断和决策；患者也可以从数据的预后预测中受益，医疗保险公司和那些直接支付雇员保险的公司可以用它们来完善保险精算模型。而这些数据现在处于孤立、易受袭击的分散式状态，日益庞大的数据处理起来也很棘手，而且所有数据管理如今都面临一个共同难题，那就是无法实现数据共享。而区块链具备收集全球临床信息和共享医疗记录的巨大潜力。在区块链技术的作用下，医疗数据未来应该是集中的、受保护的、网络式的。例如，登记在区块链上的医疗数据会被加密处理，患者可以选择更有保障的途径，不同于将患者的信息孤立地存储在当地的医院，患者的每一次新的就诊经历都会被记录在一个公共平台上，而且这些信息的获取权限完全由患者本人控制，可极大程度减少隐私泄露风险（王晶和朱慧颖，2015；互联网医疗中国会，2015；马化腾等，2017a，2017b）。

第八节　数字交通

一、数字交通的内涵

根据网络与数字交通相关的公开资料，城市建设，交通先行，作为城市"血脉"以及城市流动性重要体现的交通，既肩负着客流和物流的运输任务，也承载着民众对于美好生活的向往。从最初的人（畜）力车到如今的机动车、新能源车，一座城市的交通效率对于城市经济、政治、文化、教育、社会、生态等方面的发展影响越来越大，甚至还决定着整个经济社会的发展形态。随着我国城市化进程的向前推进与汽车数量的爆炸式增长，交通拥堵、停车难、噪声和空气污染、道路违法识别、交通事故处理等因交通导致的问题，使整个城市的承载能力与社会运行效率受到了严峻的挑战，这不仅在一定程度上折射出城市治理与规划水平，也给整个民生领域带来了切实的影响。而随着物联网、大数据、云计算、人工智能、无人驾驶等一系列数字技术的兴起，创新科技对于各大城市交通乃至城市扩张、经济发展的改变所扮演的角色越来越重要，与此同时，数字交通或智慧交通与智慧城市革命也随即爆发。随着智慧城市建设的大力推进，智慧交通也融入社会生活的各个领域，甚至成为经济发展重要的推动力，彻底改变着人们的生活和工作方式，因此各界对智慧交通的关注度也不断提高。

数字交通是依托于ICT，以交通工具、道路以及相关服务信息的收集、处理、分析、运用为重点，以数字化、自动化、智能化为手段，以为交通运输参与者提供高效的互联、最佳的匹配与多样性服务为目的，由人、车、路、环境等多个子系统全方位综合智能连接构成的面向交通运输的服务系统。数字交通通过打造公平、高效、安全、便捷、环保的交通运输系统，如美国的无人驾驶、欧洲的绿色出行、日本的智慧道路等以满足数字经济社会中民众不断增长的出行与运输需求，成为当今世界交通运输发展的热点和前沿（陶永等，2016）。

从整个智慧交通发展二十余年的历程来看，从一开始关注单个产品的研发与应用、单一系统运行以及单一功能的应用设计到关注大数据的互联互通，破除数据壁垒，再到现在的多技术融合、多系统集成，各技术之间、各管理部门之间、各出行方式之间的边界都在慢慢消解、交互，形成了万物互联为基础服务导向的新型智慧城市。然而，不论借助什么技术手段，甚至自动驾驶全面到来，都必须借助智慧交通解决安全和效率问题，为人民群众提供更方便、快捷、舒适、安全的环境和交通出行服务。

二、数字交通案例

根据交通运输部规划研究院、交通运输部科学研究院联合高德地图等机构发布的《2017年第三季度中国主要城市交通分析报告》，济南、哈尔滨赶超北上广深，位列“堵城”排行榜第一、二名，深圳则成功摘掉“堵城”帽子，排名跌到第28名，成为较不堵的一线城市。深圳成功摘掉“堵城”的帽子，智慧交通特别是智慧停车功不可没。随着人们对交通优化的需求越来越高，以信息化、智能化手段，全面改造城市传统停车软硬件设施，为城市交通装上智慧大脑，是解决城市拥堵顽疾的关键所在。深圳就是中国智慧交通先行先试、发展最快的城市，是中国第一个实施路内停车收费的城市，并从交通监控、车流引导、停车管理等维度搭建了完整的智慧交通管理体系，交通运行管理效率大为提升。

（一）可视化监控智能疏堵

数字经济时代，数字技术在保障交通出行顺利有序中扮演着至关重要的角色。根据网络上有关公开资料，深圳智慧交通系统借助数字技术对前端设备传感器获取的路况信息进行大数据实时监测与统计分析，并以自动化、智能化的方式为用户提供及时的道路路况、公交车轨迹等重要信息，引导驾驶员改变出行路线，进而达到改善交通拥堵的目的。这种通过可视化监控、智能疏导、预约通行等手段对交通信息进行收集、整理、分析和利用的智慧交通系统，不仅促进了城市交通的顺达通畅，更为市民的出行提供了极大的方便。

（二）智慧停车系统

根据网络上与智慧交通相关的公开资料，智慧交通是未来交通发展的大势所趋，而智慧停车则是城市智慧交通的“开路先锋”，是现阶段缓解停车难，推动交通智能化、信息化发展的关键所在。智慧停车首先要解决城市内部数据彼此独立、用户获取信息渠道不畅通、信息不对称、资源不对称的问题，否则停车也就难以真正“智慧”，而技术成为化解这些难题的关键手段。运用大数据、云计算、物联网、人工智能等前沿技术对传统停车模式进行彻底改造，才能全面打通城市停车资源大数据，并配合城市级智慧停车管理系统，实现城市交通管理一体化、智慧化，提升城市交通管理效率。在这方面，深圳举全市之力，以智慧道路停车为切入口，对城市交通软件设施进行智慧化改造，形成了由信息采集前端、运营管理后台、服务综合云平台三大模块组成的智慧停车场系统，改变了以往停车数据互不联通、停车资源分散、停车管理方式滞后的局面，极大缓解了城市停车难的压力，为中国解决城市交通问题提供了宝贵的先行先试经验，值得其他城市借鉴。

（三）降低事故率，提升事故处理效率

根据相关数据资料，自汽车发明以来，交通安全事故便如影随形，全球每年因为交通事故而死亡的人数超过 100 万人。在传统经济时代，交通安全管理更多地偏向于事后处理，而如何降低交通事故发生概率，一直是社会的重大难题。在数字经济时代，借助人工智能、物联网等技术就可以更有效地降低事故发生的概率。在车联网技术中，导航终端、可感知疲劳驾驶的车载视觉系统和传感器能够识别驾驶员驾驶行车状态，对防止驾驶员疲劳驾驶、超速逆道行驶效果明显；车距监控、前碰撞与后追尾预警、车道偏离预警系统等安全系统同样可以降低事故发生率，确保行车一路安全。而在出现事故后，通过人脸识别执法应用模式，可以针对可疑车辆与人员进行甄别，更快明确违法行为和违法人员，精确度高达 99.8%，再通过事故极速处理平台，运用 AI 图片识别和视频分析技术，可对事故进行远程定责定损，大大提高事故快撤效率，人工成本也大为降低。

（四）有效应对突发警情

根据网络上相关资料，如遇突发警情或恶劣天气，智慧交通平台可以远程遥控劝导站、卡口的拦车挡杆自动关闭或开启，实施快速封堵；通过远程遥控信号灯调整路口车辆通行状态，从而达到限制嫌疑车辆通行或者确保救援车辆一路畅通无阻的目的。同时根据地图上形成的标注，可以快速查询周边设备和警力，通过对讲机、警务通、智能语音交互等将指令第一时间直接下达到最近的执勤民警，就近调集周边警力完成快速、精准布控。

总之，对于城市管理而言，通过全方位智慧交通解决方案获得精准的数据信息，不仅可大量节省人力、物力等成本开支，而且会使管理更加高效、灵活。在深圳试点的智慧交通解决方案从日常的道路智能疏导、智慧停车到违法智能识别、事故远程精准定责，再到善后环节的智能语音交互,不仅使原来难以解决的交通管理难题有了新的解决之道，整个城市的交通状况与城市环境风貌也有了明显改观。

2017 年 9 月，为推动以企业为主体的智慧交通出行信息服务体系建设，促进智慧交通的进一步发展，从而让人民群众出行更加便捷，交通运输部办公厅发布了关于印发《智慧交通让出行更便捷行动方案（2017—2020 年）》的通知，分别在提升城市交通出行智能化水平、加快城市交通出行智能化发展、推广城乡和农村客运智能化应用、完善智慧出行发展环境等方面做了重大部署。然而，智慧交通是一项巨大的民生工程也是系统性工程，建设周期长、资金投入大、涉及面广，只有统筹政府和市场资源，调动政府、企业、社会各方力量协同参与构建与治理，才能使智慧交通系统的运用价

值得以不断提升。

案例 中国数字经济如何引领全球新趋势

一、中国数字化成就突出

中国取得的数字化成就远超多数关注者的预期：中国目前已是全球领先的数字技术投资与应用大国，孕育了全世界 1/3 的“独角兽”公司；市场体量庞大，能够推动数字商业模式迅速投入商用，而且本土市场拥有大量热衷数字科技的年轻消费者；业务遍及全球的中国互联网三巨头“BAT”（百度、阿里巴巴、腾讯）正在布局多行业、多元化的数字生态系统，力图深入触及消费者生活的各个方面；政府也在积极鼓励数字化创新与创业，不仅给了企业试水空间，还对新技术的投资者、开发者及消费者的角色予以支持。

数字化转型已对中国的经济产生了深远影响，对全球数字化格局的影响也与日俱增。随着数字全球化进程逐步展开，中国正在通过并购、投资、新商业模式输出及技术合作等方式，成长为引领全球数字化发展的力量。

二、中国的数字化发展具有极大潜力

中国的数字化潜力远超许多关注者的预期，主要原因有三个：其一，中国庞大的本土市场具备规模优势，并且拥有极为活跃的数字“原住民”（25 岁或以下），有助于持续推进数字技术的快速商业化；其二，原来以“BAT”三巨头为核心的数字产业生态圈如今正在不断拓展深化，竞争也趋于激烈；其三，政府监管者在早期为创新企业提供了蓬勃发展的空间，如今更是大力推动前沿技术的投资和应用，为中国飞速成长的数字化行业提供支持。中国现已成为世界公认的数字化大国。作为数字技术的主要投资国以及应用此类技术的先行者，中国正在改写全球数字化的格局，并为远在海外的创业公司提供支持和启迪。接下来还有更多的变化值得期待。随着中国的数字化进程逐步推进，各个行业的价值链都将经历营收和利润池的彻底变革。虽然这种创造性变革将发生在世界每一个角落，但由于中国的传统行业效率低下、拥有巨大的商业化潜能，因此这一变化在中国将尤为迅猛和激烈。经历这次转变脱颖而出的企业很有可能拥有庞大体量，足以影响全球数字化格局，并且能够带动中国境外的创业者。

三、中国的数字全球化有可能对世界经济产生重大影响

随着中国的数字化发展不断取得新进展，中国在世界舞台上的角色日益醒目，对全球经济的影响力也逐渐扩大。过去几十年中，中国已在全球价值链的纽带作用下变成世

界经济不可或缺的一部分，但未来将是数字全球化的时代，而非实体贸易一统天下。中国现已成为全球数据流动的主要参与国，并日渐成为全球数字化投资大国，越来越多的中国数字企业通过并购、商业模式拓展、成为技术供应这三种方式努力扩展全球业务，中国领先的数字化企业为全球合作伙伴提供技术，中国的数字科技也让国外合作伙伴受益，这也许意味着中国即将来到全球数字化发展的最前沿。同时，中国在世界数字化舞台上的地位越发突出，这说明中国可以更广泛地参与甚至领导全球治理，为解决国际竞争、互惠互利、数字主权等挑战做出更大贡献。

资料来源：该部分内容节选自麦肯锡全球研究院 2017 年 8 月发布的《中国数字经济如何引领全球新趋势》报告

本章思考题

1. 比较数字技术对农业、制造业和服务业转型升级影响的联系与区别。
2. 简述数字教育、数字医疗与数字交通等公共服务对民众生活的影响。

第七章　政策篇：国际组织与主要国家发展数字经济的政策

全球范围内数字经济的快速发展符合市场经济的基本规律，但也依赖于全球对数字经济发展的战略与政策保障。本章主要在对国际组织与世界主要经济体制定的数字经济发展战略与政策进行详细解读的基础上，对全球及各主要经济体的数字经济发展概况进行评价。

第一节　国际组织与世界各国积极倡导发展数字经济

一、国际组织积极倡导发展数字经济

根据马化腾等著《数字经济：中国创新增长新动能》以及其他与数字经济相关的公开资料，基于数字经济对全球经济社会发展的重要作用，世界银行、世界经济论坛、OECD、亚太经合组织、全球移动通信系统协会（Global System for Mobile Communications Assembly，GSMA）、G20、国际电信联盟、联合国经济和社会事务部、国际货币基金组织、联合国贸易和发展会议等国际组织均通过设置相关研究项目，纷纷提出各种举措，大力推动数字经济发展。

（一）世界银行

随着数字技术的不断发展，世界银行近年来把发展数字经济作为一种重要手段来促进全球脱贫、就业与经济持续增长。近年来世界银行投资的项目中，一半以上涉及数字技术

与数字经济，特别是2016年发布以“数字红利”为主题的年度旗舰报告，强调数字技术对经济增长环境、公共服务效率以及全球公平性的重要性，并强调只有通过促进数字技术投资改革，加大数字技术投资力度，才能够获得就业增加、经济发展与服务水平提升等数字技术红利。

（二）世界经济论坛

世界经济论坛在促进数字经济发展方面也做了诸多工作。其认识到第四次工业革命的到来将会引发劳动力市场的巨大变革：未来传统职业的消失与新兴职业的产生将会成为第四次工业革命需应对的真正挑战。基于此，2016年1月世界经济论坛发布《未来就业报告》，探讨第四次工业革命下的就业、技能和劳动力战略，以实现数字经济的快速发展。2016年3月发布的“E15项目”，提出开展数字经济与数字贸易研究、开启相关规则谈判及国际合作的建议。2016年7月，世界经济论坛发布《2016年全球信息技术报告——数字经济时代推进创新》报告，指出数字技术与数字经济成为第四次工业革命中的中坚力量，民众的未来取决于其数字素养与数字技能的提升程度。

基于第四次工业革命在重塑经济、技术和社会环境过程中给人类社会带来的负面效应与正面效应并存，为充分降低负面效应，提升正面效应，扩大包容性影响，2017年6月世界经济论坛上，2000多位专家、学者、商业领袖齐聚大连，召开新领军者年会，并将主题定为在第四次工业革命中实现包容性增长。

随着第四次工业革命的到来，新型商业模式和突破性技术不仅将颠覆过去250余年前三次工业革命下的行业运转、企业设计、生产方式和消费者使用产品与服务的方式，也将改变人们的认识、行动方式、创造社会价值的方式及对人类与社会结构的定义。在此背景下，中国凭借大规模研发、高水平的国际专利申请以及灵活的数字生态系统，涌现出许多在云计算、大数据以及人工智能领域的发展达到国际水平的创新创业公司，不断推动数字技术的突破与创新，成为第四次工业革命新时代的领军者之一。基于此背景，世界经济论坛于2017年11月在汇聚先进制造业、创业及技术先驱的中心城市深圳召开商业圆桌会议，以第四次工业革命中实现弯道超车为主题，探索中国数字经济发展的愿景与数字技术解决方案。

（三）OECD

OECD非常重视全球数字经济的发展，建议各国政府着手应对互联网、大数据、人工智能、物联网、云计算等数字技术及数字基础设施投资放缓的问题，消除数字技术创新的规则束缚与制度障碍，加快扶持数字技术的发展，提高数字基础设施投资水平，缩小数字鸿沟与数字经济发展的缺口，弥补国家在数字技术与数字经济发展方面的短板，促进在发展数字经济过程中蕴含的巨大经济和社会效益的不断提升。

2015年7月，OECD出版的《数字经济概览：2015》一书认为，数字经济的潜能还未充分展现，各成员要把发展数字经济上升到战略层面，并提出了具体的政策建议。OECD 在《数字经济展望 2016》报告中指出：截至 2015 年，80% 的成员都制定与构建了数字经济国家战略框架，其他国家也大多在考虑制定相关的战略与政策。在 2016 年 6 月召开的 OECD 部长级会议上，增强全球连接、促进数字经济创新、互联网安全、增强人们对数字经济信任、提升对数字经济的需求、促进数字经济下创业就业、培养数字技能等与数字经济相关的内容成为各国部长和其他高层利益相关者探讨的重要议题。

2017 年 7 月，OECD 贸易政策论文《数字贸易——制定分析框架》发布，认为通过在线平台、数字交付、数字连接可创造更大的实体交易量，数字技术与数字化不仅正在改变人们交易的渠道，也正改变着服务的生产和交付方式。文中认为虽然目前没有准确的数字贸易定义，但数字贸易的基础是数据的流动，数字贸易一定包含通过数字或物理方式提供的商品和服务贸易中的数字化交易，在数字经济下数据作为一种生产资料，其本身也可以作为服务交易的资产与全球价值链的组织方式，数据流动本身也构成数字贸易的重要部分。此外，文中在探讨数字贸易的定义的基础上，还提出了一种可用于分析数字贸易问题的试探性框架，进而有助于人们理解、识别、分析与数字贸易相关的问题，并提出解决数字贸易引发的相关问题的政策框架。例如，如何更好衡量数字贸易，如何完善数字贸易统计体系与行业分类体系；数字贸易等新型贸易方式引发的关于传统贸易规则适用性的问题该如何解决；数据流促进数字贸易增长的作用机制以及如何确保数字贸易的利益在国家内部与不同国家之间公平分配等问题。

2017 年 10 月，OECD《数字经济展望 2017》报告发布，审查并记录了数字经济中的演变和新出现的机遇与挑战，突出了 OECD 国家和伙伴经济体如何利用 ICT 和互联网来实现其公共政策目标；并通过比较不同经济体的数据，为政策制定者提供监管实践参考和政策选择，以帮助其最大限度地发挥数字经济在推动创新和包容性增长过程中的潜力。

（四）亚太经合组织

亚太经合组织多年来一贯重视数字经济与数字贸易环境建设。在 2002 年第十次领导人非正式会议上通过的《关于执行 APEC 贸易和数字经济政策的声明》中就指出，要通过制定全球性的数字经济与数字贸易政策框架，促进良好的全球数字经济与数字贸易发展环境建设，并在部分成员方率先实行，再逐步扩展到整个亚太地区。2010 年的亚太经合组织部长级会议再次强调了发展数字经济的重要性，并指出各国都要更加全面地研究数字经济政策以及与数字经济发展相关的规章制度，只有这样才能更好地推动成员方支持数字技术创新，并不断提高数字技术发展的经济效益和社会效益。

2013 年 12 月，亚太经合组织发布《APEC 基于信息技术的创新服务链研讨会》报告，介绍了 2013 年 2 月在中国举办的亚太经合组织研讨会内容，缩小亚太经合组织经济体之间的经济差距，创造更好的质量和生产性就业机会，推动基于信息技术的创新服务链项目，旨在建立创新服务链，为支持各经济体之间的经济和技术合作提供手段。

2014 年 12 月，亚太经合组织发布《通过亚太伙伴关系缩小数字鸿沟》的报告，强调使人们克服因年龄、性别、健康、社会或教育状况而受到的限制，并享受数字化带来的好处，缩小亚太经合组织地区的数字鸿沟。

2016年11月，亚太经合组织出版《APEC区域趋势分析（重新思考数字时代的技能发展）》，强调数字技术使家庭和使用它们的公司受益，数字技术使用与GDP增长之间具有统计显著性和正相关性，但数字技术与就业之间没有明确的关系。在数字时代，需要重新思考教育和培训以及劳动与社会保障政策。此外，数字技术对区域合作也至关重要，要协调不同地区的政策和法规，促进信息共享和相关设施建设。

2017年4月，亚太经合组织出版《促进包容性增长的数字贸易：提升APEC数字贸易的关键问题》，强调与工业革命一样，互联网和数字革命彻底改变了世界，但数字时代新出现的政策问题，可能会破坏互联网的有用性并阻碍其增长，因此尤其需要亚太经合组织政策制定者的关注。此外，还讨论了数字贸易带来的机遇和挑战，以及包括物理基础设施在内的数字经济增长推动因素。

（五）全球移动通信系统协会

全球移动通信系统协会认识到，随着数字技术革命进一步加速，大数据、云计算、人工智能和物联网等新兴数字技术均已在全球及各地区层面对人类的生产、生活产生了极其深远的影响，不仅促使众多传统领域实现数字化改造甚至彻底被数字化颠覆，同时也给人们带来巨大的社会和经济效益，基于此，全球各国、各地区只有尽早制定前瞻性的数字经济发展战略及相关政策才能够有效应对数字技术对经济社会各领域的冲击与影响，才能让所有民众、企业和整个社会享受到数字经济发展的红利。此外，全球移动通信协会联合德勤发布的《拥抱数字革命：制定相应政策，打造数字经济》报告中，也鼓励各国政府通过制定刺激数字经济投资和促进数字经济发展的战略与政策框架，为第四次工业革命和数字经济发展做好应对筹划与战略安排，此外，还强调在充分激励各国数字经济快速发展的同时也要强化对政府不作为风险的认识，呼吁各国政府为广大社会民众建设一个更加包容、更加普惠的数字化社会。

（六）G20

G20是一个国际经济合作论坛，其宗旨是在经济合作与发展等一些实质性的问题方面，促进发达国家和新兴经济体之间展开开放式的讨论与交流对话，进而寻求促进国际开放和合作的渠道与途径，促进全球经济沿着可持续健康发展的轨道再上台阶（赵卿，2017）。

G20领导人在2015年G20安塔利亚峰会上，就意识到数字技术与数字经济对全球经济增长的重要性，并在2016年的G20杭州峰会上，就将数字经济列为创新增长的重要议题，并对数字经济促进全球经济包容性增长的重要性以及如何应对数字技术发展过程中的挑战做了深刻探讨，并发布了《G20数字经济发展与合作倡议》，首次对数字经济的定义及其他相关问题做出明确的鉴定与表述（红星杨，2018）。

2017年4月，在德国举行的G20数字化部长会议对数字经济未来发展做出展望，并发布了《G20数字经济部长宣言》主报告以及《数字化路线图》《职业教育和培训中的数字技能》《G20数字贸易优先事项》三个分报告，其中主报告《G20数字经济部长宣言》认识到数字技术以及传统产业数字化在创造经济繁荣、促进包容性增长和经济全球化发展方面的潜力，指出提升数字基础设施水平至关重要，要加快安全的网络基础设施建设，构建安全的网络环境，促进互联互通；强调ICT作为当今数字经济支柱的重要性，要推动融合应用创新与传统产业数字化转型；指出要推动包容性发展，呼吁缩小当前存在的数字鸿沟；提出要加强数字经济治理，完善数字经济对话协商与国际合作交流机制。

分报告《数字化路线图》为数字化过程中的数字基础设施建设、促进生产数字化转型、弥合数字鸿沟、衡量数字经济等11个关键问题提供了解决方案；分报告《职业教育和培训中的数字技能》指出数字技能已成为驱动创新、促进增长的重要推动力，在发展数字经济的过程中要重视数字技能欠缺对可持续发展带来的影响，要促进数字技术在中小学教育以及非正式教育中的使用，提升数字素养。

2017年7月，G20德国汉堡峰会通过《塑造联动世界》公报，指出数字化转型在促进全球包容、普惠、创新与可持续发展中的重要作用，并强调充分发挥数字化的潜力，还可弥合全球发展差距，促进经济全球化进一步发展。故公报建议营造数字经济发展的有利环境，促进数字技术与数字基础设施投资和创新；通过教育与职业技能培训等提升全民数字素养和数字技能，缩小数字鸿沟；在促进相关数据自由、充分流动的基础上，也要加大对数字知识产权与个人隐私数据的保护力度，让民众树立起对发展数字技术与数字经济的信任度；建设性地参与国际组织相关论坛关于电子商务、数字贸易及相关规则制定等议题的讨论，促进数字贸易的快速发展与数字经济的持续增长。

（七）国际电信联盟

国际电信联盟是主管ICT事务的联合国机构。与其他联合国机构不同的是，国际电信联盟既有公共部门成员，也有私营部门成员。除193个成员方以外，国际电信联盟成员中包括ICT监管机构、领先学术机构和大约700家私营公司，在一个连接日益紧密的世界中，国际电信联盟成为在此生机勃勃、迅速发展的行业中首屈一指的全球性组织。国际电信联盟致力于联通世界各国人民，无论身处何方，处境如何，要保护并支持每个人的基本通信权利，其通过划分全球的无线电频谱和卫星轨道，制定技术标准以确保网络和技术的无缝互联，并努力为世界欠发达社区提供ICT接入，目前凭借全球成员的帮助，国际电信联盟以高效、安全、方便和负担得起的方式，让每个人都成为现代通信技术的受益者。

国际电信联盟有关ICT的出版物，专业性很强、独具特色且内容可靠，包括报告、软件和数据库，主要介绍ICT政策、ICT发展以及ICT市场分析、ICT统计数字、ICT指标和ICT趋势以及ICT相关大会的会议记录，特别是近年来连续出版的信息社会发展报告及开发的相关数据库成为数字经济研究者的必备资料。

（八）联合国经济和社会事务部

数字技术越来越多地被政府用来改善对灾害和其他冲击的反应，以提高社区的适应能力。与此同时，ICT 的发展又增加了一个新的脆弱性层面，这就要求在政府并不总是具备创业能力的其他地区增强抵御能力。为预测灾害及应对数字经济的冲击，并降低其负面影响，联合国经济和社会事务部公共行政与发展管理司专门开展联合国电子政务调查的相关研究，从 2000 年起基本每隔两年就发布一份联合国电子政务调查报告，统计全球不同区域、不同国家甚至不同城市的 EGDI（e-government development index，电子政务发展指数），引导各国政府采取政策和措施，加强抵御灾害及数字经济冲击能力，并帮助受冲击影响最大的国家实现可持续发展目标，呼吁各国政府在与私营部门密切合作的同时，设法确保数字卫生等在线公共服务的良好标准。

（九）国际货币基金组织

2006 年 11 月，国际货币基金组织发布了《金融发展，资本市场结构和全球数字鸿沟》的文章，发现金融发展在知识产品市场中的作用，导致其成为 ICT 发展的重要决定因素，意味着金融市场不发达的国家可能在 ICT 的使用方面也落后。文中利用 1990～2003 年 76 个新兴国家和发达国家的面板数据，发现信贷和股票市场的发展趋向于促进 ICT 的发展，进而解释了金融发展和金融结构在 ICT 跨国传播中的作用。但也说明金融结构似乎与 ICT 发展没有任何重大关系。

2017 年 1 月，《公共财政的数字革命》一书出版，该书认为数字化有望通过改变政府收集、处理、分享和处理信息的方式来重塑财政政策。更多和更高质量的信息不仅可以改善税收和支出的政策设计，还可以改善税收管理、公共服务管理、社会计划的管理、公共财务管理等管理系统。各国必须制定自己的政策路线，以有效应对制度和能力限制、隐私问题以及欺诈和逃税的新途径等风险与挑战。

近年来，国际货币基金组织也从事着大量与数字经济有关的重要活动：调查数字化对财政政策的潜在影响、继续研究数字经济的衡量问题、制定数字时代的数据和统计总体战略、启动数字化平台建设和制定数字战略工作。

（十）联合国贸易和发展会议

数字技术具有改变国际化生产、全球贸易和国际金融的巨大潜力。联合国贸易和发展会议从 2005 年开始一直到 2017 年，几乎每年都会发布《信息经济报告》，每年关注与数字经济发展相关的主题，从 2005 年关注电子商务和发展，到 2007 年关注 ICT 对发展的促进作用，到 2012 年关注软件产业和发展中国家，而到了 2017 年关注数字化、贸易和发展。《信息经济报告 2017》认为，随着人类步入数字经济时代，数据处理、传输、加工、分析和使用的成本不断降低与数字化能力的不断提升，全球的经济活动正在发生改变。报告主要研究了数字经济发展过程中数字化对全球贸易和生产价值链的影响，对发展中国家既是机遇也是挑战，而且不同国家数字化转型的速度存在差异，所以各国都要对多个领域的现行法律、监管框架和相关政策进行调整。此外，联合国贸易和发展会议发布的世界投资报告近年来也开始关注数字经济的问题，数字经济正在成为全球经济增长的新动力，其不仅从根本上改变着跨国公司国际一体化生产、营销及贸易的方式，对东道国的经济发展也具有潜移默化的影响，所以数字经济的发展不仅关系到某种技术或某个企业，而且会影响到全球价值链的数字化，这不仅为全球包容性和可持续发展带来了诸多新机遇，同时也带来了各种严峻的政策挑战。《世界投资报告 2017》关注的主题就是投资与数字经济，并分别从数字经济下跨国公司国际一体化生产对东道国影响的变化如何改变国际投资政策与所有国家如何制定有针对性的投资政策，促进数字基础设施互联互通和全球经济的数字化发展两个角度分析了投资与数字经济的关系。

二、世界各国积极倡导发展数字经济

根据马化腾等著《数字经济：中国创新增长新动能》以及其他与数字经济相关的公开资料，目前世界主要国家纷纷出台数字经济相关战略，推动数字经济发展，特别是 OECD 中 80%以上的成员方都不同程度地制定了促进数字经济发展的国家战略与部门政策框架。综观世界主要国家制定的数字经济发展的战略与全球数字经济发展进程，美国、欧盟和英国、日本、韩国、新加坡等诸多国家和地区较具代表性，而且美国、欧盟、日本等发达国家和地区在不断升级数字经济发展战略的过程中，也在积极制定激励数字经济发展的配套政策，近年来，中国等发展中国家也逐步认识到数字经济发展的重要性并高度重视数字经济相关政策的制定，纷纷出台了一系列相关的文件。综合来看，主要国家在制定与数字经济发展相关的战略与政策时，主要聚焦于以下几方面内容：第一，加大数字技术创新与数字基础设施建设力度；第二，加强数字技术广泛运用，促进传统产业数字化改造；第三，促进数字政务、数字政府及数字立法建设，提升数字经济治理能力；第四，大力实施数字安全战略，强化数字安全保障；第五，逐步消除数字鸿沟，促进数字经济红利全民共享。

三、全球数字经济发展概况介绍

（一）全球数字经济发展

1. 全球信息社会发展

根据国际电信联盟发布的信息社会发展报告的相关内容，IDI（ICT development index，信息通信技术发展指数)是一个将三个分指数三个指标合并为一个基准指标的综合指数，它用于监测与比较各国和地区之间 ICT 的发展水平的差异，以及随着时间的推移各国信息发展水平的演进进程，进而衡量各国内部 ICT 发展的水平和演变、各国在 ICT 发展水平方面的差异、ICT 的发展潜力以及各国在现有能力和技能背景下利用 ICT 促进经济增长与发展的程度。

分指数 1：ICT 基础设施和访问指数，衡量可用的 ICT 基础设施水平和个人对基本 ICT 的访问情况。其包括每 100 名居民的固定电话数量、每 100 名居民的移动电话数量、每个互联网用户的国际互联网带宽（兆比特/秒）[用国际互联网带宽的总使用容量除以总使用数衡量，以兆比特/秒为单位]、拥有电脑的家庭百分比、互联网接入的家庭百分比五个指标，每个指标权重 20%。

分指数 2：ICT 使用指数，衡量 ICT 的强度和在社会中的使用水平，包括使用互联网的个人百分比（用过去三个月内，无论使用何种设备和网络，从任何地点，出于任何目的使用互联网的人衡量）、每 100 名居民的固定宽带订阅量（用下载速度等于或高于 256 千比特/秒的高速接入公共因特网的固定订阅量衡量）、每 100 名居民的有效移动宽带订阅量（用数据和语音移动宽带订阅以及仅限数据的移动宽带订阅到公共互联网的总和衡量）三个指标，每个指标权重 33%。

分指数 3：ICT 技能指数，衡量有效使用 ICT 的重要能力或技能水平，用平均受教育年限和中等与高等教育总入学率指标代为衡量。其包括平均受教育年限（用一个国家人口完成教育年限的平均数衡量）、中学入学率和高等教育入学率（分别用符合条件的官方学龄人口的百分比衡量）三个指标，每个指标权重 33%。

IDI 中包含的指标和子指数根据首次计算指数时获得的主成分分析结果加权确定权重，由于分指数 3——ICT 技能指数不是直接衡量 ICT 相关技能的指标，因此在计算 IDI 时，其权重低于其他两个子指数，只有 20%，其他两个指数权重都为 40%。

根据国际电信联盟《2017 年衡量信息社会报告》的数据，如表 7-1 所示，2017 年全球 IDI 值保持上升趋势，国家和地区之间的信息发展有很大差异：IDI 排名最高的国家是冰岛，其 IDI 值从 2016 年的 8.78 上升至 2017 年的 8.98，最低的是厄立特里亚，IDI 值只有 0.96。按 IDI 值的大小，各经济体可划分为四个层次，其中最高层次包括冰岛等 44 个经济体，IDI 值为从葡萄牙 7.13 到冰岛 8.98，其中排名前十的包括冰岛、瑞士、丹麦、英国、荷兰、挪威和卢森堡 7 个欧洲国家，还有韩国、中国香港和日本 3 个亚洲及太平洋地区的经济体，虽然排名前十的经济体 IDI 值相差范围也从 2016 年的 0.46 增加到 2017 年的 0.55，但所有这些经济体 ICT 发展包括 ICT 基础设施投资、网络质量及 ICT 服务质量都达到了很高的水平；中上层包括俄罗斯等 44 个经济体，IDI 值范围从苏里南的 5.15 到俄罗斯的 7.07；中下层包括阿尔巴尼亚等 44 个经济体，IDI 值范围从圣多美和普林西比的 3.09 到阿尔巴尼亚的 5.14；最底层由莱索托等 44 个 IDI 最小的经济体组成，从厄立特里亚的 0.96 到莱索托的 3.04。

表 7-1 2017 年信息发展指数全球前二十名

经济体	2017 年		2016 年	
	排名	数值	排名	数值
冰岛	1	8.98	2	8.78
韩国	2	8.85	1	8.80
瑞士	3	8.74	4	8.66
丹麦	4	8.71	3	8.68
英国	5	8.65	5	8.53
中国香港	6	8.61	6	8.47
荷兰	7	8.49	10	8.40
挪威	8	8.47	7	8.45
卢森堡	9	8.47	9	8.40
日本	10	8.43	11	8.32
瑞典	11	8.41	8	8.41
德国	12	8.39	13	8.20
新西兰	13	8.33	12	8.23
澳大利亚	14	8.24	16	8.08
法国	15	8.24	17	8.05
美国	16	8.18	15	8.13
爱沙尼亚	17	8.14	14	8.16
新加坡	18	8.05	20	7.85
摩纳哥	19	8.05	18	8.03
爱尔兰	20	8.02	19	7.90

资料来源：根据国际电信联盟相关资料整理

IDI 值排名靠前的国家和地区大多为欧洲、美洲及亚太地区发达国家和地区，这些国家和地区人均收入水平高，而且可以享受更高的宽带速度和更复杂的数字服务，也充分说明了欧盟、美国和日韩等经济体在数字经济发展中的领导地位，而排名最靠后的国家大多为非洲、亚太、拉美及阿拉伯等地区的发展中国家，基本都属于人均收入、ICT 基础设施服务水平较低的国家，而且前三档国家历年 IDI 值的提高或降低较为频繁，而最低档的国家基本被锁定在最低 IDI 值范围内，几年不见变化，这也表明全球数字经济发展的鸿沟正在日益扩大。

2. 全球电子政务发展

数字技术的进步和传播给人们的工作与生活方式都带来了极大的便利，特别是在医疗、教育和社会服务等领域数字技术的使用越来越普遍，甚至已经成为人们日常生活必不可少的一部分，并不断改善人们的生活。根据联合国经济和社会事务部官网的相关资料，同许多其他领域一样，数字技术在公共管理领域的使用也日益频繁，特别是在过去20年间经历重要发展的电子政务在推动社会进步、促进包容和负责任的公共服务提供方面所起的重要作用日益上升，越来越多的国家也已经意识到电子政务在促进经济增长、社会融合与进步和环境保护等多个层面的重要性，所以为了响应人民群众日益多样和复杂的需求以及政府自身对提供更新、更好、更快、更便捷公共服务的长期要求，大多国家和政府都正在充分考虑利用数字技术，促进电子政务服务的提供与数字政府的建设，越来越多的国家也正在朝着建设更高的电子政务水平、一站式政府、数字政府前进。但不同国家和地区之间在利用数字技术提高公共服务质量、创新公共服务提供方式、为民众设计不同类别的服务内容方面仍存在巨大差距，特别是一些中等偏下和低收入国家，由于经济发展水平的不足，仍在使用比较基础的数字基础设施，仍缺乏公共服务提供方面的数字化应用，这使得公共服务的覆盖面、质量、水平以及公共服务提供的效率和有效性均存在较大欠缺，它们中的大多数政府门户网站甚至都只提供网站便捷查找、联系方式、基本搜索等一些简单的基本线上服务功能，而在提供政务咨询、问题反馈、一站式服务、反腐举报等高级功能方面还远远落后于发达国家。

根据历年联合国电子政务调查报告的相关内容，电子政务发展指数EGDI是在线服务的范围及质量［OSI（online service index，在线服务指数）］、电信基础设施的发展状况［TII（telecommunications infrastructure index，电信基础设施指数）］以及固有人力资本［HCI（human capital index，人力资本指数）］三个最重要方面的标准化分数的加权平均。首先，TII是以下五个指标的算术平均数：①每100名居民中估计的互联网用户数量，用过去三个月中在任一地点使用互联网的个人数衡量；②每100名居民中主要固定电话线路数量（用将用户的电话机、传真机等终端设备连接到公共交换电话网络的电话线路衡量）；③每100名居民中移动电话用户数量，用过去三个月中使用移动业务的用户数量衡量；④每100名居民中无线宽带用户数量，用订阅公共互联网的涉及数据和语音的移动宽带用户以及仅涉及数据的移动宽带用户的总和衡量；⑤每100名居民中固定宽带用户数量，用大于或等于256千比特/秒的下行速度与公共网络或通过TCP/IP（transmission control protocol/internet protocol，传输控制协议/因特网互联协议）连接而高速接入的固定用户数衡量。通过Z分数标准化程序将这些指标分别标准化，得出每个成分指标的Z分数，求出五个标准化指标的简单算术平均值就得到电信基础设施合成值。其次，HCI由四个部分构成：①成人识字率，用年满15周岁、在日常生活中能够读写并理解简短句子的人群比例衡量；②联合了小学、中学及大学的毛入学率，用小学、中学及大学全部入学的学生总数（不考虑年龄）占该层次学龄人口的比例衡量；③预计受教育年限，是在任何特定年龄上学的概率等于当前入学率的假设下，用一定年龄的儿童未来预计受教育的年数衡量；④平均受教育年限，用一个国家成年人口（25岁以上）所完成教育的平均年数衡量。最后，OSI是一个综合指标，用于衡量政府使用ICT在全国范围提供公共服务的情况。它的基础是针对所有193个会员的在线服务情况进行的综合调查。调查衡量了国家网站的技术特征、为提供服务普遍实行的和按照具体部门执行的电子政务政策与战略。结果以表格形式给出，作为一系列介于0到1之间的标准化指数值，其中“1”代表得分最高的在线服务，“0”代表得分最低的在线服务。

此外，还设有电子参与指数辅助指标，用来衡量电子参与工具的可用性程度，评估国家政府门户网站上鼓励公民和企业通过献计献策与提供反馈开展合作的程度，该指数分为：①电子信息，衡量提供在线信息的程度；②电子咨询，衡量组织在线公共咨询的程度；③电子决策，衡量公民直接参与决策过程的程度。

每个指数都是一个综合性的指标，可以单独提取出来并加以分析。然后对每个成分指数的合成值进行标准化，结果落在0～1，计算三个成分指数的算术平均数就得到了电子政务发展指数。至于电子政务发展指数本身，指数值并非一个绝对意义上的测量值，测量值的大小只体现各国在特定时间点上与彼此的相对位置，较高的得分只意味着在目前表现最好，相对其他国家处于较领先的地位，非常低的得分或始终保持不变的得分并不意味着在电子政务发展方面就没有进步，只体现与其他国家的相对位置。

总体来看，如表7-2所示，2016年全球电子政务发展水平领先的国家大多数为欧洲国家，英国排名第一，其后为澳大利亚、韩国和新加坡；OSI方面，则是英国、澳大利亚和新加坡领先，加拿大居其后；HCI方面，则是澳大利亚、比利时、丹麦位于前三；在TII方面，则是韩国、新加坡、日本等亚洲国家领先。政务发展水平较低的国家，大部分都属于不发达国家，在这些国家内部，甚至存在着没有渠道访问互联网和享受在线服务的问题，而这将可能直接导致与发达国家之间的经济发展差距进一步加大，当然，电子政务发展水平的领导地位不仅仅取决于一个国家的收入水平，一些国家虽然收入较低，但电子政务方面的表现并不亚于收入较高的国家，有时候甚至更好一些，其中有些国家是因为不利的政治、社会经济和自然条件等因素使电子政务发展水平受到影响，但电子政务建设的鸿沟在不同国家之间依然存在。

表7-2 2016年全球电子政务发展领先国家

国家	地区	OSI	HCI	TII	EGDI	2016年排名
英国	欧洲	1.0000	0.9402	0.8177	0.9193	1
澳大利亚	大洋洲	0.9783	1.0000	0.7646	0.9143	2
韩国	亚洲	0.9420	0.8795	0.8530	0.8915	3
新加坡	亚洲	0.9710	0.8360	0.8414	0.8828	4
芬兰	欧洲	0.9420	0.9440	0.7590	0.8817	5
瑞典	欧洲	0.8768	0.9210	0.8134	0.8704	6
荷兰	欧洲	0.9275	0.9183	0.7517	0.8659	7
新西兰	大洋洲	0.9420	0.9402	0.7136	0.8653	8
丹麦	欧洲	0.7754	0.9530	0.8247	0.8510	9
法国	欧洲	0.9420	0.8445	0.7502	0.8456	10
日本	亚洲	0.8768	0.8274	0.8277	0.8440	11
美国	美洲	0.9275	0.8815	0.7170	0.8420	12
爱沙尼亚	欧洲	0.8913	0.8761	0.7329	0.8334	13
加拿大	美洲	0.9565	0.8572	0.6717	0.8285	14

续表

国家	地区	OSI	HCI	TII	EGDI	2016年排名
德国	欧洲	0.8406	0.8882	0.7342	0.8210	15
奥地利	欧洲	0.9130	0.8396	0.7098	0.8208	16
西班牙	欧洲	0.9130	0.8782	0.6493	0.8135	17
挪威	欧洲	0.8043	0.9031	0.7276	0.8117	18
比利时	欧洲	0.7101	0.9712	0.6808	0.7874	19
以色列	亚洲	0.8623	0.8619	0.6175	0.7860	20
斯洛文尼亚	欧洲	0.8478	0.8952	0.5877	0.7769	21
意大利	欧洲	0.8696	0.8126	0.6469	0.7764	22
立陶宛	欧洲	0.8261	0.8717	0.6262	0.7747	23
巴林	亚洲	0.8261	0.7178	0.7762	0.7734	24
卢森堡	欧洲	0.7174	0.7750	0.8190	0.7705	25
爱尔兰	欧洲	0.7246	0.9218	0.6602	0.7689	26
冰岛	欧洲	0.6232	0.8940	0.7814	0.7662	27
瑞士	欧洲	0.6014	0.8579	0.7980	0.7525	28
阿拉伯联合酋长国	亚洲	0.8913	0.6752	0.6881	0.7515	29

资料来源：根据联合国经济和社会事务部相关资料整理

（二）各区域数字经济发展概况介绍

1. 区域信息社会发展

（1）如表7-3所示，从全球各区域信息社会发展指数来看，2016年到2017年信息社会发展指数均有不同程度的提升。非洲区域始终位于最后，但提升了0.16，其中访问、使用与技能指数也都有不同程度的提升；欧洲国家总指数全球领先，从2016年到2017年信息发展指数也提升了0.16，三个分指数也都有不同程度的提升；紧随欧洲之后的就是独联体国家，然后就是美洲国家，信息社会发展指数刚超过世界平均水平（5.11），而亚太地区、阿拉伯国家以及非洲地区则低于世界平均水平。

表7-3　2016～2017年全球各区域信息社会发展总指数及各指标

区域	经济体个数	2017年				2016年				2016～2017年数值变化			
		访问	使用	技能	总指数	访问	使用	技能	总指数	访问	使用	技能	总指数
非洲	38	3.28	1.74	3.16	2.64	3.18	1.48	3.07	2.48	0.10	0.26	0.10	0.16
阿拉伯国家	19	5.51	3.96	5.26	4.84	5.41	3.78	5.17	4.71	0.09	0.18	0.09	0.13
亚洲和太平洋地区	34	5.27	3.99	5.65	4.83	5.12	3.63	5.48	4.60	0.15	0.36	0.17	0.24
独联体	10	6.60	4.79	7.47	6.05	6.48	4.39	7.44	5.84	0.12	0.40	0.03	0.21

续表

区域	经济体个数	2017年				2016年				2016～2017年数值变化			
		访问	使用	技能	总指数	访问	使用	技能	总指数	访问	使用	技能	总指数
欧洲	40	7.80	6.94	8.02	7.50	7.73	6.62	7.97	7.34	0.07	0.32	0.05	0.16
美洲	35	5.64	4.21	6.34	5.21	5.54	3.86	6.24	5.01	0.11	0.34	0.11	0.20
世界	176	5.59	4.26	5.85	5.11	5.49	3.95	5.75	4.93	0.10	0.31	0.10	0.18

资料来源：根据国际电信联盟相关资料整理

（2）非洲区域。如表7-4所示，毛里求斯信息社会发展指数超过5.5，一直排在非洲第一名，在全球的位置只排在第70多位，但其值却大于世界平均水平，而位于其后的塞舌尔虽然在全球和区域排名都有所上升，但其信息社会发展指数值低于全球平均水平。

表7-4　2016～2017年非洲地区信息社会发展指数排名前二十

经济体	2017年			2016年			2016～2017年	
	区域排名	全球排名	总指数	区域排名	全球排名	总指数	全球排名变化	区域排名变化
毛里求斯	1	72	5.88	1	75	5.51	3	0
塞舌尔	2	90	5.03	4	92	4.80	2	2
南非	3	92	4.96	2	88	4.91	−4	−1
佛得角	4	93	4.92	3	91	4.83	−2	−1
博茨瓦纳	5	105	4.59	5	102	4.51	−3	0
加蓬	6	114	4.11	7	118	3.62	4	1
加纳	7	116	4.05	6	113	3.88	−3	−1
纳米比亚	8	118	3.89	8	123	3.33	5	0
科特迪瓦	9	131	3.14	12	134	2.84	3	3
圣多美和普林西比	10	132	3.09	10	131	2.91	−1	0
莱索托	11	133	3.04	9	130	2.94	−3	−2
津巴布韦	12	136	2.92	11	133	2.85	−3	−1
肯尼亚	13	138	2.91	13	137	2.67	−1	0
塞内加尔	14	142	2.66	14	142	2.48	0	0
尼日利亚	15	143	2.60	15	143	2.44	0	0
冈比亚	16	144	2.59	16	145	2.43	1	0
赞比亚	17	146	2.54	18	149	2.19	3	1
喀麦隆	18	149	2.38	19	150	2.14	1	1
莫桑比克	19	150	2.32	17	147	2.23	−3	−2
乌干达	20	152	2.19	24	158	1.90	6	4
非洲地区平均			2.64			2.48		

资料来源：根据国际电信联盟相关资料整理

（3）亚太地区。如表 7-5 所示，2017 年亚太地区信息发展指数平均值为 4.83，低于世界平均值，但排名领先的经济体韩国、中国香港、日本、新西兰、澳大利亚、新加坡的信息发展指数都在 8 以上，而且这些经济体均位于全球排名前二十。2017 年与 2016 年相比，不同经济体在区域内的排名没有任何变化，但一半的经济体在全球的排名有所提升，伊朗全球排名提升四位，中国、新加坡和印度尼西亚在全球排名提升两到三位。

表 7-5　2016～2017 年亚太地区信息发展指数排名前二十

经济体	2017 年			2016 年			2016～2017 年	
	区域排名	全球排名	总指数	区域排名	全球排名	总指数	全球排名变化	区域排名变化
韩国	1	2	8.85	1	1	8.80	−1	0
中国香港	2	6	8.61	2	6	8.47	0	0
日本	3	10	8.43	3	11	8.32	1	0
新西兰	4	13	8.33	4	12	8.23	−1	0
澳大利亚	5	14	8.24	5	16	8.08	2	0
新加坡	6	18	8.05	6	20	7.85	2	0
中国澳门	7	26	7.80	7	29	7.55	3	0
文莱	8	53	6.75	8	54	6.56	1	0
马来西亚	9	63	6.38	9	62	6.22	−1	0
泰国	10	78	5.67	10	79	5.31	1	0
中国	11	80	5.60	11	83	5.17	3	0
伊朗	12	81	5.58	12	85	5.04	4	0
马尔代夫	13	85	5.25	13	86	4.97	1	0
蒙古	14	91	4.96	14	87	4.91	−4	0
菲律宾	15	101	4.67	15	100	4.52	−1	0
斐济	16	107	4.49	16	105	4.34	−2	0
越南	17	108	4.43	17	108	4.18	0	0
汤加	18	110	4.34	18	109	4.13	−1	0
印度尼西亚	19	111	4.33	19	114	3.85	3	0
斯里兰卡	20	117	3.91	20	116	3.77	−1	0
亚太地区平均			4.83			4.60		

资料来源：根据国际电信联盟相关资料整理

（4）欧洲区域。如表 7-6 所示，2017 年欧洲区域信息社会发展指数平均值为 7.50，远高于世界平均水平，其中冰岛信息社会发展指数位于全球第一，瑞士、丹麦、英国、荷兰、挪威、卢森堡信息社会发展指数高达 8.45 以上，均位于区域前列，也位于全球前十，充分证明欧洲国家的信息社会发展水平在全球的领先地位。

表 7-6 2016～2017 年欧洲区域信息社会发展指数排名

经济体	2017 年			2016 年			2016～2017 年	
	区域排名	全球排名	总指数	区域排名	全球排名	总指数	全球排名变化	区域排名变化
冰岛	1	1	8.98	1	2	8.78	1	0
瑞士	2	3	8.74	3	4	8.66	1	1
丹麦	3	4	8.71	2	3	8.68	−1	−1
英国	4	5	8.65	4	5	8.53	0	0
荷兰	5	7	8.49	8	10	8.40	3	3
挪威	6	8	8.47	5	7	8.45	−1	−1
卢森堡	7	9	8.47	7	9	8.40	0	0
瑞典	8	11	8.41	6	8	8.41	−3	−2
德国	9	12	8.39	9	13	8.20	1	0
法国	10	15	8.24	11	17	8.05	2	1
爱沙尼亚	11	17	8.14	10	14	8.16	−3	−1
摩纳哥	12	19	8.05	12	18	8.03	−1	0
爱尔兰	13	20	8.02	13	19	7.90	−1	0
奥地利	14	21	8.02	17	24	7.70	3	3
芬兰	15	22	7.88	14	21	7.83	−1	−1
以色列	16	23	7.88	15	22	7.71	−1	−1
马耳他	17	24	7.86	18	25	7.65	1	1
比利时	18	25	7.81	16	23	7.70	−2	−2
西班牙	19	27	7.79	19	27	7.61	0	0
塞浦路斯	20	28	7.77	21	31	7.30	3	1
欧洲区域平均			7.50			7.34		

资料来源：根据国际电信联盟相关资料整理

（5）美洲区域。如表 7-7 所示，美洲区域信息社会发展总指数平均值为 5.21，略高于世界平均水平，美国与加拿大信息社会发展指数达到 7.50 以上，且分别位于区域第一和第二，在全球美国排在第 16 位，加拿大在第 29 位，但与 2016 年相比，美国和加拿大在全球的位次分别下滑了一位和三位。巴西、墨西哥在区域排在前二十，但在全球排名落在 60 位以后，但这两个国家的信息社会发展指数值也高于全球均值，而且在全球排名的位次与 2016 年相比还分别前进了一位和三位。

表 7-7 2016～2017 年美洲区域信息社会发展指数排名

经济体	2017 年			2016 年			2016～2017 年	
	区域排名	全球排名	总指数	区域排名	全球排名	总指数	全球排名变化	区域排名变化
美国	1	16	8.18	1	15	8.13	−1	0
加拿大	2	29	7.77	2	26	7.64	−3	0

续表

经济体	2017年			2016年			2016～2017年	
	区域排名	全球排名	总指数	区域排名	全球排名	总指数	全球排名变化	区域排名变化
巴巴多斯	3	34	7.31	4	37	7.11	3	1
圣基茨和尼维斯	4	37	7.24	3	35	7.18	−2	−1
乌拉圭	5	42	7.16	5	48	6.75	6	0
阿根廷	6	51	6.79	6	52	6.68	1	0
智利	7	56	6.57	9	59	6.28	3	2
巴哈马	8	57	6.51	8	58	6.29	1	0
哥斯达黎加	9	60	6.44	7	57	6.29	−3	−2
巴西	10	66	6.12	10	67	5.89	1	0
特立尼达和多巴哥	11	68	6.04	12	71	5.71	3	1
格林纳达	12	73	5.80	14	77	5.39	4	2
安提瓜和巴布达	13	76	5.71	13	76	5.48	0	0
多米尼加	14	77	5.69	11	69	5.76	−8	−3
圣文森特和格林纳丁斯	15	82	5.54	15	80	5.27	−2	0
哥伦比亚	16	84	5.36	17	84	5.12	0	1
委内瑞拉	17	86	5.17	16	82	5.22	−4	−1
墨西哥	18	87	5.16	18	90	4.87	3	0
苏里南	19	88	5.15	20	94	4.77	6	1
巴拿马	20	94	4.91	19	93	4.80	−1	−1
美洲区域平均			5.21			5.01		

资料来源：根据国际电信联盟相关资料整理

2. 区域电子政务发展

（1）非洲区域。表 7-8 为非洲国家 2016 年电子政务发展水平前十名，位于非洲东部的毛里求斯排在第一，其后分别为位于非洲北部和南部的突尼斯和南非、摩洛哥。其中在线服务方面，却是摩洛哥、突尼斯、毛里求斯分别排在最前面；人力资本指标则是利比亚、南非、毛里求斯位于前三；电信基础设施水平非洲各国均较为落后，排在前三的分别是塞舌尔、毛里求斯和利比亚。

表 7-8　非洲国家 2016 年电子政务发展水平前十名

国家	地区	子地区	OSI	HCI	TII	EGDI	2016年排名
毛里求斯	非洲	非洲东部	0.7029	0.7067	0.4596	0.6231	58
突尼斯	非洲	非洲北部	0.7174	0.6397	0.3476	0.5682	72
南非	非洲	非洲南部	0.5580	0.7253	0.3807	0.5546	76
摩洛哥	非洲	非洲北部	0.7391	0.4737	0.3429	0.5186	85
塞舌尔	非洲	非洲东部	0.4058	0.6861	0.4624	0.5181	86

续表

国家	地区	子地区	OSI	HCI	TII	EGDI	2016年排名
佛得角	非洲	非洲西部	0.4565	0.6031	0.3629	0.4742	103
埃及	非洲	非洲北部	0.4710	0.6048	0.3025	0.4594	108
博茨瓦纳	非洲	非洲南部	0.2826	0.6553	0.4215	0.4531	113
利比亚	非洲	非洲北部	0.1087	0.7588	0.4291	0.4322	118
肯尼亚	非洲	非洲东部	0.5580	0.5169	0.1808	0.4186	119

资料来源：根据联合国经济和社会事务部相关资料整理

（2）美洲区域。表7-9为美洲国家2016年电子政务发展水平前十名，美国、加拿大、乌拉圭分别位于前三。在线服务方面，则是加拿大、美国、墨西哥领先；人力资本方面，美国、阿根廷、加拿大位于前三；在电信基础设施方面，则是美国、加拿大、巴巴多斯位列前三。

表7-9　美洲国家2016年电子政务发展水平前十名

国家	地区	子地区	OSI	HCI	TII	EGDI	2016年排名
美国	美洲	北美洲	0.9275	0.8815	0.7170	0.8420	12
加拿大	美洲	北美洲	0.9565	0.8572	0.6717	0.8285	14
乌拉圭	美洲	南美洲	0.7754	0.7820	0.6137	0.7237	34
阿根廷	美洲	南美洲	0.7101	0.8802	0.5031	0.6978	41
智利	美洲	南美洲	0.7754	0.8124	0.4970	0.6949	42
巴西	美洲	南美洲	0.7319	0.6787	0.5025	0.6377	51
哥斯达黎加	美洲	中美洲	0.6377	0.7436	0.5129	0.6314	53
巴巴多斯	美洲	加勒比地区	0.4420	0.8113	0.6397	0.6310	54
哥伦比亚	美洲	南美洲	0.7899	0.7000	0.3813	0.6237	57
墨西哥	美洲	中美洲	0.8478	0.6993	0.3114	0.6195	59

资料来源：根据联合国经济和社会事务部相关资料整理

（3）亚洲区域。表7-10为亚洲国家2016年电子政务发展水平前十名，韩国、新加坡、日本位于前三。在线服务水平则是新加坡、韩国和阿拉伯联合酋长国领先；人力资本水平则是韩国、以色列、哈萨克斯坦领先；电信基础设施水平较为先进，其中韩国、新加坡和日本分列前三。

表7-10　亚洲国家2016年电子政务发展水平前十名

国家	地区	子地区	OSI	HCI	TII	EGDI	2016年排名
韩国	亚洲	东亚	0.9420	0.8795	0.8530	0.8915	3
新加坡	亚洲	东南亚	0.9710	0.8360	0.8414	0.8828	4
日本	亚洲	东亚	0.8768	0.8274	0.8277	0.8440	11
以色列	亚洲	西亚	0.8623	0.8619	0.6175	0.7806	20

续表

国家	地区	子地区	OSI	HCI	TII	EGDI	2016年排名
巴林	亚洲	西亚	0.8261	0.7178	0.7762	0.7734	24
阿拉伯联合酋长国	亚洲	西亚	0.8913	0.6752	0.6881	0.7515	29
哈萨克斯坦	亚洲	中亚	0.7681	0.8401	0.5668	0.7250	33
科威特	亚洲	西亚	0.6522	0.7287	0.7430	0.7080	40
沙特阿拉伯	亚洲	西亚	0.6739	0.7995	0.5733	0.6822	44
卡塔尔	亚洲	西亚	0.6739	0.7317	0.6041	0.6699	48

资料来源：根据联合国经济和社会事务部相关资料整理

（4）欧洲区域。如表 7-11 所示，在欧洲区域内，电子政务发展水平都比较高，特别是西欧和北欧国家，其中英国、芬兰、瑞典位于前三。在线服务指数则是英国、芬兰、法国位于前列；人力资本指数是丹麦、芬兰、英国位列前三；电信基础设施指数是丹麦、英国和瑞典分列前三位。

表 7-11　欧洲国家 2016 年电子政务发展水平前十名

国家	地区	子地区	OSI	HCI	TII	EGDI	2016年排名
英国	欧洲	北欧	1.0000	0.9402	0.8177	0.9193	1
芬兰	欧洲	北欧	0.9420	0.9440	0.7590	0.8817	5
瑞典	欧洲	北欧	0.8768	0.9210	0.8134	0.8704	6
荷兰	欧洲	西欧	0.9275	0.9183	0.7517	0.8659	7
丹麦	欧洲	北欧	0.7754	0.9530	0.8247	0.8510	9
法国	欧洲	西欧	0.9420	0.8445	0.7502	0.8456	10
爱沙尼亚	欧洲	北欧	0.8913	0.8761	0.7329	0.8334	13
德国	欧洲	西欧	0.8406	0.8882	0.7342	0.8210	15
奥地利	欧洲	西欧	0.9130	0.8396	0.7098	0.8208	16
西班牙	欧洲	南欧	0.9130	0.8782	0.6493	0.8135	17

资料来源：根据联合国经济和社会事务部相关资料整理

第二节　美国数字经济战略

一、美国数字经济战略介绍

根据马化腾等著《数字经济：中国创新增长新动能》一书的相关内容，不仅互联网等数字技术最先发端于美国，而且从 20 世纪 90 年代起美国就拉开了数字经济发展大幕，引领全球数字经济发展进程。从美国提出建设“信息高速公路”战略，到《浮现中的数字经济》等一系列研究报告的发布，再到发布数字经济议程，成立数字顾问委员会，随着数字经济战略与相关产业政策的不断创新，美国的数字经济已日趋走向成熟且仍将保持全球领先的地位。表 7-12 列出了美国数字经济不同发展阶段及标志（马化腾，2017a）。

表 7-12 美国数字经济发展阶段

时间	阶段数	名称	标志
1993～1997 年	第一阶段	信息技术发展开启	“信息高速公路”战略
1998～2014 年	第二阶段	数字经济发展	数字经济报告
2015 年以后	第三阶段	数字经济成熟	数字经济议程与数字经济顾问委员会

资料来源：根据马化腾等著《数字经济：中国创新增长新动能》的相关内容整理

（一）“信息高速公路”引领美国开启数字经济发展之路

克林顿政府对提升数字基础设施水平、促进数字技术升级换代的重要性认识不断提高，并认为如同 20 世纪 50 年代铁路与公路基础设施系统的建设可促进当时美国的繁荣，90 年代国家数字基础设施水平与数字技术的提升，将引致人们生产、生活与工作、交流方式发生彻底变革，将再度创造美国繁荣。于是，1993 年 9 月，克林顿便正式推出了造就美国数字经济辉煌、引领世界进入数字经济时代的“国家信息基础设施”（national information infrastructure，NII）工程计划，也即“信息高速公路”战略。克林顿政府把“信息高速公路”提高到国家战略高度，并作为国家优先发展的核心任务，计划用 20 年左右的时间，提升宽带家庭普及率，实现“信息高速公路”户户通。在整个执政期间，克林顿都把发展数字经济放在非常突出的位置，不仅制定了发展数字经济相关产业的具体政策，引导资金投入数字经济相关领域，也使美国经济各项指标在长期内表现良好，不但实现了经济的平稳快速发展，而且把失业率、通货膨胀率控制在较低的水平，使美国在全球经济格局中的霸主地位更加突出。

（二）系列数字经济报告的发布促进美国数字经济发展全球领先

美国商务部最先在 1998 年就发布关于数字经济的首份研究报告——《浮现中的数字经济》，不仅对美国的经济增长趋势进行了解读与预测，也对整个人类经济社会从工业经济时代走向数字经济时代的发展趋势及大体框架做出了准确预测与粗略描述，在全球各国引起较大反响（谭艺曲，2000）。此外，报告对正在兴起的数字经济革命提供了翔实的案例与数据资料，深入分析了互联网等信息技术与数字技术革命的特点及其对整个经济社会的影响，认为数字经济时代的数据信息要素已经取代工业经济时代下的货币资本要素，成为决定数字经济发展的关键资源。

其后，美国商务部又分别于 1999 年发布《浮现中的数字经济（二）》、2000 年发布《数字经济 2000》；经济和统计管理局于 2002 年发布《数字经济 2002》、2003 年发布《数字经济 2003》；国家电信和信息管理局于 2010 年发布《数字国家：21 世纪美国通用互联网宽带接入进展》《探索数字国家：美国家庭宽带互联网应用》等报告；2011 年发布《探索数字国家：计算机和互联网家庭应用》；2013 年发布《探索数字国家：美国新兴在线体验》；2014 年发布《探索数字国家：拥抱移动互联网》。一系列相关数字经济报告的发布，表明美国早已持续关注数字经济发展的具体走向，并对数字经济发展过程中可能存在的问题做好相关预案，助力美国数字经济发展长期雄踞全球领先地位（腾讯研究院和工业和信息化部电子科学技术情报研究所，2017）。

（三）发布数字经济议程、成立数字经济顾问委员会，美国数字经济日渐成熟

在数字经济发展的具体实践中，美国意识到发展数字经济不仅可为美国经济增长提供新动能，还可不断提升美国的国际竞争力。2015 年 11 月，美国商务部发布了《数字经济议程》，主要强调四大议程：减少商品、服务、资本、人力与数据流动的全球障碍，促进全球自由开放的互联网络建设；提升美国互联网隐私保护与安全防护水平，建立增进网络安全和促进全球信任的具体框架；提升宽带等数字基础设施覆盖率，提升民众数字素养，确保户户通网；通过政府支持与激励，建立相关的体制机制，推动数字技术的不断创新。

2016 年 3 月，美国商务部成立了数字经济顾问委员会，组织来自高校、科研院所、金融机构以及数字企业及相关协会等不同机构的成员，就数字经济的定义、规模测算以及数字经济发展过程中出现的问题进行多次研讨，并提出了具有针对性的应对措施，以促进各级政府机构和社会民众充分了解数字经济时代的机遇与风险，引导民众抓住数字经济发展机遇，规避数字经济发展中的问题与风险，让数字经济发展的红利全民共享。紧接着，2016 年 6 月，美国商务部又发布了《在数字经济中实现增长与创新》研究报告，标志着美国数字经济日趋走向成熟（马化腾等，2017a）。

二、美国数字经济发展概况

（一）信息社会发展

如表 7-13 所示，2010 年美国信息社会发展总指数在全球排名第 16 位，中间经历微调到 2017 年又回归到第 16 位，其中 ICT 基础设施水平则从 2010 年的第 25 位，一直前进到 2017 年的第 17 位，ICT 设施使用强度则从 2010 年的全球第 14 位中间经历微调又下滑到 2017 年的第 20 位。

表 7-13 2010～2017 年美国信息社会发展指数值及排名

指标	2017 年		2016 年		2015 年		2010 年	
	排序	数值	排序	数值	排序	数值	排序	数值
信息社会发展总指数	16	8.18	15	8.13	15	8.06	16	7.30
ICT 基础设施水平	17	8.27	17	8.18	21	8.11	25	7.59
ICT 设施使用强度	20	7.67	18	7.56	19	7.45	14	5.90

资料来源：根据国际电信联盟相关资料整理

如表 7-14 所示，到 2017 年美国使用互联网的个人占比从 2000 年的 43.08%，一直上升到 2007 年的 75.00%然后又下降到 2011 年的 69.73%，最后中间经历波动又上升到 2016 年的 76.18%；而接入固定宽带的家庭占比则从 2000 年的 2.51%一直上升到 2017 年的 33.85%，百人移动电话使用占比则从 2000 年的 38.82%一直上升到 2016 年的 122.88%，再又下滑到 2017 年的 122.01%。

表 7-14 2000～2017 年美国信息社会发展相关指标 单位：%

指标	2000 年	2001 年	2002 年	2003 年	2004 年	2005 年	2006 年	2007 年	2008 年	2009 年	2010 年	2011 年	2012 年	2013 年	2014 年	2015 年	2016 年	2017 年
个人用网	43.08	49.08	58.79	61.70	64.76	67.97	68.93	75.00	74.00	71.00	71.69	69.73	74.70	71.40	73.00	74.55	76.18	—
固定宽带	2.51	4.49	6.92	9.57	12.77	17.33	20.23	23.85	25.42	26.13	27.39	28.39	29.53	30.43	30.79	31.95	33.00	33.85
移动电话	38.82	45.11	49.32	55.39	63.18	69.02	77.09	82.94	86.13	89.61	92.38	95.61	97.29	98.47	111.89	119.50	122.88	122.01

资料来源：根据国际电信联盟相关资料整理

（二）电子政务发展

如表 7-15 所示，总体来看，美国电子政务水平从 2005 年的全球第 1 位下滑到 2016 年的第 12 位，中间经历曲折变化，但已经跌出世界前十的境况貌似很难改观。其中，OSI 2005 年与 2012 年仍排在全球第一，2016 年在线服务水平也较高；人力资本指标在全球的位置从总体来看由 2005 年到 2016 年呈现下滑的趋势；从电信基础设施水平来看，从 2005 年到 2016 年，美国在全球的相对位置中间经历下滑后又在不断提升。

表 7-15 2005～2016 年美国电子政务排名及相关指标值

年份	电子政务排名	电子政务指标	电子参与指标	OSI	HCI	TII
2016	12	0.842 01	0.898 31	0.927 54	0.881 55	0.716 96
2014	7	0.874 83	0.921 56	0.944 88	0.939 00	0.740 59
2012	5	0.868 73	0.921 10	1.000 00	0.920 23	0.685 96
2010	2	0.851 03	0.757 14	0.936 50	0.969 10	0.644 90

续表

年份	电子政务排名	电子政务指标	电子参与指标	OSI	HCI	TII
2008	4	0.864 40	1.000 00	0.953 17	0.971 08	0.666 34
2005	1	0.906 19	0.904 76	1.000 00	0.970 00	0.748 59

资料来源：根据联合国经济和社会事务部相关资料整理

第三节　欧盟数字经济战略

一、欧盟数字经济战略介绍

根据上海社会科学院发布的《全球数字经济竞争力发展报告（2017）》及马化腾等著《数字经济：中国创新增长新动能》的相关内容，欧盟数字经济发展总体水平处于全球第一梯队，特别是一些西欧和北欧国家一个时期在数字社会、电子政务等方面遥遥领先。欧盟数字化发展起步较早但晚于美国，其最早的数字经济政策可以追溯到 20 世纪 90 年代。在 20 世纪 90 年代初期，美国已拉开信息与数字经济发展大幕，开始“一高两低”的新经济发展进程，而欧盟却陷入经济增速放缓和失业率居高不下的困境，与美国的经济社会发展差距明显拉大。到 90 年代中期，美国数字经济步入快速发展甚至实现腾飞之后，欧盟才逐渐明确了发展数字经济、建设信息和数字社会的发展战略与路径。表 7-16 列出了欧盟数字经济发展的不同阶段及其标志战略（王振，2017）。

表 7-16　欧盟数字经济发展战略

时间	阶段数	名称	标志战略
20 世纪 90 年代	第一阶段	信息社会建设阶段	信息社会战略提出
2000～2005 年	第二阶段	数字经济起步战略	电子欧洲 2002、2005
2005～2010 年	第三阶段	数字经济升级战略	i2010
2010～2015 年	第四阶段	数字经济高阶战略Ⅰ	欧洲 2020 战略
2015 年以后	第五阶段	数字经济高阶战略Ⅱ	数字化单一市场战略

资料来源：根据上海社会科学院《全球数字经济竞争力发展报告（2017）》相关内容整理

（一）20 世纪 90 年代：信息社会建设阶段

在 1993 年出版的《成长、竞争力与就业白皮书》中欧洲信息社会建设具体意见被首次提出，强调建设数字社会中数字基础设施的重要性，欧洲社会网络基础设施建设开始加速。到1993年欧盟成立之际，《增长、竞争、就业——迈向21世界的挑战和道路》白皮书发布，提出了创建欧洲信息社会的战略，把发展数字经济提高到战略层面（戴丽娜和叶雪枫，2016）。1994年3月，由来自通信、电子、信息和媒体等重要企业的负责人组成的欧盟工业与信息技术委员会成立了，研究世界“信息高速公路”建设和发展趋势，并制定欧洲信息社会发展所需的具体措施和相关政策、法规。1994年7月，欧洲首脑会议制定了“欧洲通向信息社会之路”行动计划，1994年底再次重申信息社会建设，提出“欧洲通向信息社会之路”行动方案。1995年，欧洲首脑会议认识到发展数字经济进程中，数字技术与数字基础设施的重要性，并把发展数字技术、投资兴建数字基础设施作为未来一阶段的重要发展目标。1997年11月，卢森堡欧洲首脑会议提出通过发展数字教育、建设数字社会、发展开放式网络等促进就业和经济增长（马化腾等，2017a）。

（二）2000～2005年：数字经济起步战略

1999年底，在全面分析欧盟国家发展现状以及ICT将对未来社会产生的深远影响的基础上，“电子欧洲 2002——面向所有人的信息社会”第一个信息社会战略诞生，该战略首先重点关注连通性，即为了更廉价、更高速、更安全的互联网连接，并确立了三大目标，还提出相关举措和时间表：一是让每一位公民、每一所学校、每一家企业都尽快连接到互联网上；二是建立一个数字知识欧洲，一个有创新观念和投资欲望的欧洲；三是促进社会协调发展，提升消费者信任和社会凝聚力（李娜和唐守廉，2013；戴丽娜和叶雪枫，2016）。

2000年，欧盟十年经济发展规划“里斯本战略”发布，提出欧盟要通过鼓励面向知识经济的下一代创新，大力推动ICT的应用与发展，推动数字社会建设，促进欧盟在2010年前成为全球最有竞争力的数字经济体（黄群，2011）。

在电子欧洲2002战略成功实施的基础上，2002年的“电子欧洲2005——面向所有人的信息社会”，提出到2005年底，实现现代化的在线公共服务、建设有活力的电子商务环境、建设广泛可用的宽带和安全的基础设施，重点关注电子商务环境、在线公共服务及电子包容。通过该战略的实施，至2005年底，欧盟互联网普及率为51%，固定宽带普及率为12.07%，ICT产业得到了快速发展，占GDP的比重已达8%[①]（黄林莉，2009；李娜和唐守廉，2013；戴丽娜和叶雪枫，2016；王振，2017）。

（三）2005～2010年：数字经济升级战略

以2005年新修订的“里斯本战略”为依据，欧盟突出体现增长和就业目标的第三个信息社会发展战略《i2010——欧洲信息社会：促进经济增长和就业》的发布，开启了数字经济发展的新历程。此战略是为推动欧洲数字经济、信息社会发展制定的综合性的

① i2010：A European Information Society for Growth and Employment[EB/OL][2017-11-09]. http://europa.eu/rapid/Press-release_MEMO-05-184_en.html/locale=en.

五年发展战略规划，并重点在创造单一的开放市场、加大数字技术研发投资、推动包容性信息社会建设三个领域率先突破，标志着欧盟数字经济发展进入新阶段（黄林莉，2009；李娜和唐守廉，2013；戴丽娜和叶雪枫，2016）。

（四）2010～2015 年：数字经济高阶战略 I

在欧盟第三个信息社会发展战略“2010 倡议”即将完结之际，2010 年 3 月，欧盟又提出以促进智慧增长、可持续增长、包容性增长为目标的第二个 10 年规划“欧洲 2020 战略”，其中，2010 年 5 月推出的“欧洲数字化议程”是“欧洲 2020 战略”七大旗舰计划中第一个付诸实施的倡议，此外，里面还提出了建立一体化的数字市场，改进 ICT 标准，增强网络安全，实现高速和超高速互联网连接，促进 ICT 前沿领域的研究和创新，提高数字素养、数字技能和数字包容，利用 ICT 产生社会效应七个优先发展领域及其行动方案（钟华艳，2012；年智英等，2014；戴丽娜和叶雪枫，2016）。

（五）2015 年以后：数字经济高阶战略 II

欧洲有能力在全球数字经济中领先，但潜力没有得到充分发挥，为解决欧盟内部数字经济发展不均衡、整体活力不足、欧盟境内的数字市场壁垒等问题，欧盟委员会在 2015 年通过了成为欧盟数字经济发展关键抓手的《数字化单一市场战略》决议，强调数字技术向传统领域的渗透、融合、改造与创新发展，力求打破欧盟不同成员间的市场隔阂，推动不同成员之间的资源整合与政策统一，打造促进商品、货物、服务、人员及数据自由流动的大市场，创造有利于数字经济繁荣发展的良好环境，使数字经济的增长潜力得以最大限度发挥，并提出三大支柱：创建促进数字经济发展的大环境、挖掘数字经济发展的巨大潜力、为民众提供优质的数字产品与服务，并计划在 2016 年底完成（戴丽娜和叶雪枫，2016；陈骞，2016；马化腾等，2017a；王振，2017），同时，消费者和个人数据还能受到极大的保护。于 2016 年审议通过的直接适用于欧盟各成员国、堪称史上最严格的数据保护条例《一般数据保护条例》（General Data Protection Regulation，GDPR），已取代 1995 年发布的《欧盟数据保护指令》，并在 2018 年生效。该条例作为欧盟对个人隐私数据监管与保护的基本法律获得通过，意味着欧盟对隐私保护的力度又达到了新的高度（王振，2017）。

二、欧盟数字经济发展概况

（一）信息社会发展

如表 7-17 所示，从 2017 年欧盟国家信息发展指数来看，所有国家信息发展指数都位于全球平均水平之上，而丹麦、英国、荷兰、卢森堡位居区域前四，从 2010 年到 2017 年这四个国家信息发展指数一直排在全球前十，排在欧盟区域最后的意大利、匈牙利、波兰、保加利亚与罗马尼亚也都位居全球前 60 位，充分证明欧洲国家特别是欧盟国家信息发展在全球的领先地位。

表 7-17　2010～2017 年欧盟国家信息发展指数排名及指标值

国家	2017 年		2016 年		2015 年		2010 年	
	排序	数值	排序	数值	排序	数值	排序	数值
丹麦	4	8.71	3	8.68	2	8.77	4	8.18
英国	5	8.65	5	8.53	4	8.54	10	7.62
荷兰	7	8.49	10	8.40	8	8.36	7	7.82
卢森堡	9	8.47	9	8.40	10	8.34	8	7.82
瑞典	11	8.41	8	8.41	6	8.47	2	8.43
德国	12	8.39	13	8.20	13	8.13	17	7.28
法国	15	8.24	17	8.05	17	7.95	18	7.22
爱沙尼亚	17	8.14	14	8.16	18	7.95	25	6.70
爱尔兰	20	8.02	19	7.90	21	7.73	20	7.04
奥地利	21	8.02	24	7.70	24	7.53	23	6.90
芬兰	22	7.88	21	7.83	14	8.11	6	7.96
马耳他	24	7.86	25	7.65	25	7.49	28	6.67
比利时	25	7.81	23	7.70	22	7.69	24	6.76
西班牙	27	7.79	27	7.61	27	7.46	30	6.53
塞浦路斯	28	7.77	31	7.30	53	6.28	44	5.75
斯洛文尼亚	33	7.38	33	7.20	32	7.10	27	6.69
拉脱维亚	35	7.26	40	7.05	37	6.88	34	6.22
克罗地亚	36	7.24	42	6.96	41	6.83	42	5.82
希腊	38	7.23	38	7.08	40	6.86	35	6.20
立陶宛	41	7.19	41	6.97	34	7.00	39	6.02
捷克共和国	43	7.16	39	7.06	31	7.20	33	6.30
葡萄牙	44	7.13	44	6.88	45	6.64	36	6.15
斯洛伐克	46	7.06	47	6.84	44	6.69	40	5.96
意大利	47	7.04	46	6.84	36	6.89	31	6.38
匈牙利	48	6.93	49	6.74	46	6.60	41	5.92
波兰	49	6.89	50	6.73	47	6.56	32	6.38
保加利亚	50	6.86	53	6.66	50	6.43	47	5.45
罗马尼亚	58	6.48	61	6.23	60	5.92	55	4.99

资料来源：根据国际电信联盟相关资料整理

由表 7-18 和表 7-19 可知，欧盟国家 ICT 基础设施水平与访问指数，均处在全球前列，特别是卢森堡从 2010 年到 2017 年稳居全球第一的位置，其拥有电脑家庭百分比、互联网接入的家庭百分比都高达 95.0%以上，带宽、网速也是排在欧盟第一位。从 2010 年到 2017 年，英国、马耳他在全球的排序不断上升，而且到 2017 年都处于全球前十的位置，英国拥有电脑家庭百分比、互联网接入的家庭百分比在 90.0%左右。

表 7-18　2010～2017 年欧盟国家 ICT 基础设施水平与访问指数

欧盟国家	2017 年		2016 年		2015 年		2010 年	
	排序	数值	排序	数值	排序	数值	排序	数值
卢森堡	1	9.54	1	9.54	1	9.49	1	9.40
英国	4	9.15	4	9.12	4	9.18	8	8.75
马耳他	5	9.02	6	8.96	6	9.01	11	8.50
德国	6	8.93	5	8.97	5	9.17	7	8.77
荷兰	10	8.65	10	8.62	9	8.94	6	8.77
法国	11	8.64	13	8.55	12	8.67	14	8.15
瑞典	13	8.55	11	8.58	10	8.77	5	8.99
丹麦	14	8.39	14	8.35	13	8.65	9	8.70
奥地利	15	8.38	15	8.31	20	8.16	20	7.87
爱沙尼亚	20	8.16	18	8.18	29	7.85	29	7.44
比利时	21	8.15	19	8.16	15	8.34	16	7.94
爱尔兰	23	8.14	22	8.13	16	8.24	18	7.87
西班牙	29	7.98	31	7.84	32	7.80	28	7.45
葡萄牙	31	7.91	34	7.77	33	7.77	33	7.32
斯洛文尼亚	32	7.91	29	7.87	27	7.88	27	7.56
塞浦路斯	35	7.86	33	7.78	55	6.97	46	6.67
匈牙利	37	7.78	38	7.65	41	7.49	39	6.87
希腊	38	7.76	36	7.73	38	7.60	37	7.11
克罗地亚	39	7.60	41	7.46	44	7.33	38	7.11
波兰	40	7.58	42	7.41	52	7.11	41	6.85
拉脱维亚	45	7.41	44	7.31	46	7.20	48	6.65
芬兰	46	7.35	46	7.28	35	7.73	24	7.71
意大利	47	7.33	48	7.23	37	7.64	34	7.32
斯洛伐克	51	7.22	50	7.19	53	7.08	49	6.65
捷克共和国	55	7.14	55	7.08	43	7.44	40	6.86

续表

欧盟国家	2017年		2016年		2015年		2010年	
	排序	数值	排序	数值	排序	数值	排序	数值
立陶宛	57	7.11	56	6.97	54	7.01	44	6.78
罗马尼亚	60	6.98	60	6.80	60	6.65	60	5.92
保加利亚	65	6.83	62	6.78	56	6.85	58	5.96

资料来源：根据国际电信联盟相关资料整理

表 7-19　2015～2016 年欧盟国家 ICT 基础设施水平相关指标

欧盟国家	百名居民使用固定电话/个		百名居民使用移动电话/个		带宽、网速/bps		拥有电脑家庭百分比/%		互联网接入的家庭百分比/%	
	2015年	2016年	2015年	2016年	2015年	2016年	2015年	2016年	2015年	2016年
奥地利	42.2	41.5	157.4	166.1	130 957	149 988	82.1	83.2	82.4	85.1
比利时	40.1	39.0	114.2	111.0	159 436	189 254	82.1	82.2	81.8	84.8
保加利亚	23.3	21.0	129.3	127.2	153 312	175 869	59.0	60.2	59.1	63.5
克罗地亚	34.7	33.9	103.8	104.1	57 038	118 953	76.8	79.5	76.7	77.2
塞浦路斯	38.4	38.0	131.8	134.5	159 145	188 904	71.5	71.8	71.2	74.4
捷克共和国	17.7	15.6	115.6	115.5	161 342	180 697	73.1	75.6	73.1	76.1
丹麦	30.0	27.4	125.0	122.9	199 293	239 874	92.3	95.0	91.7	94.0
爱沙尼亚	30.3	29.0	148.7	148.7	173 936	210 798	87.9	89.6	87.7	86.2
芬兰	9.8	8.3	135.4	134.5	187 722	216 391	82.1	84.5	82.2	84.6
法国	59.9	59.7	102.6	103.5	84 255	97 653	81.5	81.8	82.6	85.9
德国	54.9	53.7	116.7	114.5	91 443	107 489	91.0	91.4	90.3	90.8
希腊	47.3	46.1	113.0	112.8	74 346	68 698	68.6	71.7	68.1	69.1
匈牙利	31.2	31.5	118.9	119.1	134 830	154 765	75.0	76.4	75.6	78.6
爱尔兰	40.9	39.7	104.0	104.0	188 191	183 943	83.5	84.1	85.0	87.0
意大利	33.1	33.1	143.0	140.4	70 546	82 335	63.9	64.7	66.2	69.2
拉脱维亚	17.5	18.2	128.0	131.2	213 210	246 666	76.1	78	76.0	77.3
立陶宛	18.7	17.8	139.5	140.7	138 946	198 564	67.6	70.5	68.3	71.7
卢森堡	51.0	50.9	148.5	148.0	7 186 378	8 397 884	95.3	95.9	96.8	96.4
马耳他	53.4	54.2	121.5	124.8	1 220 570	1 596 254	81.1	81.6	81.9	81.1
荷兰	41.3	40.3	123.5	130.0	177 467	196 105	88.3	89.6	90.9	92.2
波兰	23.7	24.5	142.7	146.0	78 216	83 299	77.9	80.1	75.8	80.4
葡萄牙	44.1	45.1	110.4	109.0	148 747	177 808	71.1	72.7	70.2	74.1
罗马尼亚	19.8	19.1	107.1	106.0	146 012	155 516	68.7	74.0	67.7	72.4

续表

欧盟国家	百名居民使用固定电话/个		百名居民使用移动电话/个		带宽、网速/bps		拥有电脑家庭百分比/%		互联网接入的家庭百分比/%	
	2015 年	2016 年	2015 年	2016 年	2015 年	2016 年	2015 年	2016 年	2015 年	2016 年
斯洛伐克	15.9	15.1	122.3	128.0	41 269	52 351	80.5	80.9	79.5	80.5
斯洛文尼亚	36.2	35.1	113.2	114.6	186 317	239 168	77.8	78.1	77.6	78.4
西班牙	41.5	41.3	108.2	109.7	87 791	112 997	75.9	77.1	78.7	81.9
瑞典	36.7	34.1	130.4	127.0	421 237	505 650	88.3	88.5	91.0	92.0
英国	52	52.2	124.1	122.3	374 554	449 137	90.0	89.8	91.3	91.3

资料来源：根据国际电信联盟相关资料整理

如表 7-20 和表 7-21 所示，从 ICT 设施使用指数排名来看，丹麦、瑞典、英国、卢森堡、荷兰位于全球前列，而且在 2016 年和 2017 年均位于全球前十。2016 年，这些国家的移动宽带使用占比、使用互联网个体占比都高达 90.0% 左右，其中丹麦和瑞典的居民移动宽带使用占比高达 120.0%，但使用固定宽带居民比例都普遍较低，不超过 50%。2016～2017 年，芬兰、爱沙尼亚、法国的 ICT 设施使用指数排名也位居全球前 20，其中，2016 年，芬兰移动宽带使用比例高达 150.0%左右，但使用固定宽带居民占比只有 30.0%左右。德国在 2017 年第一次进入全球前 20 位，2016 年，移动宽带使用占比在 80.0%左右，使用互联网的个体占比在 90.0%左右，而使用固定宽带的居民占比只有 38.1%。

表 7-20　2010～2017 年欧盟国家 ICT 设施使用指数

欧盟国家	2017 年		2016 年		2015 年		2010 年	
	排序	数值	排序	数值	排序	数值	排序	数值
丹麦	1	8.94	1	8.90	1	8.84	5	7.20
瑞典	6	8.40	6	8.36	4	8.31	2	7.57
英国	7	8.38	8	8.13	8	8.09	12	5.99
卢森堡	8	8.30	7	8.17	9	8.05	10	6.53
荷兰	9	8.28	9	8.1	14	7.68	11	6.41
芬兰	14	7.99	13	7.97	5	8.21	4	7.32
爱沙尼亚	15	7.97	15	7.95	12	7.75	24	4.79
法国	17	7.93	17	7.61	20	7.23	17	5.66
德国	18	7.77	23	7.35	22	6.98	21	5.34
塞浦路斯	21	7.61	33	6.63	58	4.89	38	3.73
爱尔兰	22	7.59	22	7.38	23	6.85	22	5.24
奥地利	25	7.39	30	6.74	28	6.48	23	4.96
西班牙	28	7.23	27	6.97	27	6.65	34	4.27
比利时	29	7.22	28	6.95	24	6.76	28	4.53

续表

欧盟国家	2017 年		2016 年		2015 年		2010 年	
	排序	数值	排序	数值	排序	数值	排序	数值
马耳他	30	7.16	32	6.73	31	6.28	33	4.39
斯洛伐克	36	6.67	40	6.14	37	5.86	36	4.11
拉脱维亚	37	6.65	37	6.25	36	5.94	31	4.42
立陶宛	38	6.63	39	6.18	32	6.23	42	3.60
捷克共和国	39	6.62	35	6.44	29	6.43	26	4.61
克罗地亚	41	6.45	41	6.05	38	5.85	47	3.21
意大利	42	6.35	43	6.03	40	5.73	35	4.25
保加利亚	45	6.23	48	5.86	49	5.21	43	3.55
斯洛文尼亚	49	6.16	53	5.69	46	5.43	32	4.41
葡萄牙	50	6.15	54	5.67	53	5.07	39	3.70
希腊	53	5.82	58	5.47	55	5.05	44	3.44
匈牙利	56	5.71	61	5.28	52	5.12	41	3.62
罗马尼亚	61	5.59	66	5.08	63	4.48	56	2.40
波兰	64	5.47	62	5.24	51	5.13	27	4.60

资料来源：根据国际电信联盟相关资料整理

表 7-21　2015～2016 年欧盟国家 ICT 设施使用相关指标　　单位：%

欧盟国家	个体使用互联网百分比		百名居民固定宽带订阅量		百名居民移动宽带订阅量	
	2015 年	2016 年	2015 年	2016 年	2015 年	2016 年
奥地利	83.9	84.3	28.7	29.4	70.5	88.3
比利时	85.1	86.5	36.8	38.0	62.1	66.7
保加利亚	56.7	59.8	22.7	23.3	81.3	88.4
克罗地亚	69.8	72.7	23.2	24.6	73.1	79.7
塞浦路斯	71.7	75.9	30.9	33.0	75.7	97.5
捷克共和国	75.7	76.5	27.3	27.7	72.0	76.0
丹麦	96.3	97.0	42.5	42.8	117.6	124.2
爱沙尼亚	88.4	87.2	30.0	31.1	112.9	125.0
芬兰	86.4	87.7	31.7	31.2	144.0	153.0
法国	84.7	85.6	41.3	42.4	74.7	81.7
德国	87.6	89.6	37.2	38.1	70.8	80.2
希腊	66.8	69.1	30.9	32.5	45.6	51.3
匈牙利	72.8	79.3	27.4	28.5	39.8	44.5

续表

欧盟国家	个体使用互联网百分比		百名居民固定宽带订阅量		百名居民移动宽带订阅量	
	2015 年	2016 年	2015 年	2016 年	2015 年	2016 年
爱尔兰	80.1	82.2	27.7	28.5	95.0	98.2
意大利	58.1	61.3	24.4	25.4	82.1	86.7
拉脱维亚	79.2	79.9	24.8	25.6	67.0	77.0
立陶宛	71.4	74.4	27.8	28.7	67.6	76.8
卢森堡	97.3	97.5	35.9	36.7	87.8	90.2
马耳他	76.2	77.3	37.8	39.6	62.6	71.4
荷兰	91.7	90.4	41.7	42.2	81.6	87.8
波兰	68.0	73.3	19.0	19.2	57.4	58.9
葡萄牙	68.6	70.4	29.6	31.8	52.0	61.1
罗马尼亚	55.8	59.5	19.8	20.7	63.7	73.7
斯洛伐克	77.6	80.5	23.3	24.5	67.5	78.7
斯洛文尼亚	73.1	75.5	27.4	28.3	52.0	62.3
西班牙	78.7	80.6	28.7	29.5	82.7	87.3
瑞典	90.6	91.5	36.1	36.3	122.1	125.2
英国	92.0	94.8	38.6	39.2	87.5	91.4

资料来源：根据国际电信联盟相关资料整理

如表 7-22 所示，欧盟国家不论是接入互联网的个人比例、使用固定宽带居民比例还是移动电话的使用比例在 2000 年到 2015 年都有不同程度的增长，特别是使用固定宽带居民比例上涨速度最快，其次是接入互联网的个人占比与移动电话使用占比，但貌似移动电话使用占比的增长幅度近年来呈现出下滑的趋势。

表 7-22　2000～2015 年欧盟国家信息发展指数相关指标　　单位：%

国家	个人用网				固定宽带				移动电话			
	2000 年	2005 年	2010 年	2015 年	2000 年	2005 年	2010 年	2015 年	2000 年	2005 年	2010 年	2015 年
奥地利	33.73	58.00	75.17	83.94	2.36	14.22	24.38	28.29	75.81	104.98	145.55	155.22
比利时	29.43	55.82	75.00	85.05	1.40	19.06	30.84	36.51	54.75	91.07	111.11	113.17
保加利亚	5.37	19.97	46.23	56.66	—	2.15	15.19	22.49	9.23	81.27	137.75	128.11
克罗地亚	6.64	33.14	56.55	69.80	—	2.65	19.36	23.28	23.33	83.36	113.87	104.24
塞浦路斯	15.26	32.81	52.99	71.72	—	3.09	23.49	30.91	23.15	75.78	124.93	131.79
捷克共和国	9.78	35.27	68.82	75.67	0.02	6.91	21.46	27.79	42.24	114.80	122.76	117.45
丹麦	39.17	82.74	88.72	96.33	1.25	24.79	38.03	42.28	62.97	100.51	115.59	124.44
爱沙尼亚	28.58	61.45	74.10	88.41	—	13.22	26.12	29.20	39.81	106.61	124.08	144.72

续表

国家	个人用网				固定宽带				移动电话			
	2000 年	2005 年	2010 年	2015 年	2000 年	2005 年	2010 年	2015 年	2000 年	2005 年	2010 年	2015 年
芬兰	37.25	74.48	86.89	86.42	0.67	22.33	29.06	31.56	71.87	100.21	156.36	134.92
法国	14.31	42.87	77.28	78.01	0.33	15.47	33.85	41.68	48.74	78.53	91.68	103.45
德国	30.22	68.71	82.00	87.59	0.33	13.21	32.34	37.58	59.15	97.06	109.28	117.93
希腊	9.14	24.00	44.40	66.84	—	1.42	19.68	30.66	53.24	90.79	107.40	112.02
匈牙利	7.00	38.97	65.00	72.83	0.03	6.46	21.75	27.79	30.10	92.40	120.99	120.46
爱尔兰	17.85	41.61	69.85	83.49	—	7.65	22.04	27.86	63.94	101.35	101.61	104.30
意大利	23.11	35.00	53.68	58.14	0.20	11.60	21.93	25.04	73.74	121.58	156.82	147.37
拉脱维亚	6.32	46.00	68.42	79.20	0.01	2.70	20.52	25.27	16.83	83.11	108.84	129.98
立陶宛	6.43	36.22	62.12	71.38	—	7.00	21.75	28.42	14.96	130.18	156.57	142.71
卢森堡	22.89	70.00	90.62	96.38	—	15.31	33.15	34.46	69.54	111.39	143.14	142.36
马耳他	13.11	41.24	63.00	75.96	0.42	12.64	30.25	38.17	28.85	79.64	109.49	122.58
荷兰	43.98	81.00	90.72	91.72	1.63	25.05	37.94	41.50	67.53	96.74	114.96	122.85
波兰	7.29	38.81	62.32	68.00	—	2.46	15.29	18.99	17.50	76.03	122.52	142.52
葡萄牙	16.43	34.99	53.30	68.63	0.24	11.03	19.96	30.16	64.36	108.34	114.63	112.44
罗马尼亚	3.61	21.50	39.93	55.76	—	1.76	14.68	21.44	11.29	62.31	119.18	116.32
斯洛伐克	9.43	55.19	75.71	77.63	—	3.36	16.23	23.42	23.04	84.10	109.64	122.73
斯洛文尼亚	15.11	46.81	70.00	73.10	—	9.85	23.01	27.19	61.13	88.13	103.75	113.45
西班牙	13.62	47.88	65.80	78.69	0.19	11.43	22.77	29.19	59.32	96.94	109.83	110.07
瑞典	45.69	84.83	90.00	90.61	2.80	27.90	31.94	35.81	71.75	100.72	117.06	129.45
英国	26.82	70.00	85.00	92.00	0.09	16.42	30.25	37.75	73.71	108.60	121.20	121.18

资料来源：根据国际电信联盟相关资料整理

（二）电子政务发展

如表 7-23 所示，欧盟国家电子政务水平大多数都位于全球前列，2005 年丹麦位于全球第二，中间经历波折到 2016 年下滑到全球第九；芬兰则从 2005 年的全球第九上升到 2016 年全球第五；英国 2005 年排在全球第四，到 2016 年则变为全球第一。

表 7-23　欧盟国家 2005～2016 年电子政务水平全球排名

国家	2016 年	2014 年	2012 年	2010 年	2008 年	2005 年
爱尔兰	26	22	34	21	19	20
意大利	22	23	32	38	27	25

续表

国家	2016年	2014年	2012年	2010年	2008年	2005年
拉脱维亚	45	31	42	37	36	32
立陶宛	23	29	29	28	28	40
卢森堡	25	24	19	25	14	28
马耳他	30	40	35	30	29	21
爱沙尼亚	13	15	20	20	13	19
荷兰	7	5	2	5	5	12
波兰	36	42	47	45	33	38
葡萄牙	38	37	33	39	31	30
罗马尼亚	75	64	62	47	51	44
奥地利	16	20	21	24	16	16
比利时	19	25	24	16	24	18
保加利亚	52	73	60	44	43	45
克罗地亚	37	47	30	35	47	47
塞浦路斯	64	58	45	42	35	37
捷克共和国	50	53	46	33	25	29
丹麦	9	16	4	7	2	2
芬兰	5	10	9	19	15	9
西班牙	17	12	23	9	20	39
法国	10	4	6	10	9	23
德国	15	21	17	15	22	11
希腊	43	34	37	41	44	35
匈牙利	46	39	31	27	30	27
斯洛文尼亚	21	41	25	29	26	26
瑞典	6	14	7	12	1	3
英国	1	8	3	4	10	4
斯洛伐克	67	51	53	43	38	36

资料来源：根据联合国经济和社会事务部相关资料整理

从总体来看，如表7-24所示，2005年到2016年欧盟国家OSI值较高，特别是英国，从2005年的0.996 15位于全球前列，到2016年就达到了最大值，位居全球第一。2008年，丹麦的在线服务水平全球第一，2014年，法国跃居全球第一。2005年，欧盟内部OSI较高的分别为英国、丹麦、瑞典，2010年，位于前三的分别是英国、西班牙和法国，而到了2016年位于前三的则变为英国、芬兰与法国。

表 7-24　欧盟国家 2005～2016 年 OSI 值

国家	2016 年	2014 年	2012 年	2010 年	2008 年	2005 年
爱尔兰	0.724 64	0.677 16	0.535 94	0.498 41	0.675 58	0.711 53
意大利	0.869 57	0.748 03	0.575 16	0.288 88	0.511 70	0.626 92
拉脱维亚	0.608 70	0.700 78	0.588 23	0.415 87	0.448 16	0.484 61
立陶宛	0.826 09	0.755 90	0.699 34	0.482 53	0.608 69	0.523 07
卢森堡	0.717 39	0.622 04	0.699 34	0.380 95	0.608 69	0.400 00
马耳他	0.797 10	0.401 57	0.614 37	0.469 84	0.725 75	0.792 30
爱沙尼亚	0.891 30	0.771 65	0.823 52	0.501 58	0.712 37	0.696 15
荷兰	0.927 54	0.929 13	0.960 78	0.679 36	0.789 29	0.734 61
波兰	0.702 90	0.543 30	0.535 94	0.387 30	0.538 46	0.511 53
葡萄牙	0.746 38	0.637 79	0.653 59	0.387 30	0.598 66	0.426 92
罗马尼亚	0.456 52	0.440 94	0.516 33	0.415 87	0.414 71	0.642 30
奥地利	0.913 04	0.748 03	0.745 09	0.476 19	0.665 55	0.742 30
比利时	0.710 14	0.677 16	0.647 05	0.625 39	0.538 46	0.711 53
保加利亚	0.565 22	0.236 22	0.490 19	0.409 52	0.484 94	0.519 23
克罗地亚	0.746 38	0.464 56	0.640 52	0.422 22	0.431 43	0.442 30
塞浦路斯	0.536 23	0.472 44	0.562 09	0.371 42	0.478 26	0.461 53
捷克共和国	0.478 26	0.370 07	0.542 48	0.453 96	0.645 48	0.588 46
丹麦	0.775 36	0.661 41	0.856 20	0.673 01	1.000 00	0.973 07
芬兰	0.942 03	0.771 65	0.882 35	0.479 36	0.632 10	0.826 92
西班牙	0.913 04	0.944 88	0.758 16	0.765 07	0.698 99	0.392 30
法国	0.942 03	1.000 00	0.875 81	0.682 53	0.829 43	0.611 53
德国	0.840 58	0.669 29	0.751 63	0.549 20	0.575 25	0.842 30
希腊	0.579 71	0.606 29	0.575 16	0.355 55	0.414 71	0.511 53
匈牙利	0.630 43	0.559 05	0.686 27	0.504 76	0.617 05	0.703 84
斯洛文尼亚	0.847 83	0.425 19	0.666 66	0.400 00	0.501 67	0.592 30
瑞典	0.876 81	0.700 78	0.843 13	0.526 98	0.983 27	0.865 38
英国	1.000 00	0.897 63	0.973 85	0.774 60	0.692 30	0.996 15
斯洛伐克	0.442 03	0.488 18	0.503 26	0.346 03	0.474 91	0.538 46

资料来源：根据联合国经济和社会事务部相关资料整理

如表 7-25 所示，总体来看，欧盟国家 HCI 值在全球位于前列。其中，2005 年瑞典、英国、芬兰、比利时、荷兰均为 0.99，在全球领先；到了 2010 年，丹麦、芬兰、爱尔兰分别位于前三；到了 2016 年，比利时、丹麦、芬兰分别排在前三名。

表 7-25　欧盟国家 2005～2016 年 HCI 值

国家	2016 年	2014 年	2012 年	2010 年	2008 年	2005 年
爱尔兰	0.921 85	0.961 9	0.953 50	0.993 10	0.993 15	0.96
意大利	0.812 61	0.855 2	0.912 03	0.968 36	0.958 24	0.93
拉脱维亚	0.851 20	0.828 8	0.887 87	0.960 80	0.965 40	0.95
立陶宛	0.871 74	0.855 7	0.924 01	0.969 16	0.968 79	0.96
卢森堡	0.775 02	0.783 0	0.840 35	0.915 60	0.915 67	0.91
马耳他	0.731 01	0.785 5	0.805 72	0.887 03	0.855 58	0.87
爱沙尼亚	0.876 08	0.888 9	0.908 47	0.966 63	0.973 44	0.98
荷兰	0.918 30	0.922 4	0.942 49	0.987 03	0.988 09	0.99
波兰	0.874 65	0.839 6	0.904 35	0.955 16	0.955 95	0.96
葡萄牙	0.812 94	0.822 7	0.893 10	0.935 66	0.924 90	0.97
罗马尼亚	0.773 61	0.810 0	0.878 29	0.922 60	0.904 74	0.88
奥地利	0.839 59	0.866 0	0.909 07	0.959 80	0.966 37	0.96
比利时	0.971 24	0.893 2	0.926 41	0.975 13	0.977 10	0.99
保加利亚	0.787 47	0.796 0	0.848 64	0.935 03	0.926 22	0.91
克罗地亚	0.804 98	0.792 8	0.861 52	0.918 13	0.899 16	0.90
塞浦路斯	0.778 20	0.782 8	0.875 09	0.913 53	0.903 87	0.89
捷克共和国	0.862 66	0.875 5	0.889 84	0.942 90	0.936 18	0.92
丹麦	0.953 03	0.913 2	0.948 88	0.993 33	0.993 33	0.98
芬兰	0.943 99	0.903 7	0.946 70	0.993 33	0.993 33	0.99
西班牙	0.878 21	0.915 2	0.940 91	0.979 20	0.986 83	0.97
法国	0.844 52	0.881 2	0.924 42	0.977 23	0.981 83	0.96
德国	0.888 25	0.886 2	0.897 05	0.953 33	0.953 18	0.95
希腊	0.890 12	0.874 1	0.933 17	0.980 36	0.969 79	0.95
匈牙利	0.831 70	0.866 8	0.906 50	0.959 70	0.960 43	0.95
斯洛文尼亚	0.895 17	0.907 2	0.930 03	0.977 00	0.978 83	0.96
瑞典	0.920 96	0.880 2	0.914 06	0.969 80	0.977 56	0.99
英国	0.940 18	0.857 4	0.900 74	0.954 23	0.969 94	0.99
斯洛伐克	0.782 23	0.826 5	0.869 57	0.931 00	0.921 10	0.91

资料来源：根据联合国经济和社会事务部相关资料整理

如表 7-26 所示，总体来看，2005～2016 年，欧盟国家 TII 值基本处于全球中等偏上的位置。在 2005 年，瑞典、丹麦、荷兰位于欧盟前三，到了 2010 年，荷兰、瑞典、英国位居前三，到 2016 年，丹麦、卢森堡、英国分列前三。

表 7-26 欧盟国家 2005～2016 年 TII 值

国家	2016 年	2014 年	2012 年	2010 年	2008 年	2005 年
爱尔兰	0.660 15	0.703 91	0.655 33	0.573 86	0.521 70	0.503 71
意大利	0.646 91	0.674 73	0.669 66	0.491 43	0.538 91	0.481 24
拉脱维亚	0.583 11	0.623 67	0.505 09	0.376 21	0.374 06	0.380 52
立陶宛	0.626 19	0.569 68	0.576 52	0.441 32	0.409 25	0.252 80
卢森堡	0.818 98	0.872 25	0.864 37	0.713 75	0.733 62	0.643 93
马耳他	0.699 16	0.768 34	0.719 20	0.486 27	0.391 14	0.441 25
爱沙尼亚	0.732 95	0.793 37	0.664 21	0.627 29	0.595 77	0.528 05
荷兰	0.751 73	0.817 51	0.834 21	0.766 60	0.814 02	0.681 53
波兰	0.585 68	0.561 82	0.492 11	0.337 37	0.348 14	0.290 10
葡萄牙	0.583 79	0.609 43	0.602 81	0.418 90	0.421 53	0.428 25
罗马尼亚	0.453 29	0.438 54	0.423 22	0.309 27	0.299 20	0.188 90
奥地利	0.709 81	0.759 72	0.697 69	0.573 62	0.598 94	0.578 40
比利时	0.680 83	0.698 80	0.741 98	0.569 79	0.522 24	0.512 66
保加利亚	0.560 23	0.594 06	0.500 62	0.337 04	0.307 07	0.252 19
克罗地亚	0.597 35	0.627 11	0.696 49	0.422 00	0.368 32	0.301 76
塞浦路斯	0.492 34	0.532 03	0.515 26	0.432 66	0.427 44	0.410 14
捷克共和国	0.595 18	0.575 32	0.515 11	0.425 80	0.427 92	0.410 19
丹麦	0.824 66	0.874 03	0.861 46	0.698 79	0.744 14	0.764 22
芬兰	0.759 03	0.859 40	0.722 50	0.623 99	0.624 56	0.652 41
西班牙	0.649 26	0.662 88	0.631 79	0.510 00	0.483 36	0.391 92
法国	0.750 21	0.800 29	0.790 24	0.595 39	0.599 21	0.506 01
德国	0.734 15	0.803 77	0.774 97	0.695 53	0.616 44	0.622 60
希腊	0.603 18	0.654 87	0.553 14	0.382 87	0.335 61	0.314 78
匈牙利	0.561 50	0.565 36	0.567 66	0.433 80	0.371 62	0.306 91
斯洛文尼亚	0.587 74	0.619 25	0.650 93	0.502 59	0.528 86	0.476 17
瑞典	0.813 39	0.886 56	0.822 50	0.752 22	0.784 15	0.839 52
英国	0.817 66	0.853 40	0.813 51	0.716 37	0.702 22	0.647 05
斯洛伐克	0.550 36	0.529 63	0.514 70	0.421 18	0.374 15	0.317 56

资料来源：根据联合国经济和社会事务部相关资料整理

电子参与指数作为电子政务指数的辅助指标，从其值的大小也可观测出欧盟电子政务的水平。由表 7-27 可知，2005～2016 年，欧盟电子参与指数不断上升，2005 年排名前三的分别是英国、丹麦、荷兰，而且英国全球第一，到了 2010 年，西班牙排在欧盟第一，英国位居第二，爱沙尼亚排在第三，到了2016年，英国、荷兰、西班牙位列前三。

表7-27 欧盟国家2005～2016年欧盟电子参与指数

国家	2016年	2014年	2012年	2010年	2008年	2005年
爱尔兰	0.711 86	0.647 05	0.131 6	0.442 85	0.250 00	0.190 47
意大利	0.915 25	0.784 31	0.263 2	0.214 28	0.227 27	0.238 09
拉脱维亚	0.525 42	0.705 88	0.210 5	0.271 42	0.227 27	0.174 60
立陶宛	0.830 51	0.647 05	0.526 3	0.528 57	0.477 27	0.111 11
卢森堡	0.694 92	0.549 01	0.394 7	0.171 42	0.613 63	0.142 85
马耳他	0.779 66	0.470 58	0.263 2	0.342 85	0.386 36	0.476 19
爱沙尼亚	0.813 56	0.764 70	0.763 2	0.685 71	0.727 27	0.619 04
荷兰	0.949 15	1.000 00	1.000 0	0.600 00	0.522 72	0.698 41
波兰	0.881 36	0.490 19	0.184 2	0.242 85	0.227 27	0.349 20
葡萄牙	0.661 02	0.647 05	0.368 4	0.271 42	0.250 00	0.206 34
罗马尼亚	0.627 12	0.470 58	0.078 9	0.185 71	0.045 45	0.317 46
奥地利	0.881 36	0.627 45	0.368 4	0.500 00	0.477 27	0.412 69
比利时	0.644 07	0.627 45	0.131 6	0.585 71	0.409 09	0.507 93
保加利亚	0.694 92	0.254 90	0.026 3	0.300 00	0.045 45	0.253 96
克罗地亚	0.779 66	0.333 33	0.289 5	0.457 14	0.136 36	0.174 60
塞浦路斯	0.525 42	0.313 72	0.078 9	0.485 71	0.090 90	0.079 36
捷克共和国	0.559 32	0.254 90	0.263 2	0.128 57	0.204 54	0.206 34
丹麦	0.813 56	0.549 01	0.552 6	0.642 85	0.931 81	0.761 90
芬兰	0.915 25	0.705 88	0.736 8	0.414 28	0.272 72	0.555 55
西班牙	0.932 20	0.784 31	0.500 0	0.828 57	0.363 63	0.079 36
法国	0.898 31	0.960 78	0.578 9	0.600 00	0.931 81	0.412 69
德国	0.762 71	0.705 88	0.763 2	0.614 28	0.159 09	0.555 55
希腊	0.610 17	0.803 92	0.342 1	0.257 14	0.090 90	0.158 73
匈牙利	0.491 53	0.450 98	0.447 4	0.314 28	0.204 54	0.380 95
斯洛文尼亚	0.728 81	0.392 15	0.210 5	0.514 28	0.227 27	0.222 22
瑞典	0.762 71	0.607 84	0.684 2	0.485 71	0.659 09	0.571 42
英国	1.000 00	0.960 78	0.921 1	0.771 42	0.431 81	1.000 00
斯洛伐克	0.542 37	0.627 45	0.131 6	0.071 42	0.068 18	0.174 60

资料来源：根据联合国经济和社会事务部相关资料整理

第四节 英国数字经济战略

一、英国数字经济战略介绍

根据马化腾等著《数字经济：中国创新增长新动能》以及国际电信联盟《数字社会发展》指标和联合国经济和社会事务部电子政务指数等相关资料，英国一度在全球数字经济发展进程中处于遥遥领先的位置，特别是在信息社会和电子政务发展方面更是取得了突出的成就，这主要源于英国政府在数字技术及数字产业发展方面的高度重视，相关政策的大力扶持为其进一步发展奠定了坚实的基础，而且发展数字经济不仅帮助英国成功渡过了金融危机，也带动英国实现了持续多年的经济平稳快速发展。到目前为止，英国出台了诸多与数字经济发展相关的战略，其中以2009年至今的四大战略最为典型(马化腾，2017c)，如表7-28所示。

表7-28 金融危机后英国数字经济发展战略

时间	战略	主要目标
2009～2012年	数字英国	打造世界数字之都
2013～2014年	信息经济战略	建设蓬勃发展的信息经济
2015～2016年	数字经济战略	建设数字化创新强国
2017年至今	数字化战略	打造世界领先的数字经济

资料来源：根据马化腾等著《数字经济：中国创新增长新动能》相关内容整理

（一）数字英国：打造世界数字之都

在2008年国际金融危机的冲击下，英国GDP增长同比下滑幅度较大，与此同时，美国等发达经济体数字经济发展风生水起，如果不及时调整经济发展战略，出台数字经济发展相关的政策，英国可能在短期内很难寻找到恢复经济发展的动力。正是在这样的背景下，2009年6月，旨在将英国打造成为世界数字之都的《数字英国》计划正式发布，拉开了英国数字经济发展的大幕，力图通过提升英国数字基础设施水平，促进数字技术的广泛运用，提高个人隐私数据的保护程度，致力于把英国打造成世界数字之都。其具体包括以下七大目标：加大全民参与推动数字化进程的力度；提升数字基础设施水平；加大知识产权保护力度，促进技术创新；提升政府公共服务数字化水平；完善数字教育和培训体系；建立国家层面的数字安全战略框架；提升电子政务水平。其把发展经济、社会、文化等领域的数字化进程提升到战略的高度，并提出涉及资金投入、数字基础设施建设以及相关机构设立的一系列政策举措，标志着数字化、发展数字经济在英国第一次以国家顶层设计的形式出现，也标志着英国正式开启了数字经济发展之路。

2009 年 11 月，英国为进一步保障网络安全、促进数字基础设施的不断完善与数字经济的进一步发展，又颁布了《数字经济法案》。

正是在《数字英国》的战略指导下，英国在发展数字技术、建设数字基础设施、建设数字社会等领域的资金投入不断加大，为英国此后几年的数字经济发展进程指明了方向，也为英国各领域的数字化特别是政务数字化能够跻身世界前列，奠定了良好的基础（康彦荣，2010；王喜文，2010）。

（二）信息经济战略：建设蓬勃发展的信息经济

随着数字经济的不断发展，英国政府又于 2013 年发布了《英国信息经济战略 2013》，该战略与《数字英国》计划紧密相连，但又着重于数字、技术与数字产业对经济发展的影响，并通过分析当时英国数字经济发展要面对的机遇与挑战，制定了英国数字经济在短期内的发展目标——旨在建设一个蓬勃发展的信息经济，并设立了四大具体目标：建立一个强大的创新型信息经济部门，并推向全世界；促进英国企业，特别是中小企业积极使用信息技术；保证公民从数字时代受益；从人才储备与基础设施方面保证信息产业的发展（陈骞，2014；马化腾等，2017a）。

（三）数字经济战略：建设数字化创新强国

2015 年 2 月，为把英国建设成为未来的数字强国，英国技术战略委员会“创新英国”发布了具有很强战略性与延续性的《英国 2015～2018 年数字经济战略》，即《数字经济战略》，旨在通过在传统产业领域推动数字化改造与创新，把英国建设成数字经济强国，并在全球数字化革命进程中处于领先位置。其包括五大目标：促进企业数字化创新；促进数字社会建设；为数字化创新者提供帮助；促进数字基础设施、数字平台和数字生态系统的发展；确保数字经济创新的可持续发展（郑安琪，2016；丁声一等，2016）。

《数字经济战略》倡导通过数字化创新来驱动经济快速发展，并对建设数字强国做出战略部署。无论是促进数字基础设施建设还是促进企业数字化创新，无论是建设数字政府还是加强个人隐私保护，都被着重提出，并且将英国是否能融入数字经济发展的浪潮视为推动持续发展的重要因素。此外，《数字经济战略》也结合英国数字经济发展的实践需求实现了极大的创新。首先，设立了更精确的时间期限，可操作性更强；其次，该战略还提出了一些较新内容，如确保数字经济发展的可持续性、关注日益加剧的数字鸿沟以及物联网和大数据等新技术带来的新机遇等（马化腾等，2017a）。

（四）数字化战略：打造世界领先的数字经济

根据网络公开资料，2017年英国发布了《英国数字化战略》，为脱欧后的英国数字经济发展及各领域的数字化转型跻身世界前列做出了重大部署，并提出到2025年将数字经济对英国经济的贡献值扩大为2015年的两倍左右，凸显出英国在数字经济战略制定及发展数字经济方面的雄心壮志。

具体而言，英国的数字化战略可以被解构成七大子战略：一是连接战略，促进英国打造世界一流的数字基础设施，加快推进网络全覆盖、全光纤和5G建设；二是数字技能与包容性战略，为每个人提供掌握其所需数字化技能的途径，大力推进全民数字素养和数字技能培训，探索建立培育数字技能的更好模式；三是数字化部门，让英国成为建立并发展数字化业务的最佳平台，投入资金和政策，支持创新和数字创业，促进数字经济增长和创新发展；四是宏观经济转型，英国政府将通过多种形式、多种渠道帮助每一家英国企业顺利转化为数字化企业，以促进其生产效率的提高；五是网络空间战略，增强网络安全能力，投资和鼓励网络安全行业及人才培养输出，让英国提供全球最为安全的在线生活与工作环境；六是数字治理战略，深入推进政府数字转型，打造平台型政府，确保英国政府在全球在线民众服务方面处于领先地位；七是数据经济战略，多种举措释放数据在英国经济发展中的重大潜力，同时加强数据保护和数据开放共享，并提高公众对使用数据的信心。

（五）其他战略

在英国政府发展数字经济相关战略指导下，英国地方各级政府及各行业也纷纷制定了更容易落地的数字经济战略计划安排。例如，苏格兰政府为抓住数字经济时代的机遇，规避数字经济发展进程中的风险，促进其数字经济发展领先地位的确立，发布了《苏格兰战略：苏格兰的数字化未来（2011）》。此外，英国为加大数字技术对传统行业的数字化改造力度，在农业、制造业、服务业等领域也出台了一系列的战略安排。例如，为促进农业、娱乐行业的数字化改造分别发布了《英国农业技术战略》《数字经济行动》等行业战略，为促进银行业数字化进程及数字银行的发展，也提出了相关的政策安排（马化腾等，2017a）。

二、英国数字经济发展概况

（一）信息社会发展

如表7-29所示，英国在2010年到2017年，信息发展总指数从全球第10位前进到全球第 5 位，其中 ICT 基础设施水平从全球第 8 位上升到第 4 位，ICT 设施使用强度从全球第 12 位上升到全球第 7 位。

表 7-29　2010～2017 年英国信息社会发展指数值及排名

指标	2017 年		2016 年		2015 年		2010 年	
	排序	数值	排序	数值	排序	数值	排序	数值
信息发展总指数	5	8.65	5	8.53	4	8.54	10	7.62
ICT 基础设施水平	4	9.15	4	9.12	4	9.18	8	8.75
ICT 设施使用强度	7	8.38	8	8.13	8	8.09	12	5.99

资料来源：根据国际电信联盟相关资料整理

如表 7-30 所示，英国个人用网的占比从 2000 年 26.82% 一直增加到 2016 年的 94.78%，接入固定宽带家庭占比则从 2000 年的 0.09% 一直上升到 2017 年的 39.31%，百人移动电话使用数占比则从 2000 年的 73.71% 上升到 2009 年的 121.94% 又下滑到 2017 年的 119.63%。

表 7-30　2000～2017 年英国信息社会发展相关指标　　单位：%

指标	2000 年	2001 年	2002 年	2003 年	2004 年	2005 年	2006 年	2007 年	2008 年	2009 年	2010 年	2011 年	2012 年	2013 年	2014 年	2015 年	2016 年	2017 年
个人用网	26.82	33.48	56.48	64.82	65.61	70.00	68.82	75.09	78.39	83.56	85.00	85.38	87.48	89.84	91.61	92.00	94.78	—
固定宽带	0.09	0.56	2.29	5.23	10.23	16.42	21.40	25.41	27.89	28.50	30.25	32.26	33.75	35.64	36.50	37.75	38.29	39.31
移动电话	73.71	78.25	82.95	91.06	99.67	108.60	115.25	120.23	120.72	121.94	121.20	120.92	121.91	121.71	120.68	121.18	119.98	119.63

资料来源：根据国际电信联盟相关资料整理

（二）电子政务发展

如表 7-31 所示，就电子政务指标全球排名来看，英国从 2005 年的第 4 位，中间经历下滑，但一直稳定保持在前 10 名的位置，2016 年跃升到第 1 位。根据联合国相关资料，英国在部署 HTML55 等新的网络技术方面处于全球电子政务发展领先地位，既为民众提高了政务服务体验水平，又能服务更多的社会民众，而且通过相关数字技术的使用，网上自行纳税申报、驾照考试网上预约等电子政务服务为英国政府节省了大量支出与成本，大大提高了政府服务效率，现在 85% 的业务通过在线渠道进行，超过 98% 的驾照考试也是在网上预订（Foreshew-Cain，2015）。而从电子参与指标看，英国 2005 年就位于全球第一，2008 年下滑，一直到 2016 年又重回全球第一；OSI 值在 2005 年就全球领先，到 2016 年位于全球第一；在 HCI 和 TII 水平上，虽然没领先，但也位居全球前列，而且近年来表现出不断提升的趋势。

表 7-31 2005～2016 年英国电子政务排名及相关指标值

年份	电子政务排名	电子政务指标	电子参与指标	OSI	HCI	TII
2016	1	0.919 28	1.000 00	1.000 00	0.940 18	0.817 66
2014	8	0.869 48	0.960 78	0.897 63	0.857 40	0.853 40
2012	3	0.896 03	0.921 10	0.973 85	0.900 74	0.813 51
2010	4	0.814 66	0.771 42	0.774 60	0.954 23	0.716 37
2008	10	0.787 20	0.431 81	0.692 30	0.969 94	0.702 22
2005	4	0.877 73	1.000 00	0.996 15	0.990 00	0.647 05

资料来源：根据联合国经济和社会事务部相关资料整理

第五节 日、韩数字经济发展战略

一、日本数字经济战略介绍及发展

根据与日本数字经济发展相关的公开资料，日本提出数字经济发展相关战略要滞后于欧美国家，所以在数字经济发展方面位于全球第二梯队。作为数字基础设施的领先国，日本提出要建设世界上最先进的 IT 国家，但又不同于中美两个大国注重数字基础设施建设的均衡发展，日本在数字经济发展进程中更强调数字基础设施的到达能力，所以在数字基础设施中更注重“管”的部署。日本早在 2004 年就提出以发展泛在网络为目标的 U-Japan 构想，2009 年 7 月，提出《i-JAPAN 战略 2015》，旨在提升基础设施数字化水平的基础上，促进数字技术在传统产业各领域及社会各层面的广泛运用，建立充满活力与创新的数字化日本，并强调在电子政务、教育医疗、人力资源建设三个优先领域实现数字化发展（马化腾等，2017a）。

之后日本数字经济发展方面的成果有目共睹，根据相关资料数据，日本不仅在数字社会、电子政务、数字政府发展方面居于亚洲第一梯队，在数字基础设施方面，其在线服务器数量达到 164 万台，远高于新加坡和韩国，接近中国的 1/3，而且物联网在线服务器也超过 20 万台，近几年日本把推动以物联网建设为主的数字基础设施建设上升到重要的国家战略高度，预计日本数字基础设施水平及数字经济发展程度将再上台阶（逄健和朱欣民，2013；陈璋等，2017；王振，2017）。

（一）信息社会发展

如表 7-32 所示，日本信息社会发展总指数从 2010 年的全球第 9 位，中间降到第 11 位，2017 年又回到第 10 位，其中 ICT 基础设施水平则从 2010 年的全球第 15 位一直上升到 2017 年的全球第 9 位，而 ICT 设施使用强度则从 2010 年的全球第 7 位下滑到 2017 年的全球第 11 位。

表 7-32　2010～2017 年日本信息社会发展指数值及排名

指标	2017 年		2016 年		2015 年		2010 年	
	排序	数值	排序	数值	排序	数值	排序	数值
信息社会发展总指数	10	8.43	11	8.32	11	8.28	9	7.73
ICT 基础设施水平	9	8.80	9	8.73	11	8.75	15	8.03
ICT 设施使用强度	11	8.15	10	8.07	10	7.96	7	7.02

资料来源：根据国际电信联盟相关资料整理

由表 7-33 所示，日本接入互联网的个人占比从 2000 年的 29.99%一直上升到 2017 年的 90.87%，而接入固定宽带的家庭占比则从 2000 年的 0.67%一直上升到 2017 年的 31.68%，百人移动电话使用占比也从 52.37%一直上升到 2017 年的 133.45%。

表 7-33　2000～2017 年日本信息社会发展相关指标　　单位：%

指标	2000 年	2001 年	2002 年	2003 年	2004 年	2005 年	2006 年	2007 年	2008 年	2009 年	2010 年	2011 年	2012 年	2013 年	2014 年	2015 年	2016 年	2017 年
个人用网	29.99	38.53	46.59	48.44	62.39	66.92	68.69	74.30	75.40	78.00	78.21	79.05	79.50	88.22	89.11	91.06	93.18	90.87
固定宽带	0.67	3.00	7.35	11.65	15.25	18.16	20.59	22.02	23.43	25.56	26.53	27.78	28.13	28.77	29.49	30.38	31.16	31.68
移动电话	52.37	58.58	63.42	67.66	71.34	75.18	77.73	83.53	85.88	90.46	95.90	103.31	109.89	115.26	123.17	125.46	130.61	133.45

资料来源：根据国际电信联盟相关资料整理

（二）电子政务发展

如表 7-34 所示，2005 年日本电子政务排名位于全球第 14 位，中间历经下滑，到 2014 年回到全球第 6 位，而到了 2016 年又下滑到全球第 11 位。在电子参与指标上，日本从 2005 年的全球中等偏下水平跃居到 2016 年的全球领先水平，OSI 与 HCI 水平一直处于全球中等偏上的水平，而 TII 水平则一直在全球中上水平徘徊，却一直未能领先。

表 7-34　2005～2016 年日本电子政务排名及相关指标值

年份	电子政务排名	电子政务指标	电子参与指标	OSI	HCI	TII
2016	11	0.843 97	0.983 05	0.876 81	0.827 38	0.827 71
2014	6	0.887 44	0.960 78	0.944 88	0.862 10	0.855 33
2012	18	0.801 87	0.736 80	0.862 74	0.896 89	0.645 99
2010	17	0.715 17	0.757 14	0.673 01	0.949 60	0.524 17
2008	11	0.770 30	0.613 63	0.742 47	0.946 18	0.623 19
2005	14	0.780 13	0.460 31	0.815 38	0.940 00	0.585 00

资料来源：根据联合国经济和社会事务部相关资料整理

二、韩国数字经济战略介绍及发展

根据网络上与韩国数字经济发展相关的公开资料，韩国数字经济发展战略与日本类似，不仅制定数字经济发展战略时间落后于欧美国家，而且与日本一样都是通过提升数字基础设施水平来促进数字经济的进一步发展。虽然韩国在20世纪80年代就启动了国家基础信息系统工程，但在90年代中期才启动信息高速公路建设计划，并出台了促进信息化基本法，投巨资建设信息基础设施工程，加大力度发展数字基础设施。到90年代末期，韩国实行网络韩国21世纪计划，在2001年又提出信息化村建设，2004年韩国信息通信部为规划建设无处不在的网络韩国，又发布了“IT-839计划”，成立U-Korea规划小组，旨在通过促进智能互联网络的投资、布局与建设，创建最先进的数字基础设施环境，促进最新数字技术的大规模应用，建立无所不在的信息与数字化社会。在2008年金融危机后，韩国发布了《国家信息化基本规划》和《国家信息的实施规划（2009—2012）》，又于2009年发布IT韩国未来战略，通过了《物联网基础设施构建基本规划》，力求构建全球领先的数字基础设施。 在一系列战略政策的指导下，韩国也率先将LTE（long term evolution，长期演进）网络覆盖率、移动宽带覆盖率提升到接近甚至超越覆盖全境水平，但可能过于注重宽带覆盖率的提升与泛在数字基础设施的建设，在云计算、消费互联网、智能终端设备的投资及运用发展方面仍略显不足（毛谦，2009；王振，2017）。

（一）信息社会发展

如表7-35所示，韩国信息社会发展总指数从2010年到2016年一直排在全球第1位，到2017年下滑到第2位，其中ICT基础设施水平从2010年的第10位前进到2017年的第7位，ICT设施使用强度则从2010年的全球第1位下滑到2017年的全球第4位。

表7-35 2010～2017年韩国信息社会发展指数值及排名

指标	2017年		2016年		2015年		2010年	
	排序	数值	排序	数值	排序	数值	排序	数值
信息社会发展总指数	2	8.85	1	8.80	1	8.78	1	8.64
ICT基础设施水平	7	8.85	7	8.90	8	9.00	10	8.64
ICT设施使用强度	4	8.71	4	8.56	2	8.42	1	8.02

资料来源：根据国际电信联盟相关资料整理

如表7-36所示，韩国接入互联网的个人占比从2000年的44.70%一直上升到2017年的95.10%，而接入固定宽带的家庭占比则从2000年的8.17%一直上升到2017年的41.58%，而百人移动电话使用占比则从2000年的56.59%一直上升到2017年的124.86%。

表 7-36　2000～2017 年韩国信息社会发展相关指标　单位：%

指标	2000年	2001年	2002年	2003年	2004年	2005年	2006年	2007年	2008年	2009年	2010年	2011年	2012年	2013年	2014年	2015年	2016年	2017年
个人用网	44.70	56.60	59.40	65.50	72.70	73.50	78.10	78.80	81.00	81.60	83.70	83.76	84.07	84.77	87.56	89.90	92.84	95.10
固定宽带	8.17	16.39	21.68	23.16	24.58	25.03	28.72	29.98	31.44	33.11	34.70	35.90	36.54	37.35	38.10	39.58	40.47	41.58
移动电话	56.59	60.88	67.37	69.60	75.44	78.72	82.21	90.43	92.66	97.09	102.45	105.55	107.35	108.99	113.70	116.49	120.68	124.86

资料来源：根据国际电信联盟相关资料整理

（二）电子政务发展

如表 7-37 所示，韩国电子政务排名也处于全球领先的位置，2005 年位居全球第 5，中间 2010 年、2012 年与 2014 年都居全球第 1 位，到了 2016 年变为全球第 3 位，电子参与指标也体现出同样的趋势，OSI、HCI 于 2016 年在全球的相对位置显示出下滑的趋势，而 TII 则经历波折，总体从 2005 年全球中下位置提升到全球中上水平。据相关资料，韩国在创新电子政务方面持续努力，近几年有更多的电子政务服务转至云端，也将有一半左右的电子政务服务被转换为云计算（刘长安，2015）。

表 7-37　2005～2016 年韩国电子政务排名及相关指标值

年份	电子政务排名	电子政务指标	电子参与指标	OSI	HCI	TII
2016	3	0.891 49	0.966 10	0.942 03	0.879 47	0.852 96
2014	1	0.946 23	1.000 00	0.976 37	0.927 30	0.935 03
2012	1	0.928 32	1.000 00	1.000 00	0.949 37	0.835 59
2010	1	0.878 54	1.000 00	1.000 00	0.992 93	0.639 02
2008	6	0.831 70	0.977 27	0.822 74	0.984 12	0.688 64
2005	5	0.872 73	0.873 01	0.976 92	0.970 00	0.671 27

资料来源：根据联合国经济和社会事务部相关资料整理

第六节　新加坡数字经济发展战略

一、新加坡数字经济战略介绍

据上海社会科学院发布的《全球数字经济竞争力发展报告（2017）》相关内容，自从1965年独立以来，用不到几年的时间新加坡就从一个国土面积仅约720平方公里、经济基础较为薄弱、资源相对贫乏的小岛屿，迅速跃升成为全球数字技术、数字基础设施、数字社会与电子政务发展、数字政府建设等数字经济多领域数字化水平遥遥领先的国家（王振，2017）。这些不仅为新加坡创新竞争力的提升提供了良好的基础，并已经成为推动新加坡持续健康发展的主要动力。在世界经济论坛发布的2016年全球信息技术发展报告与全球竞争力报告中，新加坡的竞争力位于全球前三、亚洲第一的位置①。

之所以能取得这么突出的成就，主要得益于新加坡数字技术、数字基础设施及数字经济发展的起步要早于欧美国家，而这又与新加坡政府对数字经济发展的前瞻性规划与政策大力推动息息相关。新加坡政府在推动数字经济发展与智慧岛建设进程中，除了建立起强有力的组织与管理体制、完善相关的法律体系建设外，更重要的是进行具有战略眼光、清晰的前瞻性顶层规划与设计，重视数字基础设施建设的基础作用，并在推动智慧岛建设中执着坚持政府引导与带头作用，促进全民参与、协同推动数字化进程（徐代鸿，2012；李林，2013）。正是在这一系列战略政策的推动下，新加坡才在数字经济、数字社会、数字政府建设等各领域取得了全球领先的巨大成就，未来新加坡的数字化水平也将进一步提升（王振，2017）。新加坡数字经济发展阶段如表7-38所示。

表7-38 新加坡数字经济发展阶段

时间	阶段	阶段名称	标志
1980～1985年	第一阶段	国家计算机化计划	建立国家计算机委员会
1986～1990年	第二阶段	IT公司快速发展	IT 2000愿景
1991～2005年	第三阶段	国家信息基础设施建设	“智慧岛2000”计划
2006～2014年	第四阶段	提出建设智慧国家	“智能国2015”计划
2014年以后	第五阶段	设计智慧国家蓝图	“智慧国2025”计划

（一）1980～1985年：国家计算机化计划

新加坡将信息化、数字化作为立国之本，是全球最早实施信息化与数字化建设的国家，特别是新加坡政府在数字技术使用方面一直走在全球前列。早在1980年新加坡就成立了国家计算机委员会，并制定了第一个五年发展计划——国家计算机化计划，目的是用不到5年的时间，推广电脑在城市各行各业及各领域的应用，通过使用计算机，提高政府服务效率与服务质量，进而引导全社会信息化与数字化水平的提升（黄新辉，2012）。

① Setal B，Soumitra D，Bruno L. The Global Information Technology Report 2016：Innovating in the Digital Economy[R]. World Economic Forum，2016.

（二）1986～1990 年：IT 公司快速发展

这一阶段以 IT2000 愿景为标志，希望通过发展 IT 产业推动市民服务的信息化并通过 IT 应用来提高企业生产率。在这一愿景的指引下，到 20 世纪 90 年代初，新加坡已发展起全球较为领先的 IT 产业，相关产品出口到美国、欧洲、东南亚其他国家，这也为新加坡日后的数字化进程打下了较好的基础。

之后新加坡根据国家数字化具体实践，制定并出台了一系列较为领先且较有针对性的数字经济发展战略，从“新加坡 ONE”“下一代全国宽带网络”，再到“智慧岛 2000”计划、“智能国 2015”计划和“智慧国 2025”计划，这些不同的数字经济发展战略对新加坡甚至整个东亚地区的数字经济发展进程都产生了很大影响，特别是后三个计划影响尤甚，下面就具体予以分析。

（三）1991～2005 年：国家信息基础设施建设

从这一阶段开始，新加坡陆续出台了对其建设智慧国家与发展数字经济有重大影响的系列战略。1992 年，新加坡实施了国家信息基础设施计划——“智慧岛 2000”计划，计划用 10 年左右的时间，在全社会各行业、各领域、各机构电脑化的基础上，打破信息孤岛，将新加坡建成实现数据互联互通和信息共享的智慧岛与全球 IT 中心。

该计划确立了五个战略主题：建设全球 IT 枢纽、提高生活质量、打造经济引擎、促进国际合作、激发个人潜能，其目标是通过加大数字基础设施建设投入力度，大力发展互联网等数字技术，并促进数字技术在经济、政治、社会、文化、生活等方面的广泛运用，致力于把新加坡打造成为一个信息与数字基础设施网络全球领先、数字技术较为发达的充满智慧的发达经济体。

2000 年，又通过了“信息通信 21 世纪计划”，要在 2005 年之前把新加坡建设成为数字经济全球领先的经济体。

（四）2006～2014 年：提出建设智慧国家

进入第四阶段，新加坡希望用大约 10 年的时间，推动新加坡 ICT 在各行业的渗透、融合与改造、创新，提升传统行业的数字化、自动化、智能化程度，实现经济结构的升级与社会的全面转型。其中，以 2006 年新加坡发布的为期 10 年的“智能国 2015”计划为主要标志。其主要目标包括三个“i”：一是“innovation”（创新），也就是实现技术、模式及项目的系列创新；二是“integration”（集成），即充分使用与合理分配不同领域的资源；三是“internationalization”（国际化），融入经济全球化的大潮与全球经济体系，力图通过数字技术提升国家创新水平，提升跨地区、跨行业的资源整合能力，提升其在全球竞争中的国际竞争力（逄健和朱欣民，2013）。“智能国 2015”计划的内容主要包括四个方面：一是建立全球领先的数字基础设施；二是发展具有全球竞争力的数字技术产业；三是培养全球领先的信息通信与数字技术人才；四是通过数字技术的广泛运用促进经济、社会、政治各领域的变革[①]（王振，2017）。

（五）2014年以后：设计智慧国家蓝图

新加坡信息化建设方面一直引领全球发展，到了2014年，新加坡公布了最新的战略，“智能国2015”计划的升级版：“智慧国2025”（Smart Nation 2025）计划，设计了全球首个智慧国家蓝图，希望通过连接所有的智能终端设备，实现万物互联互通，使民众的工作、生活更加便利，并在2025年建设成为世界上第一个智慧国家，实现从原来强调智能机器作用的智能城市，向现在在数字技术运用的基础上，充分发挥人的创造性，实现更为科学与精准决策的智慧国家跨越（刘学华等，2016）。

新加坡智慧国家理念的核心是三个c：连接（connect）、收集（collect）和理解（comprehend）[②]。智慧国家平台的第一个阶段以“连接”和“收集”为核心，计划于2015年完成。“连接”就是数字基础设施的互联互通，其目标是为民众提供较高数字化水平的全国互联互通的数字基础设施；“收集”指的就是对相关数据的收集，具体是指通过传感器、无线射频识别等数字技术，从万物互联的智能终端设备获取所需的实时数据，并对相关数据进行筛选、加工、整理；“理解”就是要对采集到的数据进行加工、整理、分析，并进一步转换成有用的信息，更好地预测民众的需求、科学地指导相关决策、为民众提供更好的服务，并建立面向公众的有效共享机制。可见，连接、收集和理解，就是要在提升数字基础设施水平，实现人与人、人与物、物与物万物互联的基础上，通过物联网、传感器等实时收集相关的行为数据，并在对这些数据进行筛选、加工、整理与分析的基础上，更好预测社会民众的广泛需求，做出科学合理的决策，提供更高效的政府服务（张国民，2016；王雄兵，2017）。

二、新加坡数字经济发展概况

（一）信息社会发展

如表7-39所示，新加坡信息社会发展总指数排名从2010年的第11位下滑到2016年的第20位，然后又上升到2017年的第18位，其中ICT基础设施水平从2010年的第12位下滑到2015年的第14位，2016年和2017年又回归到第12位，而ICT设施使用强度则从2010年的第6位一直下滑到2017年的第24位。

---

① Smart City Strategy：Intellogent Nation 2015（Singapore）[EB/OL]. http://www.urenio.org/2015/02/12/smart-city-strategy-intelligent-nation-2015-singapore/.

② Smart Nation 2025[EB/OL]. [2017-11-08]. http://smartisland.com/singapore-the-smart-island-smart-nation/smart-nation/.

表 7-39 2010～2017 年新加坡信息社会发展指数值及排名

指标	2017 年		2016 年		2015 年		2010 年	
	排序	数值	排序	数值	排序	数值	排序	数值
信息社会发展总指数	18	8.05	20	7.85	19	7.88	11	7.62
ICT 基础设施水平	12	8.61	12	8.56	14	8.61	12	8.38
ICT 设施使用强度	24	7.45	21	7.44	18	7.45	6	7.11

资料来源：根据国际电信联盟相关资料整理

如表 7-40 所示，新加坡接入互联网的个人占比从 2000 年的 36.00%一直上升到 2017 年的 84.45%，接入固定宽带的家庭占比从 2000 年的 1.76%中间经历小幅波动，到 2017 年达到 25.76%，而百人移动电话使用占比则从 2000 年的 70.19%一直上升到 2013 年的 157.40%，之后经历小幅波动，到 2017 年达到 148.24%。

表 7-40 2000～2017 年新加坡信息社会发展相关指标 单位：%

指标	2000 年	2001 年	2002 年	2003 年	2004 年	2005 年	2006 年	2007 年	2008 年	2009 年	2010 年	2011 年	2012 年	2013 年	2014 年	2015 年	2016 年	2017 年
个人用网	36.00	41.67	47.00	53.84	62.00	61.00	59.00	69.90	69.00	69.00	71.00	71.00	72.00	80.90	79.03	79.01	84.45	84.45
固定宽带	1.76	3.76	6.54	9.82	12.48	14.61	17.08	19.57	22.08	24.84	26.38	27.21	27.18	27.86	27.05	26.85	25.99	25.76
移动电话	70.19	74.44	80.19	84.18	91.32	97.63	103.83	125.18	132.23	138.65	145.53	150.58	153.06	157.40	148.74	148.74	150.48	148.24

资料来源：根据国际电信联盟相关资料整理

（二）电子政务发展

如表 7-41 所示，从 2005 年到 2016 年，新加坡电子政务指标全球排名一直位于全球前列，2005 年排在全球第 7 位，中间出现下降，到 2016 年居于全球第 4 位；电子参与指标也基本上反映出同样的趋势，一直处于全球领先地位；OSI 于 2012 年处于全球第 1 位，之后 2014 年与 2016 年也位于全球前列；TII 排名从 2005 年到 2016 年有较大幅度的提升；而 HCI 在全球的位置则表现出相对下滑的趋势。

表 7-41 2005～2016 年新加坡电子政务排名及相关指标值

年份	电子政务排名	电子政务指标	电子参与指标	OSI	HCI	TII
2016	4	0.882 80	0.915 25	0.971 01	0.835 98	0.841 41
2014	3	0.907 62	0.901 96	0.992 12	0.851 50	0.879 27
2012	10	0.847 42	0.947 40	1.000 00	0.849 96	0.692 29
2010	11	0.747 60	0.685 71	0.685 71	0.920 33	0.638 63
2008	23	0.700 90	0.636 36	0.612 04	0.907 99	0.585 34
2005	7	0.850 30	0.984 12	0.996 15	0.910 00	0.644 77

资料来源：根据联合国经济和社会事务部相关资料整理

第七节 中国数字经济发展战略

一、中国数字经济战略介绍

根据上海社会科学院发布的《全球数字经济竞争力发展报告（2017）》及其他与我国数字经济发展相关的多方研究内容，我国数字经济相关政策的发展大致经历了三个阶段的演变历程，分别是数字经济萌芽阶段、数字经济快速发展阶段与数字经济成熟阶段（王振，2017），如表 7-42 所示。

表 7-42 中国数字经济发展阶段

阶段	时间	阶段名称	标志
第一阶段	1994～2003 年	数字经济萌芽	数字化软硬件基础设施建设
第二阶段	2004～2015 年	数字经济快速发展	电子商务及数字企业的兴起
第三阶段	2015 年以后	数字经济成熟	数字技术与传统产业的融合

资料来源：根据上海社科院《全球数字经济竞争力发展报告（2017）》相关内容整理

（一）1994～2003 年：数字经济萌芽

1994 年接入互联网，标志着我国已经进入发展互联网的数字经济萌芽阶段，开启了我国数字经济发展之路。在数字经济发展萌芽期，我国在加大力度鼓励数字基础设施建设与增加数字技术研发投入的同时，为数字平台企业的创立提供了良好的政治与社会环境，此阶段，从网易、新浪等门户网站到百度、腾讯等搜索引擎再到阿里巴巴、京东等电子商务网站，一大批数字平台型企业纷纷成立并快速崛起，我国数字经济从萌芽开始就经历了快速的发展与成长，但到 2000 年前后随着全球互联网泡沫的破灭，国内互联网产业受到了重创，我国数字经济发展也经历了短暂的低迷发展期。

在此阶段，从 1994 年互联网进入中国之初，国内数字经济政策主要集中在加大力度促进信息和数字基础设施建设与数字技术研发方面，包括宽带、移动通信网络、基站以及提供通信服务的其他软硬件基础设施建设、促进宽带技术的普及与运用等，希望为以后的数字经济相关产业发展提供基础支撑。

（二）2004～2015 年：数字经济快速发展

从 2004 年开始，短暂的互联网发展低迷阶段过后，伴随着数字基础设施水平的不断提升，数字技术日新月异地发展，互联网用户数量也在持续高速增长，电子商务、跨境电商等新模式的兴起以及微博自媒体等新业态的纷纷涌现，不断推动着数字经济的快速成长，我国数字经济也逐渐由萌芽期进入快速发展期。根据中国互联网络信息中心的相关资料，从 2011 年开始，中国网民数量增速逐渐放缓，而到 2012 年 6 月底，中国网民总人数达 5.38 亿，手机网民规模达到 3.88 亿，并首次超过电脑网民数，标志着主要依靠网民数量高速增长的中国数字经济发展模式逐渐受到瓶颈约束并将面临日益严峻的挑战，中国数字经济发展需要寻找更新的发展模式，也需要向更新的发展阶段跨越。

在此阶段，2005 年，《国务院办公厅关于加快电子商务发展的若干意见》的发布，标志着鼓励发展电子商务等数字经济新模式与新内容已经上升到国家战略层面，这表明随着信息和数字基础设施的不断完善与信息化、数字化水平的不断提升，国家在数字经济发展方面的政策鼓励方向，逐渐从信息与数字基础设施、数字技术研发等基础支撑层向促进电子商务发展、促进信息社会建设、促进政府公共服务数字化以及数字政府建设等内容层过渡。而到了 2007 年 4 月，《中华人民共和国政府信息公开条例》公布，强调政务公开与政务服务数字化，标志着我国数字经济相关政策已经由原来强调信息与数字基础设施建设表层逐渐过渡到强调发展电子商务与数字政府等内容层。

（三）2015 年以后：数字经济成熟

随着大数据、云计算、物联网、人工智能等数字技术的广泛使用，宽带、大数据中心、云计算中心等数字基础设施建设的大规模推进，我国手机网民数量也在不断增长，我国数字经济发展逐渐由原来的快速发展向成熟期过渡。根据艾瑞咨询 2017 年相关报告，数字经济发展逐渐步入成熟期，不仅农业、制造业、服务业等传统行业数字化程度不断提高，也涌现出更多的新模式与新业态，与此同时，数字经济发展过程中的问题也不断开始显现。首先，数字技术对传统行业的改造。随着数字技术不断向传统行业的融合、渗透与改造、创新，智能制造、智慧农业、智慧物流等不同行业都开启了数字化发展的新模式，然而由于行业的特点差异，也并非所有行业都可采用同一模式、在同一时间点进行相同程度的数字化改造，所以未能适时改造或过于超前改造的企业都有可能被淘汰出局。其次，新模式、新业态持续涌现。随着数字经济的迅猛发展，共享经济、众创、众包、众筹等新模式与新业态层出不穷、持续涌现，不仅使传统经济下的商业模式发生彻底变革，也为当今数字经济发展注入了更多新的活力与动力。最后，数字经济发展过程中许多新的问题不断涌现。在推动数字经济发展的过程中也带来了数字技术对就业生态系统的结构性冲击、个人隐私数据的泄露与保护、数据鸿沟的跨越、病毒攻击与网络安全等新问题，这些也都有待于在数字经济的不断发展与完善过程中逐步解决。

2015 年以来，我国从中央到各部委再到省区市层面与数字经济发展相关的政策措施频频出台，大多强调促进数字技术相关产业发展，促进传统产业的数字化改造、升级与创新，促进数字经济合作及数字全球化发展。

1. 国家层面政策

1）政府工作报告

从2015年国务院政府工作报告提出开展“互联网+”开始，之后中央及地方各级政府有关数字经济的政策和指导意见纷纷出台；2016年政府工作报告，又强调“互联网+政务服务”，强调通过建立电子政府、一站式政府及数字政府等途径，促进政府公共服务向数字化转型；2017年政府工作报告首次提出数字经济概念，强调在大力促进数字技术相关产业发展的基础上，促进农业、制造业、服务业等传统领域各行各业向数字化转型；2018年政府工作报告，强调在促进大数据、云计算、物联网、区块链、人工智能、3D打印等数字技术快速迭代创新的基础上，促进人工智能、智能家居、智慧城市建设的进一步发展。

2）其他重要讲话及文件

2015年3月25日，国务院常务会议上审议通过了《中国制造2025》规划方案，提出以加快新一代信息技术与制造业融合为主线，以推进智能制造为主攻方向，力争到2025年从制造大国迈入制造强国行列，并提出了制造强国的“三步走”战略；2015年7月，《国务院关于积极推进“互联网+”行动的指导意见》提出到2018年基本形成网络经济与实体经济协同互动基本格局的发展目标，确定了促进创业创新、协同制造、现代农业、公共服务、绿色生态、人工智能等多个重点行动领域，并确立了相关责任单位；2015年12月，习近平主席在第二届世界互联网大会上发表演讲，指出中国将支持基于互联网的各类创新，积极推进“数字中国”建设，大力发展分享经济，努力推动数字经济合作与数字经济全球化发展。

2016年7月，中共中央办公厅、国务院办公厅印发的《国家信息化发展战略纲要》指出了国家信息化发展的基本形势、战略目标与基本方针，并从大力增强信息化发展能力、着力提升经济社会信息化水平、不断优化信息化发展环境、体制保障和组织实施等方面提出具体的政策建议；2016年9月，《国务院关于加快推进“互联网+政务服务”工作的指导意见》出台，指出为了加快政府职能转变，促进政府公共服务效率提升，充分激发社会创造力和市场活力，为企业和群众办事提供更多便利，要积极推进“互联网+政务服务”发展，并从优化再造政务服务、融合升级平台渠道、夯实支撑基础、加强组织保障等方面提出了具体的政策建议；2016年9月，G20通过了《G20数字经济发展与合作倡议》，提出了数字经济的明确定义，并为各国数字经济合作发展指明了方向。2016年10月，中共中央政治局进行第三十六次集体学习时，习近平总书记强调加快推进网络信息技术自主创新，加快数字经济对经济发展的推动，强调要加大投入，加强信息基础设施建设，推动互联网和实体经济深度融合，加快传统产业数字化、智能化，做大做强数字经济，拓展经济发展新空间；2017年3月，李克强总理在政府工作报告中指出：网络提速降费要迈出更大步伐，年内全部取消手机国内长途和漫游费，大幅降低中小企业互联网专线接入资费，降低国际长途电话费，推动“互联网+”深入发展、促进数字经济加快成长，让企业广泛受益、群众普遍受惠。

2017年11月，《国务院关于深化“互联网+先进制造业”发展工业互联网的指导意见》

指出全球范围内新一轮科技革命和产业变革蓬勃兴起，工业互联网日益成为新工业革命的关键支撑和深化“互联网+先进制造业”的重要基石，要加快建设和发展工业互联网，推动互联网、大数据、人工智能和实体经济深度融合；2018 年 4 月，《国务院办公厅关于促进“互联网+医疗健康”发展的意见》指出为推进实施健康中国战略，提升医疗卫生现代化管理水平，满足人民群众日益增长的医疗卫生健康需求，从健全“互联网+医疗健康”服务体系、完善“互联网+医疗健康”支撑体系、加强行业监管和安全保障等几方面提出促进“互联网+医疗健康”发展的意见。

2. 部委层面政策

为促进国家层面有关鼓励数字经济发展政策的付诸实施与更快落地，商务部、教育部、工业和信息化部等各部委也都密集出台了促进数字经济及相关产业发展的配套政策与行动计划，与中央层面的政策相比，商务部、教育部、工业和信息化部等部委出台的政策更具针对性、更加细化，也更易落地实施。例如，商务部就提出了以发展电子商务为重点的战略安排，2015 年 5 月，出台了《“互联网+流通”行动计划》，指出要以技术创新和商业模式创新驱动，推动传统流通产业转型升级，要重点在电子商务进农村、电子商务进中小城市、电子商务进社区、线上线下互动、跨境电子商务等领域打造安全高效、统一开放、竞争有序的流通产业升级版；教育部提出促进信息技术、数字技术与教育融合的战略安排，2016 年 6 月《教育信息化“十三五”规划》，指出信息技术对教育的革命性影响日趋明显，到 2020 年，要基本建成与国家教育现代化发展目标相适应的教育信息化体系；基本实现教育信息化对学生全面发展的促进作用；基本形成具有国际先进水平、信息技术与教育融合创新发展的中国特色教育信息化发展路子；工业和信息化部为推动制造业与数字经济相结合，促进制造业数字化、智能化改造，于 2016 年 12 月出台了《智能制造发展规划（2016—2020 年）》，指出智能制造在全球范围内快速发展，已成为制造业重要发展趋势，要抓住全球制造业分工调整和我国智能制造快速发展的战略机遇期，引导企业在智能制造方面走出一条具有中国特色的发展道路。

3. 地市层面政策

在中央及各部委政策的引导下，各省、自治区、直辖市也根据国家战略指导意见，围绕数字技术发展、数字基础设施建设、传统产业的数字化改造、数字政务水平提升及创建良好的数字化发展环境等主题发布了相关的配套政策。

例如，2017 年 2 月，贵州省人民政府发布了首个省级数字经济发展规划《贵州省数字经济发展规划（2017—2020 年）》，指出要加快发展资源型、技术型、融合型、服务型“四型”数字经济，推动全省经济社会实现弯道取直、后发赶超、同步小康；2016 年 1 月，浙江发布《浙江省“互联网+”行动计划》，指出要紧紧抓住新一轮科技革命和产业变革的历史机遇，充分运用“互联网+”促进新技术、新产品、新业态和新模式的发展，为我省加快推进经济社会转型升级提供强大动力；2015 年 9 月，广东发布《广东省“互联网+”行动计划（2015—2020 年）》指出要以发展网络化、智能化、服务化、协同化的“互联网+”产业新业态为抓手，充分激发互联网大众创业万众创新活力，推进互联网在经济社会各领域的广泛应用；为确立发展“互联网+”的优势地位，形成促进与互联网融合创新发展的宽松政策环境，2016 年 2 月，上海市发布《上海市推进“互联网+”行动实施意见》，指出要抓住建设具有全球影响力科技创新中心和培育“四新”经济的契机，顺应互联网发展趋势，对接国家战略，实现经济提质增效和转型升级，确立形成上海“互联网+”发展新优势。

二、中国数字经济发展的主要商业模式演变

根据腾讯研究院和工业和信息化部电子科学技术情报研究所所著的《数字经济白皮书》的相关内容，按数字化程度的不同，数字经济可以分为信息数字化、业务数字化、数字转型三个阶段，其中数字转型指的是传统产业通过数字化改造与创新，不但可推动经济结构的转型升级，为经济长期可持续发展提供新动能，而且能为社会的全面转型提供新的动力（腾讯研究院和工业和信息化部电子科学技术情报研究所，2017）。

根据前面的分析，我国数字经济发展已经从萌芽、快速发展逐步走向成熟阶段，对照数字经济白皮书的分类，事实上我国已从信息传播的信息数字化阶段，历经电子商务和社交网络服务为主的业务数字化阶段，逐步过渡到以智能决策为主的数字转型阶段，如表 7-43 所示，在数字经济发展的不同阶段，其商业模式也存在较大程度的不同。同时，根据艾瑞咨询 2016 年互联网全行业洞察及趋势报告的相关内容，在我国数字经济发展进程中，不同的传统行业数字转型步伐也不一，新零售与工业 4.0 相关行业仍处于萌芽期，而互联网金融、在线短视频、网络购物已处于成熟期，而在整个数字化转型过程中，互联网行业特别是 BAT 等国内数字平台巨头仍然是数字经济最重要的组成部分，对传统产业转型升级的推动力不断显现，未来仍将在继续推动我国乃至全球数字经济发展方面发挥更大的作用（腾讯研究院和工业和信息化部电子科学技术情报研究所，2017；王振，2017；艾瑞咨询，2017）。

表 7-43 数字经济不同阶段的主要商业模式

阶段	类型	内在逻辑	商业模式	时代特征
信息数字化	信息传播	信息发布与传播不被中断与干扰	门户网站、邮箱、社交媒体	争夺流量和积累用户规模
业务数字化	电子商务	商业行为与大量信息产生的额外需求结合	电商平台、搜索引擎、网络安全等	流量和用户仍然是企业有价值的资源，“免费+增值服务”的商业逻辑形成
	网络服务	电子技术化伴随企业全环节	第三方支付、社交网络服务	技术成为行业核心的驱动力，商业模式向用户倾斜
数字转型	智能决策	数字化、智能化助推企业效率再提高	大数据、云计算、人工智能等数字技术	注重科技能力开发，商业模式以企业的庞大数据为基础，向外提供云服务

资料来源：根据艾瑞咨询 2016 年互联网全行业洞察及趋势报告整理

三、中国数字经济发展概况

（一）信息社会发展

如表 7-44 所示，从 2010 年到 2017 年，中国的信息社会发展总指数从全球的第 87 位前进到全球第 80 位，但仍然较为靠后，ICT 基础设施水平则从 2010 年的全球第 99 位前进到 2017 年的第 89 位，低于信息社会发展总指数的位次，而 ICT 设施使用强度则从 2010 年的第 79 位前进到 2017 年的第 69 位，相对信息社会发展总指数的排位要靠前一些。

表 7-44　2010～2017 年中国信息社会发展指数值及排名

指标	2017 年		2016 年		2015 年		2010 年	
	排序	数值	排序	数值	排序	数值	排序	数值
信息社会发展总指数	80	5.60	83	5.17	84	4.80	87	3.69
ICT 基础设施水平	89	5.58	90	5.37	91	5.26	99	4.08
ICT 设施使用强度	69	5.27	71	4.63	73	3.79	79	1.77

资料来源：根据国际电信联盟相关资料整理

如表 7-45 所示，到 2017 年中国使用互联网的个体占比从 2000 年的 1.78%，上升到 2017 年的 54.30%，而接入固定宽带的家庭占比则从 2000 年的无家庭接入到 2017 年有 26.86%的家庭接入，但很明显这个水平远远落后于全球领先水平，百人移动电话使用占比则从 2000 年的 6.64%，经历 2015 年的微小降幅又上升到 2017 年的 104.58%。

表 7-45　2000～2017 年中国信息社会发展相关指标　　单位：%

指标	2000 年	2001 年	2002 年	2003 年	2004 年	2005 年	2006 年	2007 年	2008 年	2009 年	2010 年	2011 年	2012 年	2013 年	2014 年	2015 年	2016 年	2017 年
个人用网	1.78	2.64	4.60	6.20	7.30	8.52	10.52	16.00	22.60	28.9	34.30	38.30	42.30	45.80	47.90	50.30	53.20	54.30
固定宽带	0.00	0.03	0.25	0.86	1.90	2.83	3.83	4.97	6.16	7.69	9.29	11.44	12.74	13.66	14.42	19.83	22.99	26.86
移动电话	6.64	11.22	15.86	20.66	25.48	29.77	34.69	40.94	47.70	55.26	63.17	72.12	80.87	88.89	92.52	92.48	97.25	104.58

资料来源：根据国际电信联盟相关资料整理

（二）电子政务发展

如表 7-46 所示，从 2005 年到 2016 年，中国电子政务排名一直居于全球中等的位置，2005 年排在第 57 位，中间排在 70 位左右，到 2016 年排在全球第 63 名。电子参与指标则从 2005 年到 2016 年 10 多年间有较大的跃升，2005 年基本在全球倒数，而到了 2016

年虽然没能领先也位于全球前列；OSI 与 HCI 10 多年间基本维持在全球中等位置，其中 OSI 略有提升，而 HCI 略有下滑；TII 从 2005 年到 2016 年虽有较大提升，但全球排名仍较为靠后。

表 7-46 2005～2016 年中国电子政务排名及相关指标值

年份	电子政务排名	电子政务指标	电子参与指标	OSI	HCI	TII
2016	63	0.607 13	0.813 56	0.768 12	0.686 00	0.367 27
2014	70	0.545 01	0.647 05	0.606 29	0.673 40	0.355 40
2012	78	0.535 90	0.210 50	0.529 41	0.774 46	0.303 85
2010	72	0.469 98	0.371 42	0.368 25	0.853 53	0.191 25
2008	65	0.501 70	0.477 27	0.508 36	0.836 57	0.159 99
2005	57	0.507 78	0.190 47	0.569 23	0.830 00	0.124 11

资料来源：根据联合国经济和社会事务部相关资料整理

案例 数字贸易规则的美式、欧式与中式模板

数字贸易在全球经济不景气的大背景下发展迅猛，成为世界经济增长不可或缺的新动能。2016 年基于全球互联网产生的经济收益高达 4.2 万亿美元，规模相当于日本的经济总量。同时，各大经济体特别是美国与欧盟围绕数字贸易纷纷提出彰显自身利益的贸易规则，其围绕数字贸易的规则谈判也成为各界关注的焦点。考虑到近年来中国基于电商平台的跨境电子商务的迅猛增长，我们需要密切关注数字贸易规则的“欧式模板”和“美式模板”，这不仅有助于中国在全球数字贸易规则构建中权衡利弊，并做出客观合理的战略判断，也对中国参与构建数字贸易规则“中式模板”具有重要的启示和参考意义。

一、数字贸易规则“美式模板”

美国不仅仅是数字贸易强国，同时也是规则制定的引领者。基于服务业的数字经济及相关产业是美国的比较优势和核心利益所在，数字贸易治理必定是美国长期关注的问题，美国一直致力于打造一个具有约束力的全球数字贸易规则体系。在美国主导的区域贸易协定中，数字贸易规则不仅局限在电子商务章节，也在投资、知识产权、信息技术和跨境服务贸易等章节中有所体现。如今，由美国所倡导的数字贸易规则已自成体系。尤其在大型区域贸易协定谈判过程中，围绕美国的数字贸易规则核心诉求议题，如“数据自由流动”“网络互操作性”“数据存储非强制本地化”等争论已进入白热化阶段，成为全球数字贸易规则谈判的关键所在。

近 20 年来，美国在经贸谈判中一直利用自身的强势地位推动数字贸易规则体系的构

建，以减少和打破数字贸易发展的壁垒，促进数字贸易发展。观察美国签订的十余个区域贸易协定，不难发现在各协定中美国针对数字贸易的立场是非常一致且坚定的，尤其在关键议题上呈现出来的主张形成不断强化的上升轨迹。从总体来看，美国在以下四个方面有着非常显著的表现。

其一，在“传统贸易规则”方面，明确规定既有相关规则对数字贸易的适用性。美国版数字贸易规则确定了跨境服务贸易规则对数字服务提供的适用性，明确了电子传输免关税的延长期限，甚至规定了数字产品（包括载体）永久免关税。同时，美国也要求非歧视待遇适用于数字产品。

其二，在“跨境服务贸易规则”方面进行创新，旨在促进数字服务贸易自由化，保证已有数字贸易规则的透明度及其在未来的可操作性。美式数字贸易规则在跨境服务贸易相关规定中删去了烦琐的当地存在要求，采用了否定列表承诺方式，减少甚至直接限制了最惠国待遇豁免，引入了更自由的服务原产地规则。

其三，在 ICT 方面，推动更普遍和更具有约束力的合作。以《国际服务贸易协定》（Trade in Service Agreement，TISA）协议为例，美国在与数字贸易相关的信息技术领域倡导：支持针对数据以及技术服务的互操作性、平衡个人隐私保护和跨境信息自由流动、对接 ICT 研究和标准、保护知识产权，这些都体现出美国与缔约伙伴在该领域展开深入合作的强烈意愿。

其四，在构建专门的数字贸易新规则方面，美国重点着力于打造新一代数字贸易规则，以解决国内规则与数字贸易的匹配度低以及规则体系未完善的问题。美国与各缔约方已就美国在早期推出的数字贸易规则的内容达成了共识。这些内容相对简单明确，包括贸易无纸化、透明度原则和电子签名、电子认证等。

然而，在电子信息技术日新月异的大背景下，这些规则已经不能满足美国在数字贸易中的诉求，数字贸易需要一个更全面和深入的规则体系来进行规范。因此，美国在保留旧有规则的基础上，重点关注由数据跨境流动所衍生出来的冲突与矛盾，推出了第二代数字贸易规则，主要包括个人信息保护、网络接入与使用、服务器（数据存储设备）与技术（源代码）的非强制本地化等。这些议题在美国的推动下成为大型区域贸易协定 3T［TPP（Trans-Pacific Partnership Agreement，跨太平洋伙伴关系协定）、TTIP（Transatlantic Trade and Investment Partnership，跨大西洋贸易与投资伙伴协定）和 TISA］谈判的主要内容。然而，由于各国的利益诉求不一，如今各参加方在这些关键议题上仍然各执一词，冲突不断。

二、数字贸易规则“欧式模板”

（一）“欧式模板”主要特征

近年来，欧盟的数字出口额增量显著，在 2014 年占欧洲出口的 30%左右。与此同时，欧盟和作为数字贸易引领者的美国贸易关系十分密切，服务和商品的贸易额占全球贸易额的 1/3 左右。可见，欧盟在全球数字贸易格局中拥有不容忽视的地位。然而，相比在自由贸易协定（Free Trade Agreement，FTA）中已自成体系的数字贸易规则“美式模板”，欧盟数字贸易专门章节的构建进程比较滞后。通过整理欧盟自由贸易协定中的数字贸易相关章节发现，欧盟所倡导的数字贸易规则在其政治体制、文化价值观的影响下有着非常显著的特征：其一，规则文本缺乏一个成熟完整且独立的体系；其二，在知识产权保护和ICT合作中积极推进规则发展；其三，在“视听例外”和“隐私保护”上坚守立场；其四，根据缔约方比较优势的强弱来改变“出价”。

（二）“欧式模板”发展趋向

数字贸易规则谈判中，欧盟最为关切的内容主要聚焦于以下三个议题：跨境数据自由流动、知识产权保护、视听例外。然而，数字贸易规则“欧式模板”还处在初级阶段，相关条例较为零碎地散落在不同章节。欧盟需要在与他国尤其是较为强大的数字贸易大国的不断博弈的过程中完善自身的数字贸易规则。在数字贸易规则谈判的目标上，欧盟希望通过推进“跨境数据自由流动”、完善“知识产权保护”和推进“视听合作”以实现数字贸易的良性发展。但是，欧盟自身有不可逾越的红线贯穿始终，即坚守“隐私保护”和“视听例外”，这导致欧盟与数字贸易大国在多个部门的谈判难有进展，围绕三大重要议题“跨境数据自由流动”“知识产权保护”“视听例外”的谈判矛盾不断。展望未来，虽然欧盟在这些议题上有求同存异的倾向，合作规则有所增加，条款也有所细化，但尚未确立欧盟自身的权益保护和各部门开放的平衡点。欧盟必须先就“隐私保护”和“视听例外”两个核心问题出台能契合数字贸易发展的规则，方可构建出一个让缔约各方实现共赢的数字贸易规则“欧式模板”。

三、借鉴“欧式模板”，推广“中式模板”，应对与“美式模板”的分歧

美国有注重创建良好的制度环境来保障数字经济发展的传统。近20年来，美国通过将数字贸易条款纳入区域贸易协定的方式，逐渐在全球推行符合其诉求的数字贸易规则。在美国所主导的自由贸易协定中，数字贸易规则“美式模板”已基本成型。TPP框架下的电子商务章节是目前最能彰显美国意志与雄心且水平最高的数字贸易规则。奥巴马政府希望将其作为“锚”来强化美国在国际数字贸易治理体系中的领导力，也给全球高标准数字贸易规则的制定树立“标杆”。但特朗普总统的上台给数字贸易及其治理带来了较大的不确定性，特朗普总统上台后，中美在数字贸易治理上也存在明显分歧。中国作为与美国并驾齐驱的数字贸易大国，在数字经济发展的驱动下参与建设数字贸易治理体系势在必行，将来也需在借鉴“欧式模板”的基础上，处理好与“美式模板”在未来规则制定关键议题上的分歧，并与之进行对接。

（一）中美数字贸易规则的分歧

中美数字贸易治理分歧主要体现在以下几个方面：一是网络内容审查和阻隔措施。

中国对数据跨境流动实施严格的安全审查和过滤监控。美国要求中国政府放松“关键词过滤”等内容审查措施，减少设置强硬阻隔措施和对VPN（virtual private network，虚拟专用网络）访问的严格监管。二是数据存储强制本地化要出于国家安全考虑，中国在相关立法中有数据存储本地化要求，美国要求中国能剔除这些要求。三是开放源代码及对加密技术的限制，美国反对中国要求外国企业以开放源代码作为市场准入的前提条件。四是知识产权保护不力，如数字侵权问题。中国是美国线上内容（包括数字电影、音乐和动漫等）的重要目标市场，但非法数字内容市场规模庞大。中美数字贸易治理的分歧还体现在电子支付许可、技术标准、政府采购等规定以及与数字产业投资相关的措施方面。

（二）中国的应对之策

数字贸易“美式模板”确实会给中国带来挑战。从战术层面，中国有必要借鉴“欧式模板”的良好做法，努力部分对接“美式模板”，包括“提高知识产权保护水平”“对数据实施分类监管”等。在战略层面，由于中国是全球跨境电商大国，中国应有底气也必须在跨境电商领域提出符合中国利益诉求的关键规则（如“跨境电商便利化措施”“低货值物品免关税”“保护消费者隐私”等）。数字贸易规则“中式模板”的提出和推广才是主动应对美式模板挑战的根本所在。

资料来源：节选自周念利，陈寰琦. 数字贸易规则的谈判与制订：中国 VS 美国[J]. 世界知识，2017,（16）：23-25；周念利.积极推广数字贸易规则的“中式模板”[N]. 新华日报，2018-05-02（7）；周念利，陈寰琦. 数字贸易规则“欧式模板”的典型特征及发展趋向[J]. 国际经贸探索，2018，34（3）：96-106 系列文章的相关章节，并整理得到

本章思考题

1. 比较欧美日不同经济体数字经济发展战略的侧重点。
2. 简述中国的数字经济发展战略。

第八章　建议篇：发展数字经济存在的问题及应对措施

综观全球各主要经济体数字经济发展进程，一系列新问题与新挑战总是接踵而至，我国也不例外。故下面在分析数字经济发展中应该关注的问题的基础上，提出我国发展数字经济的战略框架，并对如何促进我国数字经济健康发展及向数字化转型提出具体的对策建议。

第一节　数字经济发展中应该关注的问题

目前数字经济已成为全球经济增长的主线与全球化的新动能，与此同时，数字经济发展过程中一系列问题不断显现，根据国外经验和我国数字经济发展实践，综合国内外数字经济的相关研究，我国数字经济发展过程中主要应该关注以下较为突出的问题和风险（腾讯研究院，2015；中国信息通信研究院，2017a，阿里研究院，2017；马化腾等，2017c）。

一、数据质量问题

在数字经济时代，数据作为最重要的生产要素，已经成为很多国家与公司的核心战略性资产，在经济发展进程中甚至比劳动力、技术以及资本等其他生产要素的地位更为重要。但目前不同国家之间、国家内部不同部门之间都存在数据标准不统一、数据质量低下的问题，不仅影响数据开放与共享，也降低了数据的使用效率，还有可能加剧数据供给层面的数字鸿沟问题，可见数据质量问题也成为制约数字经济发展的大问题，而数据质量的改善则有赖于各国政府联合发布全球通用的标准体系，并完善相关的程序，不断加深数据的规范化程度。

二、数字基础设施水平落后问题

大多数国家，特别是发展中国家的数字基础设施水平普遍相对落后。近年来随着移动互联网的快速发展，一些国家的移动电话普及率迅速提升，甚至最不发达地区的民众也有了接入互联网的机会，但是由于受限于资金和人才的不足，很多国家在数字化基础设施建设方面举步维艰。在我国也同样面临数字基础设施建设水平不高，特别是一些偏远地区的宽带普及率有待提升的问题。

三、数字鸿沟的难题

数字鸿沟表现在接入数字基础设施与数字素养两方面。在基础设施接入层面，全球有一半以上的人还没有接入互联网，特别是发展中国家没能接入互联网的人数占比更大，而发达国家内部也存在着巨大的基础设施接入鸿沟。其实数字鸿沟的问题在我国也存在多年，特别是近些年随着我国网民数量的不断增加、互联网普及率的不断提高，城乡之间、区域之间的数字鸿沟却在不断扩大。在数字素养层面，各国不同程度地普遍存在数字技能不足与数字人才缺乏的状况，数字素养鸿沟已成为制约各国发展数字经济的主要障碍。在未来的数字经济发展过程中，如何尽快弥合数字鸿沟，促进包容性增长，是当前全球各国普遍面临的战略任务。

四、网络和信息安全问题

随着数字经济的快速发展，网络高危漏洞、病毒恶意攻击等有关数字安全的威胁呈愈演愈烈之势，近年来在金融领域、政府部门、能源行业等不同领域的关键的数字基础设施遭受网络病毒攻击的次数日益增多，面临的安全形势日益严峻，特别是随着物联网的快速发展，物联网自身的特性导致保障其安全的难度远远大于互联网，所以物联网的发展也面临前所未有的网络安全挑战。虽然数据泄露、网络攻击、仿冒网站等威胁我国数字安全的事件也在频频发生，但我国用户对网络安全的投入似乎还远低于发达国家，使得我国的网络和信息安全形势更为严峻（中国互联网协会数字经济研究中心，2017）。

五、就业受到结构性冲击的问题

数字技术的不断进步与数字经济的迅速发展，难免会对传统的就业结构和就业数量乃至整个就业生态与劳动力市场产生巨大的影响。数字技术既会导致如司机、话务、销售、流水线工人等低技能就业岗位的减少与消失，也会新增数据分析师、人工智能维护技术人员等高技能新兴岗位，而且随着数字经济发展，对高技能人才特别是数字技能人才的需求会不断增加，如果不能适应这个转变并积极调整，影响到的不单是就业的问题，也会波及相应的收入分配情况，那些数字素养和数字技能水平较高的个人、企业与行业更容易从数字经济发展中获益，低技能、低数字素养劳动者如果不及时接受数字教育和培训，提高数字化水平与能力，将会被社会淘汰，随着数字经济的发展，整个社会的贫富差距也会进一步扩大。

六、法律、法规体系建设滞后问题

数字技术和数字经济在快速发展，与数字经济相关的法律、法规却普遍存在相对滞后的问题。例如，在数据知识产权保护领域，不同国家、不同企业对数据知识产权所持态度也不尽相同，又不可能完全达成共识，导致各国相关的政策也存在巨大差异。一些国家和地区如欧盟等致力于强化知识产权保护，尤其重视用户隐私保护，但也有不少国家和研究机构认为，传统知识产权的界限已经被数字技术的变革打破，随着当今数字经济的快速发展，原来的旧的知识产权保护制度可能已经过时，此时仍强调对数据与数字知识产权的过度保护可能会阻碍数字经济的进一步创新。不同国家对相关问题的观点和认识的纷争，导致各国数字经济监管政策难以统一，传统行业和新兴行业的冲突也时有发生（司晓等，2017），而在我国关于个人的隐私保护问题还没有出台专门的法律，与数字经济有关的其他很多相关法律、法规也亟待完善。

七、经济理论和组织管理机制的适用问题

在数字经济发展进程中新模式、新业态不断涌现的同时，也出现了一些新现象、新问题，难免会对传统的经济理论和组织管理体制形成一定的冲击。例如，传统经济下的国民统计，未把非营利性、非市场性活动纳入 GDP 统计范畴，而强调促进消费、提升消费理念（中国互联网协会数字经济研究中心，2017）。但在数字经济下，强调资源的分享与节约利用,特别是分享双方直接的经济行为属于市场交易却往往也无法纳入 GDP 统计范畴，这就影响到数字经济规模的核算与衡量问题，进而会影响到相关政策的出台。另外，完全竞争市场理论强调信息完全有助于促进市场的均衡，有利于消费者以及社会总体福利的提升，然而数字经济下的信息几乎完全透明，如商家知道消费者的收入等数据，就会对同一产品针对不同的人群定出不同的价格，这其实在一定程度上会导致消费者利益的受损。此外，在经济社会向数字化转型过程中，经济组织也在向扁平化、网络化的结构转型，组织管理机制也会发生相应的变革。

第二节　发展数字经济战略框架

根据中国信息通信研究院发布的《中国数字经济发展白皮书（2017）》的相关内容，我国发展数字经济要着力构建四个体系，着力部署八个方面，通过“四梁八柱”的搭建，加快数字经济的发展速度（中国信息通信研究院，2017a）。

一、统筹构建“四个体系”，为数字经济发展提供目标指引

“四梁”为数字经济发展提供目标指引，“四个体系”具体包括：构建数字经济创新体系，即发挥数字化引领创新先导作用，激发创新主体活力，优化创新体制，优化数字经济创新成果保护、转化和分配机制，塑造技术、产业、管理全面创新格局；构建数字经济产业体系，即以新一代信息产业为先导产业，促进数字技术与传统农业、工业和服务业的融合，培育成熟的数字经济产业生态体系；构建数字经济市场体系，即完善数据、资本及数字技术要素市场体系，并大力拓展国际市场，推动数字经济走出去，赢得国际优势；构建数字经济治理体系，即多元化治理主体运用数字技术分工协作着力构建政策、法律、监管三位一体的协同治理框架体系。

二、着力部署“八个方面”，为数字经济发展提供基础支撑

“八柱”可为数字经济发展提供基础支撑，“八个方面”具体包括夯实综合数字基础设施、有效利用数据资源、加强技术创新力度、培育壮大新兴产业、改造提升传统产业、扩大升级有效需求、优化公平竞争机制、创新政府治理模式，促进数字经济快速发展（中国信息通信研究院，2017a）。

第三节　促进我国数字经济健康发展的对策建议

数字经济发展过程中所遇到的问题与风险是数字技术推动经济社会转型，传统理

论、旧体制与模式被逐渐替代过程中不可避免的现象，而这些问题与风险也只有在促进数字经济健康发展，充分释放数字经济红利的过程中才能充分化解掉。本节综合国内外数字经济发展实践及相关的多方研究，特提出以下对策建议（腾讯研究院，2015；中国信息通信研究院，2017b；阿里研究院，2017；马化腾等，2017c）。

一、建设全球领先的数字基础设施，夯实数字经济发展的根基

数字基础设施是发展数字经济、支撑国家数字化转型的重要基础和先决条件。我们在缩小与发达国家差距的基础上，还要积极打造全球领先的数字基础设施。首先，要加快高速宽带网络建设，在开展大量研发试验的基础上，主导形成 5G 全球统一标准，力争在全球率先部署 5G 网络；其次，要顺应各行业各领域数字化转型需求，超前部署云计算数据中心、物联网等基础设施，积极发展卫星通信等空间互联网前沿技术，建设覆盖全球的空间信息系统；最后，要发挥宽带网络等数字基础设施在脱贫攻坚中的作用，通过加快农村及偏远地区数字基础设施建设全覆盖，缩小数字鸿沟，让全国人民共享数字经济发展成果。

二、发展先进的数字技术产业，掌握数字经济发展主动权

数字技术产业是数字经济发展的先导产业，对数字经济的发展具有火车头式的带动作用。首先，要发挥我国数字技术产业体系完备、规模庞大，技术创新能力大幅提升的优势，抓住第四次产业革命换道超车与跨越发展的机遇，构建具有国际竞争力的数字产业生态体系，抢占数字产业全球价值链高端与主导权，为经济转型升级提供强大动力支持和产业保障；其次，要强化基础研究和前沿布局，通过自主创新，重点突破和国计民生相关的战略技术与数字经济长远发展的“卡脖子”技术，特别是在量子技术、人工智能、未来网络等前沿技术领域实现率先突破，并带动核心芯片、集成电路等薄弱环节实现群体性突破，构建安全可控和世界领先的数字技术体系；最后，发挥我国在大数据、云计算、物联网、人工智能等领域的比较优势与全球领先地位，构建数字“一带一路”，不断深化数字技术的国际合作与布局。

三、促进数字技术与传统产业的融合应用，充分释放数字经济发展潜力

目前我国服务业数字化变革已经走在世界前列，特别是新零售正带动我国的消费服

务不断升级，而农业与工业的数字化转型升级则相对滞后，而且与服务数字化水平的差距越来越大。基于此，首先，要通过减税降费等机制体制改革充分释放政策红利，鼓励数字技术与农业、工业领域融合的新业态、新模式不断发展，切实降低企业数字化创新转型的成本负担；其次，面向重点领域加快布局工业互联网平台，鼓励广大企业依托工业互联网平台积极探索平台化、生态化发展模式，改造传统价值链、产业链、服务链与创新链，促进数字技术对传统产业的改造与创新；最后，要完善信息消费市场监管体系与网络安全防护体系，规范数据采集、传输、存储、使用等数字经济有关行为，加大对网络数据和用户信息的保护力度，充分激发民众数字消费潜力。

四、减少数字技术对就业的结构性冲击，促进数字经济成果全民共享

数字技术对劳动力市场造成的结构性失业冲击，不仅关系到一国数字鸿沟与贫富差距问题的解决，甚至会影响一国整体的数字经济发展水平。基于此，首先，政府要与各方合作，开展面向全民的数字素养教育，特别是针对下岗失业、残疾人员等不适合固定场所就业的特定人群，可通过提供相应的数字素养培训和职业技能培训，协助其向数字经济领域转岗就业；其次，要全面强化学校的数字素养与数字技能教育，在中小学各阶段开设网络和计算机基础知识、基本技能、人工智能等课程，使数字素养成为年轻一代的必备素质，在大学开设各种与数字技能有关的校企共建课程，通过举办各种技能竞赛、创业集训营等方式培养数字技术高端人才；再次，借助数字技术打造各种就业、创业平台，持续降低创新创业的门槛和成本，支持众创、众包、众筹等多种创新创业形式，形成各类主体平等参与、广泛参与的创新创业局面，为社会创造更多兼职就业、灵活就业、弹性就业机会，增强劳动者在数字经济发展中的适应性与创新性，化解数字经济对就业的结构性冲击；最后，推进移动互联网、人工智能、大数据等数字技术在养老、医疗保障等社会保障领域的广泛应用，加快建立、完善适应数字经济发展的用工和劳动保障制度，加大对弱势群体的扶持力度，为个人参与数字经济活动保驾护航，促进数字经济发展的成果全民共享。

五、逐步完善数字经济法治建设，全面提高数字经济安全水平

数据是数字经济时代的核心生产要素，数据涉及的领域众多，层面非常之广，国家应从战略高度重视数据开发利用、开放共享与数据保护，更应制定明确的法律规定与规章制度保障数字经济安全。首先，要不断完善数字产权、数字税收等与数字经济相关的法律体系，为数字经济发展提供必要的法律制度保障；其次，政府应结合我国数字经济发展实际，借鉴发达国家的先进经验，不断完善个人隐私保护与数字经济安全制度，为数字经济安全发展保驾护航；最后，要做好数据开放共享与数据保护之间的平衡，既要

为数字经济创新发展留下适度的空间，也不能影响到数字经济的安全发展。

六、及时进行组织管理变革，鼓励数字经济创新发展和相关理论研究

任何一个行业或企业的数字化转型都必然需要相应的组织管理变革与之配套，数字经济下，生产方式的数字化，必然要求生产组织管理方式的数字化与之相协调，才能更灵活地响应消费者的需求。首先，政府要简政放权，优化政府部门业务流程和组织结构，努力建设数字政府，并根据数字经济不同阶段的发展特点加大力度制定前瞻性的政策鼓励企业数字技术研发与创新，为其创新发展提供政策与制度上的便利；其次，数字技术日新月异，相应的商业模式、运营模式也层出不穷，不同类型的企业要结合自身数字化转型的优势与劣势，做好企业的组织、管理、流程数字化转型，并把数字技术积极应用于管理体系当中，实现更大的突破与创新；最后，对于高校与科研院所而言，要及时了解数字化转型过程中组织管理变革的相关知识理念，并在政府引导下，积极开展数字经济基础理论研究，探索数字经济基本理论与规律，建立适应数字经济发展需要的 GDP 统计与核算体系，为促进数字经济社会创新发展提供理论指导，为解决数字经济发展实践中出现的法律、道德与伦理等问题扫清障碍。

第四节 促进我国向数字化转型的对策建议

以大数据、物联网、云计算、人工智能等数字技术以及工业互联网平台融合应用为特征的数字经济发展，全面促进了传统行业的数字化转型升级，企业、政府和教育部门都要积极适应这一趋势，促进我国向数字化的顺利转型。下面综合国内外数字化转型的具体实践及与数字化转型的相关研究，提出促进我国向数字化转型的对策建议（腾讯研究院，2015；中国信息通信研究院，2017a；阿里研究院，2017；马化腾等，2017c）。

一、促进企业数字化转型

在数字经济时代，作为经济社会主体的企业进行数字化转型，是从逐渐适应数字技术到完全依赖数字技术并逐渐形成数字化战略、数字化管理、数字化生产甚至数字化思维的过程（马化腾等，2017c）。

（一）制定数字化战略，促进数字化投资

在数字经济时代，数字技术部门、产品事业部门和新的数字业务部门之间的界限越来越模糊。未来的数字技术部门将更自然地融合数字技术、数字业务和数字化思维，企业组织的领导力、企业文化以及企业采购策略和其他非技术元素也应进行同样的转变，才能更好适应数字经济时代的要求。所以，所有的组织都应该在积极评估数字技术及数字化力量对自身和其所在行业影响的基础上，把向数字化转型作为组织的核心战略，并将其融入产品生产、业务运营和企业文化的建设当中，才能够相比以前更高速地扩展其业务和实现更大的创新，甚至完全以数字技术和海量数据为生命线，创造出更多新的收入来源，成为真正意义上的数字化原生企业。

数字化指数体现了企业对数字化技术的理解程度以及将数字化技术应用于企业内部的程度。根据 2017 年普华永道对 53 个国家 2216 名企业高管的企业数字化指数调查报告，全球 70%、中国 88% 的高管认为已明确地将数字化融入企业战略制定，各大企业都在紧锣密鼓地制订着科技投资计划，开始了对数字化技术，尤其是人工智能和物联网的巨大投资。52% 的受访者认为接下来 5 年，物联网是众多行业最具颠覆性的技术；66% 的受访者已投资物联网领域，62% 的受访者计划在 3 年内投资物联网，50% 的受访者已投资 AI 领域，70%的受访者计划 3 年内投资 AI。此外，各大公司大约全球 52%、中国则高达 70%的企业高管认为其拥有较强的数字化能力，但中国有 42% 的企业高管认为数字化与 IT 概念差不多。可见，企业高管们已经认识到，数字化已经逐渐融入企业战略制定过程中，但在区分数字技术和信息技术时仍面临一定挑战，直接导致在数字化技术上的投入比例仍非常低，60% 的受访企业高管表示只会将 0～5%的预算或盈利投资在数字化技术领域。因此企业需要将数字化战略与 IT 区分开来，确立真正意义上的数字化创新战略，才能促进数字化投资与数字化能力的进一步提升（普华永道，2017）。

（二）选择合适的数字化技术路线，探索新兴数字技术

选择合适的数字化技术路线，是促进企业数字化创新的最主要驱动力量。整体来看，企业可选择的数字化技术路线包括基于开源和完全自研两种。组织应在充分评估两种路线的优劣势的基础上，并结合自身实力和特点选择合适的数字化技术路线，才能有效利用数字技术，实现企业技术和业务能力的从无到有、从弱到强。而这一过程中的关键技术包括物联网、云计算、大数据、人工智能以及安全云保障等。其中，物联网作为万物互联实现的终端，主要实现数据的采集与收发功能；云计算作为最主要的数字技术，不仅可提供基本的硬件基础设施，也可提供先进的流程管理和软件服务以及相关方法进行指导，助力协同研发、产品互助设计、智能生产和智慧物流服务等方面的效率提升；通过大数据、人工智能技术可进行直接或间接的数据分析进而辅助科学决策，实现数字化创新价值的最大实现；而在数字技术助力企业价值链各环节价

值创造最大化的同时，价值链上各环节安全操作的复杂性、综合性及数字化程度也在不断提升，只有采用专业的安全云保障服务技术才能为企业在实现数字化转型、发展数字业务过程中提供经济可靠的安全保障。此外，建立专项创新实验室是推动数字化进程中不可缺少的一个环节，通过建立专项创新实验室，研究新兴科技可以推动企业的数字化进程，也可在推动企业数字化创新步伐不断加大的同时，提高数字化科技的投资成效。因此企业在数字化过程中可通过加大建立专项创新实验室的投入，探索新兴数字技术。

（三）借助数字平台生态系统的力量，促进企业数字化转型

在数字经济发展过程中，数字平台生态系统与核心知识产权同等重要。与其他国家相比，中国数字经济发展过程中的生态特征较为明显，BAT 等数字平台企业占有绝对优势的市场份额，其数字化平台上的海量用户、资金、人才以及其他要素等方面的优势为整个数字经济生态系统注入了重要活力。依托数字平台生存的企业数据只有通过数字平台生态系统自由合理流动，才能实现企业内外部的行动相通、数据联通与价值互通，所以在企业的数字化转型过程中，数字化平台生态系统的重要性日益凸显。不同企业均应在数字平台的力量推动下，依托数字平台生态系统中的资金、数据、人才、数字化运营及管理经验等相关资源促进企业数字化转型，实现自身企业平台向数字化平台生态系统转变。大中型企业组织可以通过自建或与合作伙伴共建的方式建立数字化混合云平台，而中小型企业组织则可以使用公有云平台，也可以通过购买服务的方式进行私有化云平台部署，此外，不同企业均应充分借助平台生态系统里完备的要素资源、丰富的运营管理经验、合适的文化机制建设和开放的内外连接能力，积极探索新的商业模式，实现更大幅度的业务创新，才有助于进一步构建更符合自身行业需求的成熟生态系统，进而为依托其运营的更多行业伙伴提供恒久的动力。总之，对企业来说，建设或加入生态系统并在其中充分汲取养分，实现数字经济下的数字平台自组织管理、自我激励与成长成为其在数字化转型过程以及长期发展过程中的必然选择。

（四）内部培训与外部引进相结合，打造数字化人才团队

虽然大多企业制定了数字化战略，在数字化进程中的投入持续增加，甚至有的企业也建立了专项实验室，但据普华永道的调查，34%的受访企业高管认为企业组织仍缺乏相关的数字人才团队，只有 36% 的受访企业拥有物联网相关的人才，而只有 8% 的受访企业拥有 AI 相关的人才，掌握数字化知识和技能的人才短缺成为制约许多企业数字化转型的主要障碍，特别是在经济基础薄弱、教育储备不足、人才流通不充分的偏远地区和相关行业，这一问题尤为突出。基于此，企业在数字化转型过程中，不仅需要对已有员工提供从事数字经济相关工作的职业技能培训，通过数字化人才培养提升企业数字化创新能力，也可以通过联合培养、在线教育等方式加强人才培养机制建设，从而弥补企

业数字化转型过程中的人才短板并获取更大的数字化创新能力，还可以直接聘请更多的外部数字化人才，以推动企业沿着数字化技术进程快速前进。

（五）促进产品数字化营销，帮助企业发现新的市场空间和商业机会

企业在数字化转型过程中要积极运用大数据、云计算、物联网、人工智能等数字技术，不仅运用在研发、生产过程中，也要运用在营销及售后服务环节中。一是企业可借助数字技术进行精准的消费者大数据分析，进而或聚集大量的长尾需求，或积极开拓更大的新用户市场；二是借助数字技术通过精准的营销可触达更多元、更细分的用户群体，从而可有针对性地针对用户特征进行产品开发和创新，进而更好满足其多样化需求；三是借助数字技术促进线上线下融合，打破时间和地理空间限制，促进地区间、城乡间线上与线下市场的一体化发展，通过精准数字化营销为企业获得更多的盈利收入，进而反哺实验室投资、研发设计、技术创新，补齐人才短板，推进企业整个数字平台生态系统的数字化建设进程。

（六）制定科学评价机制，准确衡量数字化投资回报

据普华永道的调查，68% 的受访企业高管期望通过加大数字化技术的投资来提升企业营业额，但只有 60% 的受访企业高管在持续衡量数字化技术投资的产出回报。可见，尽管大部分的企业高管都希望能通过对数字化技术的投资，促进企业营业额的提升与企业长足的发展，然而仍有少数企业不重视持续衡量数字化投资的产出回报水平。其实，随着数字化思维不断融入企业战略的核心，不同企业未来均需要在建立科学评价数字技术投资产出机制的基础上，持续正确衡量数字化技术投资与数字化创新产出，只有这样才能更好发现数字技术投资过程中的不足与优势，进而更好指导与激励企业沿着数字化转型的进程快速进步。

二、促进政府数字化转型

根据 OECD 在 2014 年发表的《数字政府战略建议》的相关内容，大数据、云计算、物联网、人工智能等数字技术不仅影响着人类的日常工作、生产与生活方式，也对政府提供公共服务方面有着较为深刻的影响。数字技术不但对政府政务服务进行电子化改造，将政务服务不断由线下搬到线上，提高了政务服务的提供效率，而且对政府提供政务服务内容、政务服务提供方式、民众参与度、政府透明度等方面进行全面改造与创新，推动了政务服务的全面数字化转型。下面参考马化腾等著《数字经济：中国创新增长新动能》及与数字政府相关的网络公开资料内容，提出促进政府数字化转型的路径与方法。

（一）政府数字化转型的路径

虽然全球不同地区政府数字化转型的路径存在诸多差异，但根据政府数字化程度的演进趋势，政府的数字化转型一般要经历电子政府、一站式政府和数字政府三个阶段。其中，电子政府，主要是指政府部门的 IT 化改造，侧重于政府部门对现有业务流程的数字化改进，只是一定程度上提高公共服务的效率；而数字政府，则是指可以为广大民众提供移动公共服务的公共政务平台，更侧重于公共服务提供模式的创新和设计，推动传统公共服务发生颠覆式变革；而一站式政府，主要是指政府可以为民众提供跨部门无缝衔接的一站式服务，处于电子政府与数字政府二者之间，既是对各级政府内部各部门政务服务业务流程的总体优化，也在一定程度上促进了公共服务提供模式的创新。所以，政府的数字化转型，可以先通过政府部门 IT 化改造建设电子政府，关注数字技术对政府服务提供工作效率的提升，然后再通过协调各级各部门提供一站式政府服务，最后通过利用数字技术促进公共服务提供方式与管理模式创新，打造数字政府（马化腾等，2017a）。

（二）政府数字化转型的方法

政府数字化转型是一个长期的、持续的、循序渐进的过程。促进政府向数字化转型，建设数字政府，首先，要从全局的角度，加强顶层设计，制订战略计划，指导数字化建设，更要根据数字技术发展具体实践需求及时发布促进数字政府建设相关的政策建议，以稳步推动政府数字化建设进程的逐步深化；其次，要设立专门协调政府数字化建设的研究机构或相关部长职务，落实和政府数字化转型相关的战略与政策，化解政府数字化建设中各部门的利益冲突问题，解决政府数字化建设中存在的其他种种问题，协调推动跨区域、跨部门的数字化建设工作；再次，要彻底打破部门割据与信息孤岛局面，借助数字技术整合全国各地各级政府部门的公共服务，实现各级各地区各部门间的信息自由流动和资源交换共享，推出一站式公共服务平台，促进公共服务一体化发展；最后，鼓励全国各级政府做好数字政府建设工作，制定数字政府建设相关绩效考评体系，进一步引导政府提升数字治理能力（马化腾等，2017a）。

三、促进学校教育数字化转型与全民数字素养的提升

在数字经济时代，随着数字技术突飞猛进的发展，提升国民的数字素养，培养更多具备数据获取、分析、加工、整理、存储等数字素养的数字技能人才，不仅可从供给侧为经济发展提供更多的劳动力基础，也可从需求侧促进数字产品与服务消费的提升，为经济发展提供消费者基础，特别是一些高精尖数字技术人才的培养更成为数字经济时代

每个国家国际竞争力提升的关键。而不论是全民数字素养的提升还是高精尖数字人才的培养，都依赖于未来学校教育的数字化转型（腾讯研究院，2015；中国信息通信研究院，2017b；阿里研究院，2017；马化腾等，2017c）。

（一）全民数字素养有待提高

根据网络上与数字素养有关的公开资料显示，“数字素养”的概念，最初由学者保罗·吉尔斯特（Paul Gilster）在1997年提出，他有效区分了数字素养和传统的印刷读写能力，并认为数字素养主要包括网络搜索、数字信息批判与整合、超文本阅读等获取、理解与整合数字信息的技能（许欢和尚闻一，2017）。

随着数字技术日新月异的发展，数字经济下的消费者逐渐成为参与生产的产消者，民众数字素养的内涵也从原来被动地获取和处理数字内容阶段逐步拓展到包括了更多主动地创造和给予阶段，数字素养的内涵与外延也在实践中不断丰富、不断完善，更加适应新的数字时代特征。现在的数字素养可以被看作在新的数字技术环境下，人们在获取、整合资源到理解、评价、相互交流的整个过程中通过使用数字技术，更便捷地获取数字资源，提升参与社会活动的有效性，从而达到参与社会发展进程的能力，也进一步提升的最终目标（李建平等，2017）。数字素养既包括对数字资源的搜索、获取与接受能力，也包括对数字资源的创造、供给与分享能力，从普通民众的角度看，数字素养成为与听、说、读、写同等重要的基本人权与基本生存能力。从劳动力供给的角度看，在传统的农业经济和工业经济时代，有的岗位虽然对劳动者的文化素养有一定要求，但往往只局限于某些职业的一些专业技术岗位，大多职业只要具备专业分工所需的基本技能就可以胜任，而对消费者的文化素养基本没有要求，但在数字经济时代，劳动者需要同时具备基本的数字技能和专业技能，数字素养也成为消费者应具备的重要能力。

数字经济下，数字素养成为对劳动者和消费者的新要求。据学界与业界的相关研究，到2025年，生产的概念与方式将发生重大改变，工业制造业体系将由大量机器代替劳动力，人工智能在未来的制造中将发挥更大的作用，全球大量只具有基本专业技能而数字素养不足的工人将失去工作机会，而数字经济下新产生的大量工作岗位大多都要求具备一定的数字技能，特别是那些被数据分析、数据控制与数据标准制定的技能重新定义的高技能工作岗位更是如此（杜布拉瓦茨，2015）。随着数字技术向传统行业各领域的蔓延、渗透与融合，数字经济下的劳动者越来越需要具有数字素养和专业技能的“双重”技能，甚至是否具有较高的数字素养成为劳动者在就业市场能否胜出的关键因素。而对消费者而言，数字素养成为与听、说、读、写同等重要的基本要求，只有具备较高的数字素养，才有可能正确、高效地享用数字产品与服务，促进自己的效用最大化。可见，数字素养的提升不仅有利于促进数字消费增长与消费者效用的提升，也有利于提升数字生产能力，促进更多数字产品与数字服务的供给，促进数字经济的进一步发展。虽然目前社会上已经有不同的企业与机构通过多种形式、从多个层次上开展了大量提升民众数字素养与数字技能的相关活动，但仍缺少一个有效协调的促进民众数字素养提升的教育战略体系或全国性的教育联盟，这也有待于全国各级教育机构的教育模式与教育方法的数字化转型

（马化腾等，2017c；中国信息通信研究院，2017b）。

（二）多种教育方式结合提升数字素养

提升数字素养，无论是对个人还是对国家，都具有重要意义。越来越多的国家意识到要跟上加速发展的数字技术变革脚步，就必须把数字素养纳入国民教育课程体系之中，越来越多的学校也将数字素养的培育作为其重要的教学目标，希望通过对学生数字素养的培养，学生的学术素养、创造性都得到明显提高，此外，培养数字素养本身便是教育学生适应当前数字经济时代的一个重要内容。正因为这样，数字素养在教育领域的作用还体现在教育体系本身便要求教师具有足够好的数字素养，如此方能教给学生获取资源的方法并传递给学生更多数字资源，促进学生数字技能的提升。

随着数字技术的不断发展，教育方式也在不断变革与发展。首先，近年来兴起的慕课在全球各大高校得以推广，依托互联网和公共数字教育平台等基础设施，任何人均可通过接入网络的智能终端设备甚至不需要注册登录就可以直接学习相关课程，也可以不受任何地域、背景、时间和环境差异的限制直接参与多样化、沉浸式的在线学习，从而使优秀卓越的教育资源让广大普通民众共享。其次，人工智能等数字技术广泛应用到教育实践领域，通过对教育教学相关数据采集、数据处理、数据建模和人机界面交互等多方面提高接受教育的个性化程度和互动化水平，学习者更容易接受从大规模慕课上智能化推荐的课程设置，在整个学习过程中，可以通过文字、语音、图像、视频甚至体感的数据传输实现互动学习，也可自行实时跟踪学习进度、状态与学习效果，并利用 3D 建模、3D 打印等数字技术进行学习实践与互动体验。教学者也可以在人工智能等数字技术的辅助下，完善教学方式，通过学生学习适时数字化反馈和学习效果的大数据分析对教学内容、教学方式、教学进度进行合理调整，并依托数字技术对学生面目表情、体感数据、心理指标等多形式的数据传输评测学生的学习状态和学习效果。最后，除了学校教育以外，作为知识与信息枢纽的社会图书馆等社会组织也承担着数字教育的责任，它们可以通过不断完善数字学习环境，吸引更多的社会民众进入社会图书馆或通过图书馆 App 等在线学习，发挥民众数字素养及数字技能提升的辅助职能（许欢和尚闻一，2017；马化腾等，2017c；中国信息通信研究院，2017b；李建平等，2017）。

总之，经济社会数字化转型是一个巨大的复杂工程，需要政府、企业、学校、社会组织和民众各方共同努力、相互协作才能实现。在这一过程中，政府要为数字化转型提供良好的政策与制度环境；学校要发挥好培养民众数字素养与数字技能的基础性作用；行业协会要推动行业层面的数字化解决方案与相关标准制定；社会组织要承担教育、培训与提升民众多项数字技能的补充职能；企业要积极向数字化方向转型，发挥好数字化转型的主体作用，吸引更多拥有数字技能者就业；个人更要通过多种渠道、多种方式努力提高自身数字素养与技能，提高数字经济活动的参与能力和数字经济下的创业与就业能力。

案例 美国发起贸易争端的理论基础

据对相关资料的查阅与整理，发现特朗普的贸易保护主义思维，跟19世纪著名的德国经济学家弗里德里希·李斯特的理念一脉相承。特朗普挑起贸易争端，缩减贸易逆差或许只是表象，真正的核心是对其国内高端技术产品的保护、对《中国制造2025》的遏制与对中国数字经济发展的打压，其根本目的是推动第四次工业革命在美国的兴起与爆发，从而掌握全球数字技术的领导权与控制权。

第一代美国学派经济学的代表人物德国经济学家李斯特，是贸易保护理论的最早提出者，他的核心观点就是自由竞争只会促进发达国家利用自身的技术优势积累更多的财富，却不利于落后国家的经济利益提升，相对落后国家要通过贸易保护等手段来提升生产力，进而发展本国工业。李斯特认为古典学派亚当·斯密和李嘉图之所以倡导自由贸易，就是因为其代表着当时发达国家英国的利益，发达国家通过贸易保护走上高速发展之路时，就会挥舞自由贸易的大旗以防其他国家跟上来，反过来，当发现自由贸易使自身利益受损，就又会舞起贸易保护的大棒，遏制其他国家的发展，这就是李斯特的“民族主义”经济学。而后来又逐渐演化成“对外国家干预、对内自由主义”的新李斯特主义思想，而这也成为美国在制定对外自由贸易以及实施关税保护政策时沿用至今的指导思想。

正如19世纪末的美国总统威廉·麦金利所说，美国之所以能成为世界第一大农业国、第一大工业生产国、第一大矿产国，一切都源于坚持了几十年的关税保护制度。其实，以李斯特为代表的美国学派思想不仅影响着美国经济发展进程，带领美国取代英国获得全球霸主地位，其指导思想与价值观对英国、德国、日本甚至“亚洲四小龙”的发展都起到重要影响，甚至李斯特思想更直接推动了几次工业革命的爆发。

英国对印度的关税政策。18世纪中后期，英国奉行“对外贸易保护、对内自由竞争”的李斯特思想，通过对印度实施禁止性关税的贸易保护政策，通过对蒸汽机的改良和广泛应用，促成了第一次工业革命的爆发，并在纺织业等劳动密集型产业上击败了其他国家。

美国和德国对英国贸易保护的效仿。19世纪中后期，美国和德国则因为效仿英国早期的贸易保护主义战略，推动电力、内燃机的发明和广泛运用，促成了第二次工业革命的爆发，而英国恰恰是因为自由贸易主义的推行，才错失在第二次工业革命中获得电力等资本密集型新兴产业霸主地位的良机，也直接导致其大国地位的衰落。

美国对日本的贸易保护主义。20世纪中叶，欧洲和日本处于第二次世界大战后恢复重建期，而美国却凭借雄厚的物质基础与全球领先的科技实力，推动了电子计算机的发明和广泛运用，并促成了第三次工业革命在美国的爆发。到了20世纪80年代，随着电子计算机的全球发展与广泛运用，日本政府又加大对信息技术发展的投入力度，在电子、汽车、机械等信息与技术密集型行业取得了突破性的进展，并提出依靠科学技术立国的口号，引发了美国的深深担忧与打压，于是便有了1985年“广场协议”的签订，促使日元升值，引致了日本几十年的大衰退。

美国对中国的围堵。到了21世纪初期，随着美国制造业就业人数的下降与中产阶级收入增速的日益放缓，特朗普担心美国的日益“衰落”渐成定局，根据李斯特的理念，如果比别人弱，就要实行保护主义，如果比别人强，就要求对方开放，美国“对内自由，对外保护”的思潮再次甚嚣尘上，在推动国内减税的同时频繁对外抡起贸易保护的大棒。然而，不同于前三次工业革命分别以劳动密集型、资本密集型、信息技术密集型产业为全球竞争的制高点，目前对战略新兴产业与高技术密集型产业以及数字经济领域的保护才是国际竞争的关键。特别是随着我国大数据、云计算、物联网和人工智能等数字技术的兴起与广泛引用，中国的科技水平获得了突飞猛进的提升，更让特朗普忧心忡忡。要在数字经济发展的国际竞争中立于不败之地，不仅需要拥有和掌握更多的知识与智能密集型资本，更需要掌握数字经济规则的制定权与控制权。美国要完成“再次伟大”的梦想，必须抓住对数字经济规则的全球掌控，在李斯特思想的“指导”下，针对进口中国的人工智能、信息技术、新材料、生物医药等数字技术产品发起更为严格的封锁与保护，限制中国对其数字技术的投资与并购，促成数字技术推动的第四次工业革命在美国的兴起与爆发，进而牢牢掌握住全球数字经济的领导权与控制权，便成为其根本目的所在。

资料来源：根据网络上与中美贸易争端相关的公开资料整理、分析与研究

本章思考题

1. 简述促进企业、政府与学校等不同经济主体数字化转型的对策。
2. 讨论学校教育在全民数字素养提升与数字鸿沟跨越中的作用。

参考文献

阿里研究院. 2015. 互联网+从 IT 到 DT[M]. 北京：机械工业出版社.

阿里研究院. 2017. 数字经济 2.0 报告——告别公司，拥抱平台[R].

阿里研究院，对外经济贸易大学. 2015. 互联网时代的全球贸易新机遇——普惠贸易趋势[R].

艾瑞咨询. 2017. 2016 年互联网全行业洞察及趋势报告——润物有声：数字化全面浸润商业生活[R].

安筱鹏. 2016. 深化制造业与互联网融合发展的形势与任务（二）[J]. 中国信息化，（9）：7-13.

包雪琳. 2016-10-10. 新加坡正式公布网络安全策略[EB/OL]. http://www.xinhuanet.com/world/2016-10/10/c_1119689364.htm.

本刊综合. 2015. 工业 4.0 来了，车间里发生了什么？[J]. 汽车科技，（5）：14-19.

曹高辉，王鑫鑫. 2004. 网络经济下的企业组织结构变革[J]. 情报杂志，23（10）：84-86.

曹淑敏. 2016-03-31. 推进“互联网+” 建设制造强国[N]. 经济日报.

曹寅. 2015. CPS 时代的能源和工业大融合[J]. 可编程控制器与工厂自动化，（3）：22-25.

常志海. 2000. 关于实现技术发展跨越问题的思考[J]. 理论前沿，（15）：6-9.

陈佳贵，罗仲伟. 2001. 网络经济对现代企业的影响[J]. 中国工业经济，（1）：5-10.

陈建斌，郭彦丽. 2010. 信息经济学[M]. 北京：清华大学出版社.

陈骞. 2014. 欧洲：以信息技术促经济发展[J]. 上海信息化，（4）：81-83.

陈骞. 2016. 欧盟推动数字经济发展[J]. 上海信息化，（4）：80-82.

陈蓉，郭晓武. 2001. 网络经济学发展概述[J]. 经济学家，（5）：114-118.

陈瑞. 2016. 互联网+对牛鞭效应的影响分析[D]. 北京：对外经济贸易大学.

陈瑞华. 2003. 信息经济学[M]. 天津：南开大学出版社.

陈友龙. 2001. 网络经济[M]. 北京：经济管理出版社.

陈璋，阚凤云，胡国良. 2017. OECD 国家数字经济战略的经验和启示[J]. 现代管理科学，（3）：12-14.

戴丽娜，叶雪枫. 2016. 无本土互联网巨头——欧盟互联网发展与治理研究报告[J]. 汕头大学学报（人文社会科学版），32（8）：143-151.

德勤中国. 2017. 中国智慧物流发展报告（2017）[R].

邓龙安，徐玖平. 2007. 技术范式演进与企业边界变动的动态变化研究[J]. 科学学与科学技术管理，28（1）：151-156.

丁波涛，唐涛. 2017. 全球信息社会蓝皮书：全球信息社会发展报告（2017）[M]. 北京：社会科学文献出版社.

丁声一，谢思淼，刘晓光. 2016. 英国《数字经济战略（2015—2018）》述评及启示[J]. 电子政务，（4）：91-97.

杜布拉瓦茨 S. 2015. 数字命运[M]. 姜昊骞，李德坤，徐琳琪，译. 北京：电子工业出版社.

杜传忠，杜新建. 2017. 第四次工业革命背景下全球价值链重构对我国的影响及对策[J]. 经济纵横，（4）：

110-115.
杜华. 2017. 区块链技术对高等教育发展的价值重构与路径创新[J]. 现代教育技术，27（10）：55-60.
段进东，段义鑫. 2018. 基于区块链技术的银行国际结算业务经营创新[J]. 金融经济，（1）：28-30.
段鸣玉. 2003. 网络技术对人的自由的解放与制约[J]. 中国科技论坛，（3）：140-144.
二十国集团. 2017-11-09. 二十国集团数字经济发展与合作倡议[EB/OL]. http://www.cac.gov.cn/2016-09/29/c_1119648520.htm.
范世权. 2006. 我国高技术产业发展的制度环境：现状、原因及对策[J]. 财经问题研究，（12）：74-77.
傅明华. 2002. 知识经济时代：传统经济学面临挑战[J]. 财贸研究，（1）：1-3.
耿允玲，刘培刚. 2005. 网络时代信息商品及其特征研究[J]. 图书与情报，（2）：60-63.
工业互联网产业联盟. 2017. 工业互联网平台白皮书（2017）[R].
贡泰也. 1995. 试析欧盟“信息社会”战略[J]. 全球科技经济瞭望，（10）：11-14.
桂学文，娄策群. 2006. 信息经济学[M]. 北京：科学出版社.
国家信息中心分享经济研究中心，中国互联网协会分享经济工作委员会. 2017. 2017 中国分享经济发展报告[R].
过仕明. 2014. 信息经济学[M]. 北京：清华大学出版社.
韩耀，唐红涛，王亮. 2016. 网络经济学[M]. 北京：高等教育出版社.
郝薇. 2017-11-15. 轰轰烈烈的“双 11”精彩落幕——山西“剁手族”贡献有多大？[N]. 山西经济日报.
何枭吟. 2013. 数字经济发展趋势及我国的战略抉择[J]. 现代经济探讨，（3）：39-43.
何枭吟，王晗. 2017. 第四次工业革命视域下全球价值链的发展趋势及对策[J]. 企业经济，36（6）：151-156.
红星杨. 2018. 政治局集体学习“大数据”[J]. 人民周刊，（1）：10-11.
胡春，吴洪. 2015. 网络经济学[M]. 北京：北京交通大学出版社.
互联网医疗中国会. 2015. 中国互联网医疗发展报告[R].
黄林莉. 2009. 欧盟信息社会发展战略的演变及启示[J]. 电子政务，（11）：7-15.
黄群. 2011. 德国 2020 高科技战略：创意・创新・增长[J]. 科技导报，29（8）：15-21.
黄新辉. 2012. 新加坡教育信息化对我国高校“数字化资源建设”的启示[J]. 东南亚纵横，（9）：68-71.
黄宗捷. 2002. 论网络生产的特征[J]. 成都信息工程学院学报，17（2）：116-121.
姬新龙. 2011-08-08. 韩国政府制定“国家网络安全总体规划”[EB/OL]. http://news.163.com/11/0808/23/7AVJKBT700014JB5.html.
纪玉山. 1998. 网络经济的崛起：经济学面临的新挑战[J]. 经济学动态，（5）：3-8.
贾晓丹. 2016. 探索互联网+农村电子商务发展对策研究[J]. 电子商务，（6）：14，32.
江小涓. 2017. 高度联通社会中的资源重组与服务业增长[J]. 经济研究，（3）：4-17.
江宜航. 2014-11-28. 新加坡为何公布“智慧国家 2025”计划[N]. 中国经济时报.
姜红德. 2017. 工业互联网，未来已来[J]. 中国信息化，（3）：25-27.
焦和平. 2000. 电子欧洲——欧盟迎接信息社会的行动纲领[J]. 全球科技经济瞭望，（7）：14-15.
金晓斌. 2000. 新经济挑战传统主流经济学[J]. 中国纺织经济，（6）：47-49.
靳涛. 2004. 从新经济的兴起看技术创新与制度创新[J]. 南京社会科学，（11）：24-28.
康彦荣. 2010. 英国走向数字化未来[J]. 世界电信，23（4）：36-41.
科马里 S. 2000. 信息时代的经济学[M]. 姚坤，何卫红，译. 南京：江苏人民出版社.
赖茂生，王芳. 2006. 信息经济学[M]. 北京：北京大学出版社.
蓝建中. 2015-05-25. 日本政府制定网络安全新战略[EB/OL]. http://www.xinhuanet.com//world/2015-05/25/c_1115397498.htm.

李长江. 2017. 关于数字经济内涵的初步探讨[J]. 电子政务，(9)：84-92.
李慧丽. 2017. 航天智能工厂建设的几点思考[J]. 网信军民融合，(3)：50-54.
李建平，李闽榕，赵新力，等. 2017. G20 国家创新竞争力黄皮书：二十国集团（G20）国家创新竞争力发展报告（2016—2017）[M]. 北京：社会科学文献出版社.
李丽. 2017-07-27. 数字经济重塑制造业核心能力[EB/OL]. http://www.china.com.cn/opinion/think/2017-07/28/content_41303090.htm.
李林. 2013. 新加坡“智慧岛”建设经验与启示（连载一）[J]. 中国信息界，(Z1)：70-77.
李令，陈丽，吕小玲. 2016. 个性化视听分散干预对术前等候区患者焦虑及生命体征影响的研究[J]. 中国当代医药，23（17）：183-185.
李娜，唐守廉. 2013. 欧盟信息服务业发展现状及对中国的启示[J]. 北京邮电大学学报（社会科学版），15（6）：61-68.
李汶龙. 2015-05-12. 欧盟数字化单一市场战略概述[EB/OL]. http://www.tisi.org/Article/lists/id/3938.html.
李昭涵，金桦，刘越. 2016. 人工智能开启“互联网+教育”新模式[J]. 电信网技术，(12)：6-10.
里夫金 J. 2014. 零边际成本社会——一个物联网、合作共赢的新经济时代[M]. 赛迪研究院专家组，译. 北京：中信出版社.
联合国宽带委员会. 2016. The State of Broadband 2016：Broadband Catalyzing Sustainable Development[EB/OL]. http://www.broadbandcommission.org/Documents/reports/bb-annualreport2016.pdf.
梁睿. 2018. 浅析智能物流[J]. 起重运输机械，(1)：53.
林宏伟，罗以洪，李应祥，等. 2015. 基于互联网+的贵州省茶产业转型升级研究——以中国十大名茶“都匀毛尖”品牌营销策略为例[J]. 经营管理者，(26)：121-122.
林雪萍. 2016. 工业互联网：人机交互式数字帝国[J]. 中国工业评论，(4)：16-23.
刘长安. 2015-11-25. 韩国计划将电子政务上“云”[N]. 人民邮电报.
刘国信. 2017-09-01. 服务机器人将在智慧物流中大显身手[N]. 人民邮电.
刘会娟，吕萍. 2004. 数字信息产品的定价机理研究[J]. 价值工程，(2)：22-25.
刘媚琪，张宇婷. 2015. 红领西装：一场个性化定制的革命[J]. 中国品牌，(2)：62-64.
刘培刚. 2011. 网络经济学[M]. 2 版. 上海：华东理工大学出版社.
刘学华，赖丹馨，罗婕. 2016. 新加坡“智慧 2025”发展规划[J]. 中国建设信息化，(9)：24-25.
鲁春丛，孙克. 2017. 繁荣数字经济的思考[J]. 中国信息界，(2)：32-35.
鲁志国，金雪军. 2001. “新经济”若干问题思考[J]. 浙江大学学报（人文社会科学版），(3)：89-96.
陆峰，司晓，闫德利，等. 2017. 数字经济开启中国经济发展新方位[J]. 互联网天地，(5)：8-11.
罗兰贝格. 2016. 2018 年中国汽车共享出行市场分析预测报告[R]. 上海罗兰贝格亚太总部.
马化腾，等. 2017a. 数字经济：中国创新增长新动能[M]. 北京：中信出版社.
马化腾，等. 2017b. 数字经济：互联网+：国家战略行动路线图[M]. 北京：中信出版社.
马化腾，孟昭莉，闫德利，等. 2017c. 企业如何进行数字化转型[J]. 科技中国（7）：39-44.
马宁宇. 2017-02-06. 四型经济是贵州对数字经济的答卷[EB/OL]. http://news.gog.cn/system/2017/02/06/015394822.shtml.
毛谦. 2009. 制定国家宽带战略促进 FTTx 快速发展[J]. 中国新通信，11（19）：5-9.
苗圩. 2017. 全面实施“中国制造 2025”着力振兴实体经济[J]. 智慧中国，(4)：12-16.
尼葛洛庞帝 N. 2017. 数字化生存[M]. 胡泳，范海燕，译. 北京：电子工业出版社.
年智英，陈丽，谢浩. 2014. 世界学习型城市发展趋势：理念、标准与策略[J]. 比较教育研究，36（11）：36-41，48.
欧阳日辉，孙宝文. 2017. 数字经济：中国经济提质增效新引擎[J]. 党政干部参考，(19)：16-17.

逄健，朱欣民. 2013. 国外数字经济发展趋势与数字经济国家发展战略[J]. 科技进步与对策，30（8）：124-128.
裴雷. 2015. 信息经济学[M]. 南京：南京大学出版社.
彭卉. 2016. 数字化智能化定制的顾客感知价值对品牌忠诚度影响研究[D]. 杭州：浙江理工大学.
平新乔. 2000. “新经济”的经济学：从《信息规则》谈起[J]. 国际经济评论，（4）：19-24.
普华永道. 2017. 2017 年数字化指数调查——中国区：中国企业应该如何提高数字化水平？[R].
齐韶. 2011-11-01. 云计算三大预测[EB/OL]. http://book.ebusinessreview.cn/bookarticle-105298.Html.
秦笃烈，许向荣. 1995. 发达国家信息高速公路纵横谈[J]. 电子展望与决策，（4）：24-25.
秦荣生. 2017. 迎接新一轮科技革命挑战[J]. 新理财，（12）：42-43.
覃海慧，苟禹国. 2017. 神农田园：当古法种植遇上智慧农业[J]. 黄金时代，（7）：28-33.
覃征，汪应洛，张磊. 2001. 网络企业管理[M]. 西安：西安交通大学出版社.
任芳. 2016. 肖军：京东强力发展智慧物流[J]. 物流技术与应用，21（10）：106-109.
尚德峰. 2011. 区域化网上卖场实施的经济学分析[J]. 江苏商论，（5）：22-24.
石建兵. 2017. 窄带物联网（NB-IoT）应用与安全[J]. 信息安全与通信保密，（6）：27-31.
史博洋. 2016. Fintech，更有生命力的金融未来[J]. 金融博览（财富），（16）：64-65.
世界经济论坛. 2016-05-12. Internet for All：A Framework for Accelerating Internet Access and Adoption[EB/OL]. https://www.weforum.org/reports/internet-for-all-framework-for-accelerating-internet-access-and-adoption.
世界银行. 2018. 全球金融包容性指数[R].
司晓，孟昭莉，王花蕾，等. 2017. 数字经济：内涵、发展与挑战[J]. 互联网天地，（3）：23-28.
斯蒂格利茨 J. 2009a. 信息经济学：基本原理（上、下）[M]. 纪沫，陈工文，李飞跃，译. 北京：中国金融出版社.
斯蒂格利茨 J. 2009b. 信息经济学：应用[M]. 纪沫，陈佳，刘海燕，译. 北京：中国金融出版社.
孙蕙. 2017. 数字经济聚力拓展经济新空间——访贵州省政协副主席、省大数据发展领导小组副组长谢晓尧[J]. 当代贵州，（10）：12-13.
泰普斯科特 D. 2016. 数据时代的经济学[M]. 毕崇毅，译. 北京：机械工业出版社.
谭艺曲. 2000. 美国政府电子商务政策研究[J]. 北京市财贸管理干部学院学报，（1）：13-16.
谭越璇. 2016. 小贷行业智能化发展的探究[J]. 全国商情，（21）：84-85.
陶永，闫学东，王田苗，等. 2016. 面向未来智能社会的智能交通系统发展策略[J]. 科技导报，34（7）：48-53.
腾讯研究院. 2015. 互联网+：制造业篇[R].
腾讯研究院，工业和信息化部电子科学技术情报研究所. 2017. 数字经济白皮书[R].
《提高你的“数字商”》编委会. 2015. 提高你的“数字商”[M]. 上海：上海交通大学出版社.
童锦治. 2003. 新经济辨[J]. 商业时代，（17）：7-8，47.
涂彦平. 2015. 车间里发生了什么[J]. 经营者（汽车商业评论），（14）：94-99.
王慧宇，张立震. 2015. 基于物联技术的教室管理系统设计与构建[J]. 物联网技术，5（6）：93-95，99.
王建伟. 2017. 深化互联网+先进制造业 发展工业互联网[J]. 建设机械技术与管理，30（12）：22-24.
王健. 2008. 信息经济学[M]. 北京：中国农业出版社.
王健伟，张乃侠. 2004. 网络经济学[M]. 北京：高等教育出版社.
王晶，朱慧颖. 2015. “互联网+医疗”重构医疗五大产业链的分析[J]. 互联网天地，（8）：1-5.
王沛栋. 2016-02-22. “互联网+”助推现代农业发展的四个维度[N]. 贵阳日报.
王喜文. 2010. 《数字英国》：力图打造世界“数字之都”[J]. 信息化建设，（11）：47-48.
王献美. 2015. 基于大数据的智慧云物流理论、方法及其应用研究[D]. 杭州：浙江理工大学.

王鑫蓉. 2010. 《欧洲数字化议程》七个重点发展领域及相关措施[J]. 中国科技产业，(8)：87.
王雄兵. 2017. 基于 Netty 的智慧路灯系统设计与实现[D]. 武汉：湖北大学.
王则柯，李杰，孙群燕. 2001. 瓦里安谈信息市场和信息管理[J]. 国际经济评论，(2)：57-61.
王振. 2017. 数字经济蓝皮书：全球数字经济竞争力发展报告（2017）[M]. 北京：社会科学文献出版社.
魏晓燕. 2009. 新加坡信息化的成功经验[J]. 化工管理，(1)：80-82.
乌家培. 2000. 网络经济及其对经济理论的影响[J]. 学术研究，(1)：5-11.
乌家培，谢康，肖静华. 2007. 信息经济学[M]. 2 版. 北京：高等教育出版社.
吴子燕. 2012. 浅谈云计算时代下数据中心建设[J]. 数字技术与应用，(4)：238.
向泉. 2017. 金融科技的商业模式与发展现状[J]. 中外企业家，28（10)：31-33.
肖鹏. 2016. 数据中心下软件定义网络的部署及应用[D]. 大连：大连海事大学.
谢东亮，王羽. 2010. 物联网与泛在智能（1）[J]. 中兴通讯技术，16（4)：52-56.
谢伊 O. 2002. 网络产业经济学[M]. 张磊，译. 上海：上海财经大学出版社.
徐代鸿. 2012. 新加坡智慧国建设的经验及启示[J]. 天津科技，39（4)：57-60.
许欢，尚闻一. 2017. 美国、欧洲、日本、中国数字素养培养模式发展述评[J]. 图书情报工作，61（16)：98-106.
闫德利. 2017a. 数字经济的由来[J]. 中国信息化，(11)：86-87.
闫德利. 2017b. 2016 年人工智能产业发展综述[J]. 互联网天地，(2)：22-27.
闫德利. 2017c. 云计算十周年，迎来市场收获期[J]. 中国信息化，(3)：84-86.
伊斯利 D，克莱因伯格 J. 2011. 网络、群体与市场[M]. 李晓明，王卫红，杨韫利，译. 北京：清华大学出版社.
佚名. 2009. 新加坡倾力打造“智慧国”[J]. 信息系统工程，(3)：30-31.
殷平. 2016. 数据中心研究（1)：现状与问题分析[J]. 暖通空调，46（8)：42-53.
余侃. 2011. 云计算时代的数据中心建设与发展[J]. 信息通信，(6)：100-102.
俞宙明. 德国“数字议程”与数字化转型进程[A]//郑春荣. 德国蓝皮书：德国发展报告（2017）[C]. 北京：社会科学文献出版社.
宇鹏. 2001. 跨越数字鸿沟——评介《第三只眼睛看网络经济》[J]. 财贸经济，(3)：78.
詹勇. 2017. 数据中心高效与公平的能源性能管理[D]. 成都：电子科技大学.
张彬，胡茜，陈思祁，等. 2016. 信息化与数字鸿沟发展现状和展望[A]//徐愈，周宏仁. 信息化蓝皮书：中国信息化形势分析与预测（2015～2016）[C]. 北京：社会科学文献出版社.
张国民. 2016. 新加坡为何没有“城市病”？[J]. 智慧中国，(4)：32-34.
张国明. 2016. 无线传感网络系统设计与研究[D]. 北京：北京理工大学.
张丽芳. 2013. 网络经济学[M]. 北京：中国人民大学出版社.
张铭洪. 2007. 网络经济学[M]. 北京：高等教育出版社.
张铭洪，杜云. 2010. 网络经济学教程[M]. 北京：科学出版社.
张渝江. 2016. 混合学习渐行渐近——国外 K12 在线教育发展现状与趋势[J]. 中小学信息技术教育，(2)：24-26.
赵春雨. 2005. 网络经济与企业组织[J]. 商场现代化，(27)：260-261.
赵玲. 2017. 构筑“双 11”的黑科技[J]. 中国科技奖励，(12)：78-81.
赵沁平. 2016. “虚拟现实+”进入发展期[J]. 中国教育网络，(6)：31-32.
赵卿. 2017. 论二十国集团反跨国商业贿赂犯罪国际合作机制的建构[J]. 刑法论丛，50（2)：499-525.
郑安琪. 2016. 英国数字经济战略与产业转型[J]. 世界电信，(3)：40-44，49.
中国电子技术标准化研究院. 2018. 人工智能标准化白皮书（2018 版）[R].

中国互联网协会数字经济研究中心. 2017. 金砖国家数字经济研究报告[J]. 互联网天地，（9）：11-27.
中国信息通信研究院. 2017a. 中国数字经济发展白皮书（2017）[R]. CAICT.
中国信息通信研究院. 2017b. G20国家数字经济发展研究报告（2017）[R]. CAICT.
钟华艳. 2012. 盘点全球“智慧城市”最新动态[J]. 上海信息化，（10）：78-83.
周小川. 2017-03-10. 发展数字货币有利推广普惠金融[EB/OL]. http://kuaixun.stcn.com/2017/0310/13103099.shtml.
周永林. 2016. 区块链金融：虚拟货币孕育新金融蓝图：下[J]. 当代金融家，（5）：108-111.
周永林. 2017. 金融科技 新金融生态下的机遇、挑战与应对之策[J]. 当代金融家，（2）：107-111.
Buyya R，Broberg J，Goscinski A. 2013. 云计算原理与范式[M]. 李红军，李冬梅，张秀程，等，译. 北京：机械工业出版社.
Foreshew-Cain S. 2015-10-23. “How Digital and Technology Transformation Saved £1. 7bn Last Year.” Government Digital Service（blog）[EB/OL]. https://gds.blog.gov.uk/2015/10/23/how-digital-and-technology-transformation-saved-1-7bn-last-year/.
Gartner. 2013-02-19. Top 10 Technology Trends Impacting Information Infrastructure[EB/OL]. https:/www.gartner.com/doc/2340315/top-technology-trends-impacting.
IDC. 2014. The Digital Universe of Opportunities：Rich Data and the Increasing Value of the Internet of Things 2014[EB/OL]. https://www.emc.com/leadership/digital-universe/2014iview/index.htm.
IDC. 2017. Data Age 2025 IDC White Paper：Framingham，MA，USA 2017[EB/OL]. http://www.seagate.com/www-content/our-story/trends/files/Seagate-WP-DataAge2025.March-2017.pdf.
King D W，Roderer N K，Olsen H A. 1983. Key Papers in the Economics of Information[M]. White Plains，NY：Knowledge Industry Publication.
Lamberton D M. 1996. The Economics of Communication and Information[M]. Cheltenham，UK and Northampton，MA：Edward Elgar Publishing.
Mesenbourg T L. 2001. Measuring Electronic Business：Definitions，Underlying Concepts，and Measurement Plans[R]. US Bureau of the Census.
OECD. 2014. Measuring the Digital Economy：A New Perspective[M]. Paris：OECD Publishing.
Office of the Press Secretary. 2016-03-09. President Obama Announces ConnectALL Initiative，Delivering on the Promise of Broadband & Access to Technology for All Americans[EB/OL]. https://obamawhitehouse.archives.gov/the-press-office/2016/03/09/fact-sheet-president-obama-announces-connectall-initiative.
Rubin M R，Huber M T，Taylor E L. 1986. The Knowledge Industry in the United States，1960-1980[M]. Princeton，NJ：Princeton University Press.
Shy O Z. 2001. The Economics of Network Industries[M]. Cambridgeshire：Cambridge University Press.
The Office of the U. S. Trade Representative. 2017. Key Barriers to Digital Trade[EB/OL]. https://ustr.gov/about-us/policy-offices/press-office/fact-sheets/2017/march/key-barriers-digital-trade.
Wong-Ervin K W，Wright J D. 2016. Intellectual property and standard setting[J]. The Federalist Society Review，17（3）：52-59.